JN236164

ピープルウエア 第2版

ヤル気こそプロジェクト成功の鍵

トム・デマルコ／ティモシー・リスター

松原友夫／山浦恒央訳

日経BP社

CREDITS
For the Dedication :
    THE WIZARD OF OZ © 1939 Loew's Incorporated
    Ren.1966 Metro-Goldwyn-Mayer Inc.
For the Excerpts in Chapter 3 :
    VIENNA
    Words & Music by Billy Joel
    © IMPULSIVE MUSIC
    Rights for Japan controlled by EMI Music Publishing
    Japan Ltd. c/o Fujipacific Music Inc.
    日本音楽著作権協会　(出)許諾第9372128-102
For the Excerpts and Graphics in Chapter13, thanks to Oxford University Press :
    From *The Oregon Experiment* by Christopher Alexander.
    Copyright © 1975 by Christopher Alexander. Used by permission of Oxford
    University Press, Inc.
    From *A Pattern Language* by Christopher Alexander.
    Copyright © 1977 by Christopher Alexander. Used by permission of Oxford
    University Press, Inc.
    From *The Timeless Way of Building* by Christopher Alexander.
    Copyright © 1979 by Christopher Alexander. Used by permission of Oxford
    University Press, Inc.

PEOPLEWARE (2nd Edition) by Tom DeMarco and Timothy Lister
Copyright © 1999,1987 by Tom DeMarco and Timothy Lister.

Japanese translation published by arrangement with Dorset House Publishing Co
Inc. through The English Agency (Japan) Ltd.

オズさまがおっしゃった。
とばりのかげにいる人に
気をとられてはいけない、と
オズさまがおっしゃった。
　　　　　　――『オズの魔法使い』

とばりのかげにいる人に
どうしたら、気をとられないでいられるかを
私たちに教えてくれた友人や同僚たちに
この本を贈る。

まえがき――第2版にあたって

　この文を書いているときに『ピープルウエア』の初版が10周年を迎えました。

　その昔、第一版を出した当初、書きたいことはすべて書いたと思ったのですが、時が流れ、読者から手紙や電子メールをもらうにつけ、実はそうではないと考えるようになったのです。私たちは、世界中の読者から、ソフトウエア開発でのピープルウエアを扱う「国際広報機関」の代表者に任命されたような気がしています。世界中から、「私の職場ではこんな馬鹿なことをしている」とのレポートをもらいました。例えば、新しいチーム殺しの技、「施設監視本部」から受けた嫌がらせ、それへの反撃、ビジュアル化した管理のあらゆる愚行、職場の騒音、やる気を出すための社内制度が実はやる気を削いでいたなど。同様に、素晴らしい職場についても書いてくれました。仕事が楽しくてしかたないので、給料の小切手を換金するのが後ろめたく感じる現場の開発者、生産性を阻害しないコミュニケーション手段をオフィスに作り上げたプロジェクト・マネジャーなどです。

　私たちも、ピープルウエアについて書かねばならないことが、たくさんあることに気がつきました。私たちがソフトウエア・プロジェクトのコンサルティングをしたり、顧客のマネジャーと一緒に仕事をした過程で、ピープルウエアに関連する経験がどんどん増えていったのです。ゆっくりと着実に、巨人、ホルガー・ダンスクが私たちのために立ち上がりました（この一文を理解するには本書の第26章を読んで下さい）。この巨人が手招きをしたとき、ついていくか、無視するかは読者の責任で判断することになります。ピープルウエア第2版は、

こんな背景で生まれました。初版を読んだ人が第2版のピープルウエアを読むと、初版の当時、明らかでなかった問題に気付くと思います。本書は（初版では、エッセイ集と書いのですが）エッセイ集ではなく、短編集を意図しています。私たちが書こうとした法則や原則にはストーリーがあります。また、これまでの経験を通して、なぜその法則を重要と考えるようになったかの話も載せました。

　初版では、『ピープルウエア』の書籍自体について何も書きませんでした。例えば、どのように本書を書き、本書が私たち筆者にどんな影響を与えたかについてです。人の協力について書いた本書は、人が協力して書いた本なのです。チームについて書いた本書は、同じく、チームワークによって完成しました。チームには、著者、編集者、装丁家、デザイナー、校正者などがいます。とりわけ、本書を作成することで、最も重要な法則を具体的に表すことができたと考えています。その法則とは、「素晴らしい仕事の一部を担当することは全部を担当するより素晴らしい」というものです。一見、信じがたい法則ですが、うまく組織されたチームや、協調性のあるプロジェクトの一員になると、この法則を実感できるはずです。

　第2版として、第Ⅵ部を追加し、元のⅠ部からⅤ部は一部小さな変更を加えました。第2版を書くにあたり、初版で出した結論を変更した個所が一つあります。これは、電子メールの導入に関するものです。元の第11章では、考えごとをしている最中に電話の対応で割り込みが入ると、フラストレーションの元になるし、生産性が低下すると書きました。読者はこの意見に賛成してくれたと思います。というのも、本書が出版されてから、どこの誰にも直接電話で話せなくなったためです。電話の使用法が変わったことについては、良い面と悪い面があります。第2版では、第11章の最後を変更し、割り込みや、細心の注意を払って管理している作業環境が、電子メールでどんな影響を受けたかについて述べています。

新しく追加した第VI部、「ピープルウエアの小さな続編」には、チームとチーム殺し、プロセス改善プログラム、内部の競争、変化と変更管理、人的資産、時間の浪費、組織の学習、アリストテレス的政治学についての章を設けました。

　　　　1998年8月
　　　　　　　　　　　　　　　　　メイン州キャムデンにて
　　　　　　　　　　　　　　　　　　　　　　トム・デマルコ
　　　　　　　　　　　　　　ニューヨーク州ニューヨークにて
　　　　　　　　　　　　　　　　　　　　　　ティム・リスター

初版のまえがき

　大規模なシステム開発に従事したことがある人には、次の格言の意味が身にこたえるでしょう。「捨てるつもりでシステムを作れ」。このプロジェクトは、本当はこうすればもっとうまくいったのに、と気付くのは、いつも、終わってしまってからです。もちろん、やり直しがきけば、どんなに素晴らしいことでしょうが、そんなことは望むべくもありません。

　私たち二人がこれまでに携わってきたプロジェクトを振り返ってみても、同じことがいえます。著者の二人は、ともに30年近くも、プロジェクト管理や、プロジェクト管理のコンサルテーションをやってきました。これまで学んできたことは、ほとんど、初めて手掛けたプロジェクトでの失敗から得たものです。それと同じプロジェクトを、もう一度完璧にやり直すことはできません。そこで、この本を書いたのです。

　本書は、短いエッセイを集めたもので、その一つひとつは管理者が特によくたどりやすい（大抵は後悔することになる）わき道について述べています。管理者を過ちに導くものは、古くからある管理上の言い伝えであるという見方もできます。そういった言い伝えは、広く行きわたり、もっともらしく説明づけられているのですが、間違っていることが多いものです。私たちも、これまで何度も間違ったものです。本書によって、こうした間違いをいくつかでも避けることができれば幸いです。

　古くからの言い伝えは、安易な解決方法ばかりです。例えば、「担当者に見積もらせ、それを2倍にせよ」「休まず働かせよ」「仕事を家

でやらせるな、ヘマをやるだけだ」。しかし、この本に書いた解決策は、決して簡単ではありません。本書では、個人の性格に起因する複雑な要求、職場環境改善についての政治的な折衝、どうやって優秀な部下を引き留めておくか、チームという興味深いが時には頭痛の種となる対象、仕事に対する面白さという捕えどころのない概念、といった難問に焦点をあてています。

　本書は共著ではありますが、二人の全く個人的な仕事の成果をもとにした合作なので、その時どきに応じて、どちらかの名前を残すようにしました。

　本文には、引用や脚注や入っていません。引用した文献と解説は、巻末に挙げてあります。注釈部のページを見て、その注釈の中の文献から参考文献を引くことができます。

　　1987年9月

トム・デマルコ
ティム・リスター

日本語版刊行にあたって

愚者は天使が恐れて近づかないところに踏み込む
——————Alexander Pope(1711)

　あどけない子供を見ていると、まだいくらも人生を体験していないのに、自分の知らない領域にもわずかな経験が役立つと信じ切っているように思えます。素朴な信念は子供が持つからチャーミングなのであって、大人が同じ信念を持ったらバカ扱いされるのがオチでしょう。
　東洋と西欧の文化には、大きな違いがあります。この大きな違いによって、私たちは、地球の一方の側で意味のある、企業組織での原則的なことのほとんどが、地球のもう一方の側では意味をなさない、と信じようとしていました。しかし、この考えに対する大変興味のある反証が現われました。例えば、田島氏、松原氏、および岸田氏が論文に書いたことは、アメリカでは大きな魅力をもって受け入れられました。この3人が提唱したアイデアのあるものは、アメリカでもやってみる価値が十分あります。同じように、デミング氏やクロスビー氏といったアメリカ人が提唱したアイデアは、日本の製造手法に決定的な影響を与えました。こうしたことから、優れた概念は、たとえそれが企業文化に関することであっても、洋の東西を問わず意味を持つのかもしれない、と信じるようになりました。
　私たちは、この『ピープルウエア』に書かれている何かが、日本の読者の仕事にも当てはまり、その助けとなることを心から望んでいます。とはいっても、私たちは、それ以外のところでは、おそらく日本

のみなさんが奇妙に思うところがあるような気がしています。「こんな奇妙なことを考えるデマルコとかリスターとかいう人たちは、何て変わっているんだろう」と思うかもしれません。そう思ったとしたら、ある部分は文化の違いのせいでしょう。しかし、文化の違いはそのほんの一部に過ぎないのです。というのは、アメリカの読者も、私たちを変わった人だと思っている人が多いからです。本当にそうなのかもしれません。そして、そうだからこそ、私たちは「天使が恐れて近づかないところに踏み込んでいく」ことになるのです。

1989年2月

トム・デマルコ
ティム・リスター

■日本語第2版刊行に寄せて

私は、日本でのピープルウエアの成功をいつも嬉しく思っていました。松原さん、山浦さんと私は、二つの社会の間の文化の違いについてよく語り合いますが、ピープルウエアの話題が日本でもあてはまることは、共通の人間性に基づいた、ずっと根源的なところに同一性があることを暗示しているのでしょう。

2001年10月

メイン州キャムデンにて
トム・デマルコ

お礼のことば

　いつも驚くのですが、3人しか出演しない短編映画の終わりに、100人もの関係者の名前が次々と現われます。名前がのっている人たちが、実際何をしたのか見当もつかない肩書きもあります。しかし、その人たちがいないと、映画は完成しなかったことは確かです。

　それと同じように、たいして厚くないこの本でも、実に多くの方々に協力していただきました。ハリウッドではないので、照明さんや付き人さんや髪結いさんを使うわけではありません。その代わり、友人や同僚が大勢よってたかって、名句やうまい言い回し作り、清書、アイデア提供、警句作り、文法の訂正、不自然な個所や書き過ぎたところの直しをして、私たちを助けてくれました。まとめてくれたのが編集者のJanice Wormingtonでした。彼女は、全員の力をうまくまとめ、嫌な顔一つせずに、持てるエネルギーと才能、それに品の良いユーモアを惜しみなく与えてくれました。

　インフォメーション・エンジニアリング社のMark Wallaceとヒューレット・パッカード社のLinda Prowseの二人は、気持ちよく、そして忍耐強く、初稿から何回も目を通し、改善点をたくさん指摘してくれました。次の方々からは、(ご本人たちは気づいていないかもしれませんが) 有益な助言をいただきました。敬称は略させていただきます。

　Art Davidson, Wendy Eakin, Justin Kodner, Steve McMenamin, Lou Mazzucchelli, Nancy Meabon, Ken Orr, John Palmer, James and Suzanne Robertson, John Taylor, Dave Tommela.

特に、1977年から87年にかけて実施した、生産性の調査やプログラミングコンテストに参加していただいたプログラマーの皆さんには、たいへんお世話になりました。この方々すべてに、ここで厚くお礼申し上げます。

本書で述べている考えは、その昔、一緒に仕事をしたことのある思いやりのある立派な管理者から教えられたことの一部です。ここに、その方々を紹介しておきます。ベル研究所のJohnny JohanessenとAl Stockert、スウェーデン・フィリップス社のSven-Olof Reftmark、Harry Nordstom、La SLIGOS社のGerard Bauvin、現在はIMシステムズ社のRon Hester、現在はホワイト・スミス社のBill Plauger、アメリカン・エキスプレス社のNancy Rimkus、そして、今どこにおられるかわかりませんが、Jerry Wiener。

■第2版に寄せて

1999年に第2版を刊行する際に、Dorset House社の編集者であるDavid McClintock、 Michael Lumelsky、Matt McDonald、Wendy Eakinには、新しい章の編集を担当していただき、また、貴重な助言をいただきました。また、Peter Hruschka、Steve McMenamin、Mark Weisz、Bruce Taylor（別名 Walter "Bunny" Formaggio）、Jamaes Bach、Rich Cohen、松原友夫、山浦恒央、それに、私たちが関係しているアトランティック・システム・ギルド社の副インストラクターであるVerona Chardからは貴重なヒントや意見をいただきました。ここに深く感謝いたします。

C O N T E N T S

第Ⅰ部　人材を活用する ——————————————————1

第1章　今日もどこかでトラブルが ——————————2
問題の本質／ハイテクの幻影

第2章　チーズバーガーの生産販売マニュアル ——————6
エラー大歓迎／管理とは尻をけとばすこと？／人材を提供する店／プロジェクトと死後硬直／考えるひまがあったら仕事をしろ！

第3章　ウィーンはきみを待っている ——————————14
スペイン流管理／家庭からのなげき／残業なんかくそくらえ／仕事中毒／生産性：功成りて万骨枯る／スペイン流管理のつけ

第4章　品質第一…時間さえ許せば ——————————23
品質第一主義からの逃避／品質はタダ、しかし・・・／出荷拒否権限

第5章　パーキンソンの法則の改訂 ——————————29
パーキンソンの法則とニュートンの法則／仲間にこんなことを言えるだろうか？／ニューサウスウェールズ大学のデータから／パーキンソンの法則をちょっと変えたら

第6章　ガンによく効く？「ラエトライル」 ————————36
「寝ているうちにヤセられる」／管理者が陥りやすい7つの錯覚／これこそ管理だ

第Ⅱ部　オフィス環境と生産性 ————————————43

第7章　施設監査本部 ————————————————45
「施設監査本部」の精神構造／いずこも同じプラスチックオフィス

第8章　プログラムは夜できる ————————————52
会社の職務怠慢／プログラミングコンテスト：生産性の要因を探る／プログラマーの個人差／生産性と無縁な要因／誰も書かなかった生産性要因／オフィス効果と生産性／で、何がわかったか？

CONTENTS

第9章　オフィス投資を節約すると ──────────── 63
羊と環境破壊／悪口は中断して、事実を示そう／オフィスの品質とプログラムの品質／ノーベル賞級の大発見／オフィスから雲隠れ

ちょっと休憩　インテルメッソ ──────────── 73
生産性計測とUFO／ギルブの法則／知らないでは通らない／計測しても見るべからず

第10章　頭脳労働時間　対　肉体労働時間 ──────── 79
精神集中／いつまで続く騒音、割り込み／勤務時間と精神集中／E係数／赤いバンダナ／考えごと

第11章　電話、電話、また電話 ──────────── 88
別世界にて／昔々、ニューヨークでの話／電話についての意識改革／これをまねしないように

第12章　まずはドアから ────────────── 97
あきらめるのは、まだ早い／ケバケバしさについてのモロモロ／頭のヒラメキと音のキラメキ／活力あるオフィス／会社のカラを破る

第13章　オフィス環境進化論 ─────────── 106
アレグザンダーの有機的秩序／有機的秩序のパターン／第一のパターン：組み立て式オフィス／第二のパターン：窓／第三のパターン：屋内と屋外のスペース／第四のパターン：共通の場所／パターンのパターン／現実に戻ってみると

第Ⅲ部　人材を揃える ──────────── 121

第14章　ホーンブロワー因子 ─────────── 123
先天性と後天性／型にはまったプラスチック人間／標準的服装／合言葉は「プロ」／企業エントロピー

第15章　お手玉使いの曲芸師を雇う ────────── 130
成果の一覧／能力テスト／オーディションの開催

CONTENTS

第16章　ここにいるのが楽しい ──────────── 137
退職は明らかに無駄なコスト／退職の隠されたコスト／なぜ会社を辞めるのか／会社の移転に伴う弊害／永続性のメンタリティー

第17章　自己修復システム ──────────── 148
決定論的システムと非決定論的システム／作業規定に隠された意味／分厚い作業規定／悪意の追従という問題／ゆっくりと穏やかに／ハイテク幻影の再来

第IV部　生産性の高いチームを育てる ──────────── 159

第18章　全体は部分の和より大なり ──────────── 161
結束チームの概念／感情的楽観主義による管理／ナバロンの要塞／結束の強いチームの特徴／チームと派閥

第19章　黒集団チームの伝説 ──────────── 169
伝説のネタ／哀れな人類よ、今お前を救えるものは黒い悪魔だ／後日談

第20章　チーム殺し、7つの秘訣 ──────────── 172
自己防衛的な管理／官僚主義／作業場所の分散／時間の分断／品質低減製品／さばを読んだ納期／チーム解体の方針／再び、意気消沈させる土壌について

第21章　スパゲティディナーの効果 ──────────── 183
チーム効果が表れる／続いて何が起きるか

第22章　裃を脱ぐ ──────────── 186
ヤル気のある電話／缶詰作戦／規則は破るためにある／唇のあるチキン／誰が本当の責任者？

第23章　チーム形成の不思議な作用 ──────────── 194
品質至上主義／満足感を与える打ち上げ／エリートチーム／ヤンキースを解散させないのと同じ／チームの行動はネットワークモデル／異分子がいるから楽しい／一緒になって打ち込む

CONTENTS

第V部　きっとそこは楽しいところ ——————— 203

第24章　混乱と秩序 ——————————— 205
進歩こそ最も重要／試行プロジェクト／プログラミングコンテスト／ブレーンストーミング／研修、旅行、学会、お祭り、そして冒険体験

第25章　自由電子 ——————————— 216
起業家症候群／特別社員、特別研究者、そして社内起業家／親の指導はやめて

第26章　眠れる巨人よ、目を覚ませ ——————— 222
だが、なぜ私が？／眠れる巨人／ホルガーよ、目を覚ませ

第VI部　ピープルウエアの小さな続編 ——————— 227

第27章　続、チーム殺し ——————————— 228
いまいましいポスターや楯／残業の予期しない副作用

第28章　競争 ——————————————— 233
似た例を考えてみよう／それは問題なのか？コーチングの重要性／続々、チーム殺し／メタファの混用

第29章　プロセス改善プログラム ——————— 239
簡単な歴史／プロセス改善プログラムのパラドックス／利益についての馬鹿ばかしさ／新室内・屋外世界記録／プロセス改善：それは我々をダークサイドに陥れるのか？／プロセス改善の大きな矛盾

第30章　変化を可能にする ——————————— 250
さて、かの有名なシステムコンサルタントは言った･･･／ボス、それはすてきなアイデアだ。うまくやってみよう／よりよい変化のモデル／安全第一

CONTENTS

第31章 人的資産 ─────────── 261
人間の場合／どうでもよいこと／人的資本投資のアセスメント／ベテラン技術者の学習時間／ウォール街でのゲーム

第32章 組織の学習能力 ─────────── 268
経験と学習／再編成の例／組織学習成否のカギ／管理チーム／余白に潜む危険

第33章 管理の究極の罪 ─────────── 275
例えば…／懐疑的な会議／早期の過剰人員／再び細分化／人的資産への投資

第34章 コミュニティの形成 ─────────── 283
会社規則の逸脱／人生の重要事／タネ明かし

訳者あとがき　289
著者注　295
参考文献　301
索引　307
著者・訳者紹介　310

管理者の大部分は、人を交換可能な部品と扱う特有の失敗をしがちだ。この理由は、はっきりしている。まず、管理業務には何が必要かを考えてみよう。一般に、実務者として、技術者として、開発者として有能であれば、優れた管理者の素質があると判断される。こうした仕事では、人をサブルーチン、電子回路、仕事の単位などのように、交換可能な部品と考えるのは当然だろう。ここで扱う部品は、ブラックボックスとしての特性を持つように作るので、内部の微妙な違いはきれいさっぱりと無視される。また、人も、部品と同じように標準のインタフェースを持つものとして扱うのだ。

　長年、こうした部品の扱いに慣れると、新人の管理者が人を部品と同じように扱っても何の不思議もない。だが、それでは決してうまくいかない。

　第Ⅰ部では、人や人の扱いについて、今までと全く違った考え方を述べる。これには、**交換不能**という人的資源の性質に適応する方法も含む。

第1章 今日もどこかでトラブルが

　コンピューターが一般に使われるようになって以来、数え切れないほどの会計プログラムが作られてきた。今の瞬間も10や20の会計プログラムのプロジェクトが走っているに違いない。そして今日もどこかで、そのうちのどれかがトラブルを起こしている。

　難しい技術が全く要らないこうしたプロジェクトが、失敗してゴミ箱行きとなることが考えられるだろうか！　会計プログラムは、昔から数限りなく新しく作ってきた、ごくありふれたものだ。ベテランの連中が目をつぶってもやすやすとできるこのプロジェクトでさえ、うまくいかないことがある。そして、今でも時々不覚にも失敗するのだ。

　プロジェクトが失敗した後で、その「検視」に立ち会ったとしよう（もちろん、こんなことは実際にはあり得ない。この業界では、失敗の原因を追求しないのが不文律なのだ）。関係者が臭い物に蓋をする前なら、失敗の原因を見つけられるかもしれない。しかし、その場合でも、技術的な問題でプロジェクトが沈没したという事実は、**決して見つからない**ことは確かだ。これ程技術の進歩した現在、会計プロジェクトができないはずはない。失敗の原因は技術以前にあるのだ。

　1977年から毎年、筆者は開発プロジェクトとその結果について調査した。プロジェクトの規模、コスト、不良の数、進捗促進要因、日程計画からの遅れ進みの実績を調べた。既に、500以上のプロジェクトのデータを集めたが、データはすべて実際のものだ。

　調査したプロジェクトの約15％が水泡に帰している。その内訳は、プロジェクトを中止したり、延期したり、納入したが全く使われなかった、というものである。大きなプロジェクトほど失敗する可能性が高い。25人年

以上を注ぎ込んだプロジェクトのうち、なんと25%が完成しなかった。調査当初は、失敗したプロジェクトのデータを捨て、成功したものだけを分析していた。しかし、1979年からは、当時のプロジェクト担当者に会って、何がうまくいかなかったのかを調べることにした。調査した失敗プロジェクトの圧倒的多数は、**原因が単なる技術的問題として片付けられないものばかりだった**。

問題の本質

調査に協力してくれた人は、失敗の原因を異口同音に**政治的要因**と言った。しかし、よく調べると、この言葉はいい加減に使われていた。ここでの政治的要因とは、直接関係しない、意思疎通の問題、要員の問題、管理者や顧客への幻滅感、意欲の欠如、高い退職率などであった。人が関係するという観点で仕事を見るとき、よく**政治的**という言葉を使うが、これをもっと正確に言い表す言葉がある。それは、プロジェクトの**社会学**である。本当に政治的な問題は、社会学的問題のほんの一部に過ぎない。

問題の本質を政治的ととらえると、どうしようもないと考えてあきらめてしまう。ソフトウエアの技術的な問題なら恐れることはないが、正直言って政治的な問題を自信を持って解決できるだろうか？　政治的問題ではなく、社会学的問題として事の本質をとらえると、もっと取り組みやすくなる。プロジェクトとチームの社会学は、読者の専門から少し外れるかもしれないが、十分にやれるはずだ。

人が絡む問題を、政治学と呼ぼうと、社会学と呼ぼうと、次のプロジェクトでは、人に関する問題が、設計、製造、開発技法のような技術的問題よりもトラブルの原因になることは間違いない。だからこそ、**人に関する問題をこの本を貫くテーマとしたのである**。

> 実際のところ、ソフトウエア開発上の問題の多くは、
> 技術的というより社会学的なものである。

　管理者のほとんどは、技術面より、人に気を配っていると思い込んでいる。しかし、**本当にそうしている管理者は滅多にいない**。実際には、技術だけに関心があるという管理をしている。本来は、担当者が解決する技術的な難問を、自分で解くことに時間を割くのだ。作業を管理するのでなく、作業そのものをやっている。管理者は、いつも作業の一部を自動化できる最新技術の夢を追い続けている（最新技術の効用は第6章「ガンによく効く？ラエトライル」を参照）。管理者の責任を果たす上で、最も大切なのは人間中心に考えることなのに、これがいつもないがしろにされている。

　この原因は、管理者が企業に入ってから受けた教育にある。どのように仕事をするかは教えられたが、どのように仕事を管理するかは教えられなかった。管理上の能力や素質を見極めてから管理者にする企業はほとんどない。新任の管理者は、管理の経験が十分ではなく、実地の訓練も受けていない。では、どうして、新任の管理者は、技術的問題には十分時間をかけて考え、人間的側面には時間を割かないでよいと信じ込むのだろう？

ハイテクの幻影

　それは、おそらくハイテクの幻影のせいだろう。多少なりとも最新技術に関係している人は、自分はハイテクビジネスの旗手だと錯覚している。例えば、カクテルパーティーで、「コンピューター関係の仕事をしています」「通信関係です」「バンキングシステムです」と得意気に言うときは、いつもハイテクの幻影にとりつかれている。自分がやっているのは、ハイテクのほんの一部でしかない。我々に言わせれば、そんなものはハイテクではない。本当にハイテクビジネスに身を置いているのは、ハイテクの領

域で、基本的な発明発見を成し遂げた研究者だけだ。それ以外の人は、他人の研究成果を応用しているに過ぎない。ソフトウエア技術者は、コンピューターや新技術を用いた装置を使って、製品を開発したり、業務を機械化している。ソフトウエアは、多数のチームやプロジェクト、固く結束した作業グループで開発するので、ハイテクビジネスではなく人間関係ビジネスに携わっているといえる。プロジェクトの成功は関係者の緊密な対人関係によって生まれ、失敗は疎遠な対人関係の結果である。

仕事の人間的な側面より、技術面に注意を多く払う理由は、重要だからではなく、単に解決しやすいからだ。「彼はどうして意気消沈しているのだろう」とか、「入社して数カ月しかたっていないのに、会社が面白くないと言ってるのはなぜかしら」といって、その原因を見つけるのに比べると、新しいディスク装置を設置するのは何でもない。人間関係は複雑だし、あれはあれ、これはこれと、はっきり割り切れるものではないが、仕事で一番大切なのである。

社会学的問題よりも技術的問題にうつつを抜かすことは、次の笑い話と同じである。

A：「おい、こんなところで何してるんだい？」
B：「鍵を落とした所が暗くてね。明るい所で探しているんだよ」

第2章 チーズバーガーの生産販売マニュアル

　ソフトウエアの開発作業は、工場のおける大量生産とは本質的に異なる。しかし、開発作業の管理者やそれに携わる人々は、製造作業の管理哲学が形作った考えを、知らないうちに受け入れている。

　ファーストフードの店長になったつもりで、その管理哲学を思い浮かべてほしい。店長としては、次のような工場式のやり方は、ある程度理にかなっていると思うだろう。

- エラーを叩き出せ。機械を極力スムーズに動かせ。人間も同じだ。
- 仕事でヘマをやった奴は厳罰だ。
- 人はいくらでも補充がきくものとして扱え。
- 決めたやり方を手早くやれ（どうやってスピードを上げるかとか、何を止めたらよいか、ということは決して考えるな）。
- 作業手順を標準化せよ。万事、マニュアルに従え。
- 新しいことを試みてはいけない。それは本部の連中の仕事だ。

　このやり方はファーストフード（あるいは製造作業）ではうまくいくかもしれないが、ソフトウエア開発ではうまくいかない。「**チーズバーガー生産販売管理哲学**」は、ソフトウエア開発では致命的である。そんなことをすれば、担当者の士気をくじき、目前の真の問題から目をそらすことになるだけだ。この種の管理のやり方は、ソフトウエア開発には全くなじま

ない。

　頭脳労働者を効率よく管理するには、これと逆をやればよい。次に、この逆の方法について述べる。

エラー大歓迎

　頭脳労働者が時々ミスを犯すのは極めて自然で、仕事を真面目にやっている証拠である。しかし、仕事の上の誤りを、聖書で言う「罪」と同じように考えている人がいる。この考えを正すのは非常に骨が折れる。

　ソフトウエア管理者向けの講演で、筆者は、**試行錯誤設計**を実現する戦略を紹介してきた。この趣旨は、根本的に欠陥のある設計は、修正したりせずに、思い切りよく捨てて一から作り直した方が結局はうまくいく、という考え方である。行き詰まったときの思い切りのよい処置は、設計で当然採用すべきことだ。途中打ち切りで無駄になる費用はごくわずかであり、新たにきれいな方法でやり直せば十分に引き合う。驚いたことに、講演会場に集まった管理者は、作ったものを捨てるのは政治的な判断が必要なので、上司はウンと言わない、と考えているようだ。つまり、上司は「大金を注ぎこんで作ったのに捨てるなんてとんでもない」と言うらしい。管理者は、たとえ長い間には高くついても、バグの多い製品をだましだまし手直しして動かした方がいいと思っているのである。

　間違いを許さない雰囲気が社内にあると、担当者は消極的になり、失敗しそうなことには絶対に手を出さなくなる。部下が誤った判断をするのが心配で、開発手順をシステム化したり、厳格な作業規定を無理強いして、設計上の重大な決定をさせないと、部下はますます消極的になる。間違いを犯さないよう手段を講じたプロジェクトでは、平均的な技術レベルは、それなりに上がるかもしれないが、チームの空気は重く沈む。

　これと正反対のアプローチは、少々の間違いを**大目にみる**ことだ。時々、どんな問題で行き詰まっているかを聞き、「特に問題なし」という

のは決してよい答ではないことを十分納得させることである。そして、担当者が自分で作り込んだ問題を摘出した場合でも、「よくやった」と誉める。これも、管理者の給料のうちだ。

管理とは尻をけとばすこと？

　管理とは、簡単には定義できない複雑なもののはずなのに、ロンドンで会った上級管理者には、そんなニュアンスは全く感じられなかった。単に、「管理とは尻をけとばすこと」と割り切っていた。これは、管理者があらゆる頭脳労働を行い、部下は決定されたことをただ実行する、という考えに等しい。チーズバーガーを作る場合はうまくいっても、体でなく頭を使う仕事ではうまくいかない。頭を使う仕事では、頭を調子よく働かさなければならない。担当者をあれこれとせき立てて、働かせることはできても、創造的で、工夫に富み、思慮深い仕事はさせられない。

　たとえ、担当者を指示どおり働かせて、短期間の生産性が上がっても、長期的には大した利き目はない。担当者の自発的なヤル気が認められず、管理者がヤル気を補給するという考えほど、担当者の士気をくじくものはない。

　この管理方法の最大の悲劇は、努力が常に無駄になることだ。人は誰しも仕事に愛着を持っている。管理者は、むしろ働き過ぎないように、時折、気を配らなければならない。こうすると、すばらしい仕事がどんどん出来上がる（詳細は第3章で述べる）。

人材を提供する店

　製造作業では、担当者を機械の部品の一つとして考えると便利だ。部品が擦り減ったら新品と替える。取り替える部品は、元の部品と交換可能である。部品は員数をまとめて注文する。

開発に携わる管理者も、同じような態度をとりがちである。そして、いろいろな経験をした後に、人は誰一人として取り換えがきかないと悟るのだ。管理者は、本当はキーマンが辞めるのを恐れているのに、キーマンはいないと思い込もうとしている。管理の本質は、人が残るか辞めるかに関係なく、仕事さえ確実にこなせば良いというのだろうか？

　管理者は、手品のように、必要な人材を提供する店があると思っている。そして、次のように電話で注文する。「ジョージ・スミスがくたばったので、新しいのを頼む。今度はあまり生意気でない方がいいな」

> 　私のある顧客が、同社の優秀な社員と契約更改交渉をしたときのことである。驚いたことに、その社員は金ではなく別のものを欲しいと申し出た。自宅でうまい考えが浮かぶのだが、端末が遅くて使いづらいので困っているという。さて、会社はどうしただろう？　なんと、彼の家に新しい専用回線を引き、高性能端末を入れたのだ。数年のうちに、その社員のために、設備の整ったオフィスを建てることさえした。この顧客でのケースは例外中の例外だ。感度の鈍い管理者なら、こんなことは考えもつかなかったことだろう。担当者が個人個人の考えを主張してこないかと、ひやひやしている管理者が多過ぎる。
>
> ————Timothy Lister

　鈍感な管理者が、部下一人ひとりのいろいろな要求に、いつもビクビクしていることがはっきり読み取れる例を挙げよう。ある管理者は、優秀な部下を何年も顧客先へ出張させていた。その部下は出張費で生活していた。出張費の明細は、他の出張者に比べて、食費が50％以上も多かった。管理者は部下を「食費泥棒」と決めつけた。だが、支出額全体は規定内に

収まっていた。食事に余計な費用を使ったが、それに見合う費用を節約していたのだ。無駄遣いをしたのではなく、他の人と使い方が少し違っていただけだ。

担当者個人個人のユニークさは、製造業での管理手法を、そのまま採用しようとする管理者にとって頭痛の種である。一方、本当に人を知る管理者は、ユニークな個性こそが、プロジェクト内の不思議な作用を活発にし効果的にすることをよく認識している。これはもっと奨励されてしかるべきだ。

プロジェクトと死後硬直

流れ作業的な生産の考え方は、プロジェクトでの仕事にはなじまない。生きているプロジェクトの全期間を通しての目的は、それを終わらせることにあることを忘れがちだ。プロジェクトの「一生」で唯一安定状態になるのは「死後硬直期」、すなわちプロジェクトが終わったときである。途中で打ち切りになるか、打ち切り寸前のプロジェクトに関係しているのでなければ、プロジェクトの静的な面でなく、**動的側面**に全神経を集中させることだ。だが、新プロジェクトに入れる人を評価する場合、プログラマーの「静的な能力」を重視し過ぎるきらいがある。例えば、コーディングがどのぐらいできるか、ドキュメントがどのぐらい書けるか、などである。プロジェクトに加えたい人たちの一人ひとりが、どれだけ**チーム全体にうまくなじむか**、にはほとんど注意を払わない。

> 何年か前、私はある会社の社内設計技術コースで教えていた。上級管理者が私をつかまえて「このコースの中にいる数人（その管理者のプロジェクトのスタッフ）を評価してほしい」と言ってきた。管理者氏は、特にある女性の評価に関心があり、明らかに彼女の能力に疑いを

持っていた。彼女について「プロジェクトで役に立っているとは思えない。開発をやらせても、テストをやらせても、その他の仕事でも、決して優秀とは思えない」と言った。

少し調べてみると、興味のある事実を発見した。同社での12年間の在職中、彼女が携わったプロジェクトは、すべて大成功を収めていた。彼女が、どんな役割を果たしたかははっきりしないが、関係するとプロジェクトはいつもうまくいった。1週間、受講中の彼女を観察して、彼女の同僚と話したところ、彼女はチーム内で「**触媒**」の役割をしているとの結論に達した。彼女がいるだけで、チームの結束は固くなった。彼女がいると担当者間の意思の疎通が良くなり、一緒にやっていこうという気になった。彼女が加わるだけで、プロジェクトは楽しくなった。この結論をくだんの管理者に説明したが、一蹴されてしまった。どうしても、プロジェクトには触媒が不可欠だということを、認識しようとはしなかったのだ。

――――Tom DeMarco

触媒が重要なのは、いつも不安定な状態にあるプロジェクトのまとめ役を果たすからである。プロジェクトチームを結束させる能力のある人は、普通に仕事をする人の二人分の価値がある。

考えるひまがあったら仕事をしろ！

仕事を命じられた場合、実際に仕事をする時間にどれぐらいを割り当てるべきだろうか？ 100％ではないだろう。仕事を進める上で、仕事以外

の余裕の時間、すなわち「その他」も必要だ。例えば、ブレーンストーミング、新技法の調査、こまごました仕事の改良、専門書を読むこと、教育、アブラを売ること、など。

　我々がプロジェクト管理者であったころを振り返ると、「その他」のことは眼中になかったようだ。手元の仕事をすべて片付けようとシャカリキになっていたので、「これは本当にやらなければならない仕事なのだろうか」という基本的なことを考える余裕はなかった。「流れ作業的なチーズバーガー」流の管理者は、「よく考えてから仕事をすることが大切だ」と言いさえしない。チーズバーガー流の管理者がやりたいことは「考えているひまがあったら手を動かせ」とムチをふるうことだ。考える時間がないことの言い訳は、判で押したように納期の切迫だ。たとえ納期の制限がない仕事であってもである。

　頭を使う仕事の重要性は、仕事のリスクが大きくなるほど増大する。真にヘラクレス的な大変な努力が必要なのは、仕事そのものをガリガリやる時間を減らして、仕事についてじっくり考える時間を増やす場合である。超人的な力が必要になる仕事ほど、チームのメンバーは、相互によく交流し合い、交流を楽しむことが重要になる。実行不可能な納期を押しつけられたプロジェクトこそ、メンバーがチームと一体になるため、ブレーンストーミングを頻繁に行ったり、プロジェクトチーム全員で夕食を共にすることが絶対に必要だ。

　これは母親が子供にしてやるようなことである。そんなことは誰でもわかっているはずだが、その通りにやっているだろうか？　やっているわけがない。企業で働いている人は、いつも手を動かしていないと仕事をした気にならない、という考えにとりつかれている。その証拠に、頭を使わなければならない計画立案、新技術の調査、研修、読書、見積もり、予算、スケジュール作成、人の割り当て、といったその他の仕事にあてている時間は、全部合わせても、会社で仕事をしている時間のたった5％にしかならない（5％という数値は、システム開発プロジェクトの分析から得た結

果であるが、おそらくあらゆる分野のサラリーマンの仕事に、広くあてはまる)。

　特に、読書の統計をとると、実に惨憺たるものだった。例えば、平均的なソフトウエア開発者は、ソフトウエアに関する本を、一冊も持っていないし、一度も読んだことがない。このことは、ソフトウエア開発の分野で仕事の質を改善しようと努力している人には、ショッキングな事実である。我々のように本を書いている者には死活問題だ。

第3章 ウィーンはきみを待っている

　数年前、南カリフォルニアで大規模プロジェクトを担当していた管理者と、プロジェクト管理の体験談を交換し合ったことがあった。彼はプロジェクトが大苦戦に陥っていた時、部下に起きた悲劇的な事件について話しはじめた。まず、2件の離婚騒ぎが持ち上がった。直接的な原因は明らかに部下の異常な残業にあった。別の部下の子供は、マリファナで問題を起こした。おそらく、忙しくて父親らしいことをしてやれなかったからだろう。ついには、テストチームの責任者が神経衰弱になったらしい。

　「大変な事件ばかり続きましてね」と言ってはいるが、その実、自慢話をしていることに私は気付いた。あともう何組かの離婚や、自殺があれば、このプロジェクトは大成功だったのに、と言いたかったのだろう。

————Tom DeMarco

「要領よく仕事をすること」でみんなが言うことをみると、現実の管理とは、個人の生活を犠牲にしてまでも、部下にきつい仕事をより長くやらせることだ、という考えが広く行きわたっているようだ。管理者は、いつも部下にできるだけ多くの残業をさせようとして尻を叩き、できるだけ多くの成果を出させようとして策をめぐらす。

スペイン流管理

　昔から、この世には二つの価値観がある、というのが歴史学者の間で定説になっている。一つは、スペイン流の考え方である。これは、地球上には一定量の価値しかないので、豊かになる道は大地や民衆から、いかに富を絞り取るか、というものである。もう一方は、価値は、発明の才能と技術で創造するもの、というイギリス流の考え方である。その結果、イギリスでは産業革命が起こり、スペイン人は植民地を求め、新大陸のインディオ搾取に明けくれた。スペイン人は大量の金をヨーロッパへ持ち帰り、その代償として、ひどいインフレ（金貨がダブついているのに買える物がない）が起きた。

　スペイン流の価値観は、管理者の間に今も脈々と生きている。これは管理者が生産性について能書きをたれるのを聞いているとすぐわかる。本来、生産性とは、1時間当たり、どれだけ多く作れるか、ということであるべきなのに、現実には、1時間当たりの賃金から、どれだけ多くを絞り取れるか、という意味にゆがめられることが多い。この二つの生産性には大きな違いがある。アメリカのソフトウエア業界では、年俸やプロジェクトベースで給料を支払うため、通常は残業手当がつかないが、スペイン流の管理者は、タダ働きの残業を利用して、生産性を上げようと夢みたいなことを考える。この連中にかかると、1週間といっても、実際には80時間、90時間働かせて仕上げた成果を、40時間で割り、1時間当たりの生産性とする。

　これを生産性と呼ぶのは詐欺に等しいが、多くのアメリカの管理者が今でもやっている方法だ。こんな管理者は、おどしたり、なだめすかして、部下をできるだけ長く働かせ、納期を守ることがどんなに大切かを部下の頭に叩き込む（納期に根拠がなくてもそうする。実際問題として、プロジェクトの完成が1カ月遅れても、この世が終わるわけではない）。管理

者は到底できる見込みのない厳しいスケジュールを、なんとか納得させようと部下にうまいことを言う。そして、納期に間に合わせるために、部下はすべてを犠牲にせざるを得ないようにする。長時間、きつい仕事をさせるためには、手段を選ばない。

家庭からのなげき

　会社にいる間、部下は「もっと長くしっかり働け」といつも言われているが、家に帰ると状況は一変する。「人生はどんどん通り過ぎてゆく。洗濯物はたまる一方だし、子供はだっこもしてもらえない。奥さんの浮気の虫がうずきはじめる。人生というメリーゴーラウンドに乗れるのはたった一回、的に向かって一度しか投げられないダーツのようなもの。それなのに、きみはCOBOLとかいうものに人生をすり減らしている……」

> 　　　きみにはちゃんとわかっているんだね
> 　　　人生には欲しいものを手にいれるか
> 　　　ただ年をとるのを待つか
> 　　　この二種類しかないってことを……
>
> 　　　だけどその調子じゃ
> 　　　やりたいことの半分もいかないうちに
> 　　　死んでしまうことになるよ
>
> 　　　いつになったら気がつくんだい？……
> 　　　ウィーンはきみを待っている
> 　　　　『VIENNA』ビリー・ジョエル（日本語詞　山本安見）

　ビリー・ジョエルの歌で、「きみを待っているウィーン」とは人生の旅

路の終着駅である。そこへ着くと、すべてが終わる。プロジェクトの連中が人生という大問題を真剣に考えてはいないと思っている管理者がいるのなら、もう一度考え直してほしい。一人ひとりが過ごせる人生は、ほんの短い間であることを、みんなはちゃんと気付いている。また、今やっている馬鹿ばかしい仕事よりも、はるかに大切な何かがあることも、よく知っている。

残業なんかくそくらえ

　残業代がつかないサラリーマンに残業をさせることは、愚かな管理者が考えそうな幻想だ。確かに、月曜日の納期に間に合わせるために、土曜日に数時間の残業をさせることは無駄ではないかもしれない。だが、残業の後には、いつもその時間と同じ長さの「無業」の時間が必要となり、その間に残業で失った生気を取り戻す。プロジェクトの作業全体の中での残業１時間に対して、１時間前後の無業時間が生じるはずだ。残業時間と無業時間を差し引くと、短期的には得になるかもしれないが、長期的に見れば帳消しになる。

　　　　少しペースを落としたらどうだい？
　　　　受話器を外したままで
　　　　しばらく姿を消してみるんだ
　　　　一日や二日いなくたって
　　　　別にどうってことないだろう？

　　　　いつになったら気がつくんだい？……
　　　　ウィーンはきみを待っている

　スペイン流の管理者にとって、タダ働きの残業が見えないように（どん

な多くの残業をさせていても、1週は40時間としか数えない)、無業時間も全く見えない。タイムカード上には、無業時間は決して表れない。無業時間は、電話や打ち合わせ、単なるひまつぶしに費やす。40時間をはるかに超えて実のある仕事をすることは、生身の人間にはとてもできない。少なくとも、創造的な仕事に必要な張りつめた状態で、そんなに長い間続けて仕事ができるわけがない。

残業は全力疾走だ。残りのエネルギーを振り絞り、マラソンのゴール前数百メートルを全力疾走するのは、それなりに意味がある。しかし、最初の1キロでこれをやれば、単に時間を無駄にするだけだ。何度も何度も全力疾走させると、管理者の権威が失墜するだけだ。賢い部下は、何度かこれを経験しているので、4月までに終わらせろと管理者がわめいていても、管理者の顔色をうかがいながら黙って仕事をする。そして、取れる時間を見つけては残業を無業時間で埋め合わせ、週の実働時間が40時間になるよう調整する。賢い部下はこうして管理者に対抗するが、これができないと仕事中毒にかかる。

仕事中毒

真面目に残業し、無業時間で埋め合わせができない人が、仕事中毒にかかる。仕事中毒患者は効率は低いが、メチャクチャに長い時間働くし、十分なプレッシャーをかければ、自分の生活を犠牲にしながら働き続ける。しかし、これはほんのしばらくの間だけである。早晩、次の歌詞が、仕事中毒の重症患者の口からも流れてくる。

  そんなに急がなくても
  きみはうまくやっていける
  死ぬまでに望みを全部かなえるなんて
  誰にもできやしないんだ

今夜国境あたりは
とてもロマンチックだよ

いつになったら気がつくんだい？……
ウィーンはきみを待っている

　いったんこれに気付くと、プロジェクトが終わったあとで、その人は永遠にいなくなる。人生にとってそんなに大切でないこと（仕事）のために、もっと大切なもの（家族、愛情、家庭、若さ）を犠牲にしていると気がついたとき、ひどくみじめな気持ちになる。知らず知らずのうちに大切なものを犠牲にしてきた人は、なんとかして仕返しする気になる。とはいえ、上司のところへ行き、静かにもっともらしい調子で「もっとまともな仕事に回してください」と言うわけではない。ただ黙って辞めてしまうのだ。これもある意味では「燃えつきた」ということである。いずれにしても、いなくなってしまう。

　仕事中毒は、一種の病気には違いないが、アルコール中毒のように一握りの人が侵されるのではない。どちらかというと、普通のカゼだ。誰でもかかったことがある。この章では、原因や治療法ではなく、管理者が仕事中毒をどう扱うべきかという単純な問題について述べる。スペイン流の管理で、とことんまで搾取すれば、結局は部下を失う。どんなに一生懸命になって部下を仕事に放り込みたくても、個人の人生を犠牲にしてまで働かせることはできない。そこまでして、優秀な人に辞められては何にもならない。この問題は、仕事中毒という狭い範囲の問題から、**本当の意味での生産性**というもっと複雑なテーマに発展する。

生産性：功成りて万骨枯る

　生産性の話を聞く機会があったら、**退職**に触れているか注意してほしい。触れていない可能性は非常に高い。我々は、何年にも渡って生産性の討論を聞き、数多くの論文を読んできたが、退職をテーマにした専門家にお目にかかったことがない。しかし、生産性を論じるときは、退職問題に触れないと全く意味がない。生産性を向上させる典型的なやり方について考えてみよう。

- もっと長い時間働くようにプレッシャーをかける。
- 製品の開発過程を機械化する。
- 製品の品質について妥協する（第4章で詳しく述べる）。
- 手順を標準化する。

　こうした方法は、仕事を面白味のない、やり甲斐のないものにする恐れがある。その結果、生産性を上げると退職率も上がる危険がある。このことは、退職という犠牲を払わないと、生産性を改善できないと言っているのではない。ただ、高い生産性を達成するには、退職も考えておく必要があるというだけである。さもなければ、「生産性の向上」を達成できても、キーマンの退職という取り返しのつかない痛手を受ける。

　大部分の企業は、退職の統計さえ取っていない。実際問題として、熟練作業者が辞めた場合、補充にどのぐらいのコストがかかるかは誰にもわからない。その結果、生産性を議論するとき、退職はありえない、あるいは、退職してもタダ同然で補充がきくとの前提で話を進める。この好例が、『超マシン誕生』に描いたデータゼネラル社のイーグルプロジェクトだ。このプロジェクトは、スペイン流管理の勝利であった。仕事中毒にかかったプロジェクトメンバーは、際限のないタダ残業で生産性を未曾有の

水準まで押し上げた。このプロジェクトが終わったとたんに、開発者全員が会社を辞めてしまった。退職コストはどのぐらいだったのだろうか？ 計算した人は誰もいない。

生産性は、利益をコストで割ったものと定義すべきである。利益は、作業時に節約できた金額、または仕事からの収益とみることができ、コストは全体のコスト、つまり、退職者の補充に費やした余計な費用を含むべきである。

スペイン流管理のつけ

> 以前、あるプロジェクトのコンサルティングをしていたときのことである。そのプロジェクトは、順調に進んでいたので、プロジェクトの女性管理者は、予定通り製品を出荷できると考えていた。彼女は、工程会議で進捗状況の報告を求められ、最初の見積もり通り、3月1日の納期は約束できる、と答えた。
>
> 彼女の上司は、予想外の嬉しい知らせを聞いて、しばらく考え込んでいたが、次の日、もう一度、彼女を呼び出した。そして、「予定通り3月1日に納入できるというのなら、1月15日に早めてほしい」と言った。
>
> ————Timothy Lister

そのプロジェクトの実際のスケジュールは、スペイン流の管理者には何の価値もなかった。というのは、管理者から見て、3月1日という納期は、彼女にプレッシャーをかけることになっていなかったからだ。実行不可能な納期を押しつければ押しつけるほど、多くの労力を引き出せると思っている。

読者は、今までにスペイン流管理者の一人や二人に出会ったことがある

と思う。連中の近視眼的なものの見方を一笑に付すのはよいが、自分自身はこんなやり方をしていないと思ってはいけない。誰しも、一度や二度は、納期に追われ、プレッシャーをかけて、もっと仕事をやらせようとした経験があると思う。このためには、効率の低下と、結果としての退職に、目をつぶらねばならない。しかし、都合の悪い副作用を無視することは簡単である。簡単でないのは、次に挙げる耳の痛い現実を頭に叩き込むことだ。

> **早くヤレとせかされれば、雑な仕事をするだけで、質の高い仕事はしない。**

仕事を早くするためには、製品の品質と仕事の満足感を犠牲にせざるを得ない。

第4章 品質第一…時間さえ許せば

　20世紀の心理学では、人間の性格は、基本的な本能、つまり、生存、自尊、生殖、なわばり等によって支配されると考えるのが一般的だ。基本的本能は、脳のファームウエアに直接組み込まれている。本能を「考える」とき、激しい感情を伴わず理性的に行動できる（今、読者がそうしているように）が、本能を「**感じる**」ときは、常に激情を伴う。脳に組み込んだ本能は、ほんのささいな挑発を受けても、心が激しく乱れる。

　激しい感情が燃え上がるのは、脳に組み込まれた本能の一つが脅かされている証拠である。管理者になりたてのころは、人が胸に秘めた感情とは無関係に仕事が出来上がると思うかもしれないが、多少でも管理者の経験があれば、反対であることがわかる。プロジェクト開発の仕事には、感情をゆさぶる機会が多いのだ。

　誰しも、純粋に仕事に関係したことで、一度ならず感情をあらわにした経験があるだろう。今、それを思い出し、この感情はどこから湧いてきたか自問してほしい（おそらく今まで何度もそうしただろうが）。そのことについて何も知らなくても、原因は、自尊心を脅かされたことによると断言できる。一生の間に、いろいろな原因で感情が高ぶることがたくさんあるが、オフィスで感情を刺激する最大の要因は、自尊心を傷つけられることである。

　大抵の人は、自尊心を、自分の作った製品の品質——製品の量ではなく**質**——と強く結び付ける傾向がある（このため、本来の仕事とはいえ、アクビが出そうな仕事をどんなにたくさんこなしても、何の満足感も得られない）。どんなことでも、製品の質を落としかねないことを指示すれば、それに反抗する感情に火をつけることになる。

品質第一主義からの逃避

　達成不可能な納期を管理者が設定すれば、製品の品質を危険にさらすことになる。管理者は、自分のやっていることがそんな意味を持つとは思ってもいない。逆に、面白くて挑戦するに足ることを部下に与え、人間的成長を助けているとさえ思っている。

　古参で少しすれた部下はそうは考えない。厳しい納期に間に合わせるには、作業上の制限が多過ぎる。納期通りに完成するために、プロジェクト資源をやりくりする自由もない。例えば、もっと人を投入するか、実現する機能を削るかという選択権がない。犠牲にできる唯一のものは品質である。そこで、極端な時間のプレッシャーをかけ続けると、部下は品質を犠牲にしはじめる。問題が見つかっても、カーペットの下へそっと隠し、後回しにしたり、エンドユーザーにつかませたりするのだ。不安定で本当は完成していない製品がこうして出荷される。好んでやっているのではないが、他に選択肢はないのだ。

　どこにもいるうるさ型の管理者は、こんなことを言うことがある。「プロジェクトの中には、品質を良くすると理屈をこねて、いつまでもプログラムをいじりまわしている奴がいる。だが、マーケットは品質なんか気にしてやしない。顧客は、製品を昨日出せたはずだと厳しく催促してくる。マーケットは、少しぐらい早かろう悪かろうでも受けとってくれるさ」。確かにマーケットはそのような要求をすることが多い。しかし、作業者自身の品質基準に満たない製品を、早く出荷するようにとプレッシャーをかけることは間違いである。

　管理者は、品質を、マーケットのニーズに応じて、良くも悪くも調整可能な製品の属性と考えがちだ。ちょうど手作りのチョコレートサンデーに入れるチョコレートソースのように、多い方が好きな人には多く、少ないのが好きな人には少なくといったあんばいである。

一方、作る側の品質論理は全く異なる。というのは、自尊心が製品の品質と非常に強く結び付いているので、開発者は自分の品質基準を当てはめる傾向があるからだ。プログラマーを満足させる最低基準は、今までに達成した最高の品質である。この水準は、マーケットが望み、金を払って手に入れようとするものよりも、ずっと高い。

　「マーケットは品質なんか気にしない」というせりふは大体本当の話なので、くやしくて涙が出るだろう。ユーザーは、品質ほど重要なものはないと言ったり、品質の悪さに文句をつけたりするが、品質に金を払う段になると、品質に対して本当はどう考えているかはっきりする。例えば、あるソフトウエアプロジェクトで、ユーザーに次のように説明したとしよう。「統計データから予測しますと、この製品のMTBFは、現在1.2時間ですので、納期通りに今日これをリリースすれば、非常に不安定な状態でしょう。あと3週間もすれば、MTBFは約2000時間というかなりよい値になると予想されます」。聞き終わると、ユーザーはもっともらしい咳払いのあとで、他人に負けない品質意識はあるが、3週間は待てない、と答えるはずだ。

　ソフトウエア業界は、100行当たり1～3件の平均バグ密度という極めて品質の悪いアプリケーションプログラムを平気で使うようユーザーを洗脳してきた。この統計データは、強烈な皮肉として、ソフトウエア開発者の品質意識の低さを非難している。つまり、「品質を良くすると理屈をこねて、プログラムをいじりまわしている」と文句を言われたプログラマーが、一方で、品質意識が低いと非難されているのである。しかし、本当に非難されるべきは誰なのだろうか。それは、笛吹きに金を払い、無理矢理「低品質節」を奏でさせてきたユーザーである。常に、早くリリースしろとせっつき、低品質の製品を受け入れてきたことを考えると、ユーザーの品質意識はかなり低いことは明白だ。

　このことは、ユーザーや一般市場の低い品質基準に対する酷評に聞こえるだろうが、必ずしもそうではない。製品に金を払う人は、品質とコスト

の間の微妙なトレードオフを的確に見極められるはずである。ここでのポイントは、ユーザーは、開発者に比べると、製品品質を必要とするレベルが低いということだ。ここに、対立する問題が浮かび上がる。製品の質が落ちると、買わない人が出てくる。しかし、低品質によって市場浸透力が低下した分は、製品の売上げ上昇分が補って余りあるのだ。

開発者でなく、買手に品質基準を決めさせることを「**品質第一主義からの逃避**」と呼ぶ。顧客の要求通りの品質を提供するのは、開発者の反発と作業効率への影響を無視すれば、一見もっともらしく思える。

しかし、長い目では、市場ベースの低い品質要求は、余計なコストがかかる。そこで次の教訓が得られる。

> **エンドユーザーの要求をはるかに超えた品質水準は、生産性を上げる一つの手段である。**

これがおかしいと思うのなら、次の思考実験を頭に描いてほしい。100人に「どの組織、文化、国家が、品質の高いことで有名か？」と質問したとする。今日ではおそらく大半の人が**日本**と答えるだろう。別の100人に「どの組織、文化、国家が生産性の高いことで有名か？」という質問をしたとする。やはり、ほとんどの人が**日本**と答えるはずだ。品質のリーダーとして世界で認められている国民は高い生産性でもよく知られている。

だが、一体どうやって高品質と高生産性を両立させられるのだろうか？ これは、いいものを作るには金がかかる、という常識に真っ向から対立することになる。一つの手がかりとして、日本のソフトウエア事情についての優れた解説者である、田島、松原の論文の一節を紹介する。

> **価格と品質はトレードオフの関係にあるという考えは、日本には存在しない。反対に、高品質がコスト低減をもたらすという考えが広く受け入れられている。**

品質はタダ、しかし…

　フィリップ・クロスビーは、1979年に発行したQuality Is Free(『クオリティ・マネジメント―よい品質をタダで手にいれる方法』)という本で、これと同じ考えを述べている。クロスビーは、多くの実例と正当な理由を挙げて開発者自身が満足する品質基準を決めることが生産性の向上につながり、品質を上げるためのコストを補って余りある、と主張している。
　しかし、クロスビーの本は、産業界に良い影響より悪い影響を与えた感じがする。問題は、管理者の大多数がその本を読んだこともないのに、タイトルだけは知っていることである。タイトルだけが一人歩きをしてしまったのだ。どの管理者も、「品質はどこまでも上げられるし、ほしいだけタダで手に入る」と小躍りしている。こんな考えからは、真の意味の品質意識は育たない。この態度はまさに、クロスビーが言っていることの正反対である。
　品質と生産性が相互に関係する効果について、現実は、少し違った言葉で表す必要がある。

　　　品質はタダである。ただし、品質に対して喜んで金を出す人だけに対して。

　品質に対して一円も予算を計上しない企業は、ゼロ円に値するものしか得られない。「品質第一、ただし時間さえ許せば」という政策の下では、作る人が全く意識しないのに、自然に品質の良いものができることは絶対にありえない。
　ヒューレット・パッカード社は、開発者が設定した高い品質基準によって生産性を上げ、利益を得ている企業の例である。同社は、品質第一という社風を創った。そのような環境下では、高品質製品を生産するには時間

と金がもっと必要、という議論は起こらない。同社のエンジニアは市場が要求する品質よりはるかに高水準の品質を自分が供給するという社風を負っていることを十分に認識しているのだ。品質に対するこうした共通認識は、仕事に対する満足感や、業界で最も低い退職率としても表れている。

出荷拒否権限

　ある日本の企業、特に日立ソフトウェアエンジニアリングと、一部の富士通の部門では、十分な品質水準に達していないと判断された製品の出荷を拒否する強力な権限をプロジェクトチームが持っている。顧客が、品質基準以下でも何でもいいから早く出荷してほしいと切望しても、出荷品質基準に達しないかぎり出荷を延期するのである。もちろん、日本のプロジェクト管理者も、アメリカと同様の強烈なプレッシャーを受けている。品質が悪くてもいいから今すぐ出荷せよとの重圧下にいる。しかし、品質優先の文化が出来上がっているので、部下に命じて低品質で妥協させるよりも、出荷を遅らせた方がよいことを知っている。

　社員に出荷拒否権限を与えることが果たしてできるだろうか？　もちろん、少なくとも最初のうちは強固な意思が必要だ。管理者が最も関心を持つべきことは、実際にはパーキンソンの法則とは逆のことが起きることである。これは、それ単独で次の一章をあてる必要があるほど、重要なテーマである。

第5章 パーキンソンの法則の改訂

　英国の作家C.ノースコート・パーキンソンは、1954年の著作で、与えられた仕事をするのに時間はいくらあっても余ることがない、という説を唱えた。いわゆるパーキンソンの法則である。

　管理者教育を受けた管理者がほとんどいない、との事実を知らなければ、パーキンソンの法則やそこから派生する法則を集中的に教える講座が本当にあると錯覚してしまう。実際にはそんなものはないのに、管理について何も知らないと自覚している管理者でさえ、パーキンソンの法則にご執心であり、この法則が部下や仕事を支配する唯一の真理と考えている。そして、仕事をきちんと完成させる方法は、考えられないほど楽観的な納期設定しかないと固く信じているのだ。

パーキンソンの法則とニュートンの法則

　パーキンソンの法則は、公理とはいえない。ニュートンの法則を法則と呼ぶのと同じ意味での法則ではない。ニュートンは科学者であり、正確な科学的方法にしたがって、重力の影響を研究した。ニュートンの法則は、厳密な検証と実験を経た後、初めて学説として提起された。そして、その後200年以上にわたる検証に耐えた。

　一方、パーキンソンは科学者ではない。データを集めたわけでもないし、統計的推論の方法など理解していないはずだ。しかし、パーキンソンには、ユーモアのセンスがあった。この**法則**は、真実を表しているから人気を得たのではない。皮肉が利いていて面白いから当たったのだ。

　もちろん、パーキンソンの法則に真実のワサビがピリッと利いていなけ

れば、少しも面白くはなかっただろう。パーキンソンは、架空の政府の官僚機構（英国郵政省をモデルにしたらしい）で観察したこととして、法則を挙げている。官僚機構はパーキンソンが皮肉った問題を起こしがちだが、それは、作業者にやりがいのある仕事を与えることが難しいからだ。しかし、読者は官僚機構で働いているのではないと思う。たとえ働いていても、作業者がパーキンソンの法則の影響を受けないようにいろいろ気を配っていることだろう。そうしなければ、誰も真面目に仕事をしない。実際には、作業者は、仕事から多くの満足感を得ているはずだ。このことから次の単純な真理を導きだせる。

パーキンソンの法則は、実際の作業者にはあてはまらない。

人生は、だらだら仕事をするにはあまりにも短い。楽しく仕事をしたいと思っているから、完成させる楽しみをできるだけ長引かせる気にはなかなかなれない。長引かせると、みんなが心から望んでいる仕事を仕上げたときの満足感を味わう時期を遅らせるだけである。自分の品質基準を低い方に妥協する必要がないことさえ保証すれば、作業者は管理者と同様に熱心に仕事をするものだ。

仲間にこんなことを言えるだろうか？

管理者であるかぎり、好むと好まざるとにかかわらず、いろいろな部下を相手にすることになる。例えば、仕事をサボろうとしているとか、品質に対する意識が希薄とか、仕事を達成する能力がない部下である。しかし、これはパーキンソンの法則の正しさを裏付けるものではない。

健全な作業環境の下で、作業者が職務をきちんと遂行しない理由は、能力の不足か、自信の無さか、あるいはプロジェクトの完成まで同僚と仲良くやれないことにある。いずれも、納期によるプレッシャーは、大した解

決策にはならない。例えば、作業者が職務をきちんと遂行できないとか、作ったものの品質を気にかけないように見える場合は、作業者は、仕事の難しさに打ちのめされているのだ。だから、これ以上のプレッシャーは必要ない。必要なのは、配置転換か、場合によっては他の会社へ移ることである。

誰かに頼るしか問題の解決策がないという深刻な場合でさえ、管理者に頼るのは最後の手段である。チームの中から助けの言葉をかけた方が、はるかにうまくいく。これまでにチームワークのよいプロジェクトチームを数多く見てきたが、そういうチームの管理者は、チーム内のお荷物的な作業者に対してどなりたい気持ちをぐっと我慢しているのだ。

チームそのものについて、また、チームを編成するために、チーム内に微妙な作用をうまく創り出すことについては、後の章で詳しく述べる。本章でのポイントは、何がよいチームのために効果的かではなく、何が逆効果かを述べることである。つまり、自分の部下をパーキンソン流に扱っても、何の効果もない。そんなことをしたら、プログラマーの品位を落とし意欲をくじくだけである。

ニューサウスウェールズ大学のデータから

著者がやめるべきだと叫んでも、パーキンソン流の考えはなくならない。管理者の宗旨変えに役立つものは、パーキンソンの法則が作業者にあてはまらないことを示すデータだろう（パーキンソンは法則の適用を裏付けるデータを何も提供せず、ただ法則だけを数百ページも繰り返し述べているだけだが、そのことはしばらく触れない）。

ニューサウスウェールズ大学の優れた研究者であるマイケル・ローレンスとロス・ジェフリーの二人は、プロジェクトについての調査研究を毎年行っている。二人は、標準的なデータ収集方法に従って、業界のプロジェクトの実態を測定している。年ごとにプロジェクトの異なった側面に焦点

を合わせている。1985年の調査では、パーキンソンの法則が当てはまらないことを示すデータを発表した。パーキンソンの法則を完全に覆すほどの確固たる証拠ではないが、何らかの疑いを持たせるに足るものである。

　二人は、目標値設定のやり方によって生産性がどのように影響を受けるかを調査した。開発者（ここでは、プログラマー）は、自分で立てた目標値を達成するために懸命に努力する、という伝説的な仮説が正しいか検証しようとした。103のプロジェクトに対し重みつきのメトリックスで生産性を計測した。この計測法は、バリー・ベームのCoCoMoにおける生産性評価方法に類似のものである。

　誰が目標値を設定したかに基づき、標本データをさらに小グループに分けた。一部を表5．1に示す。

表5.1　目標値設定者による生産性の違い（結果の一部）

目標値設定者	平均の生産性	プロジェクト数
プログラマー	8.0	19
管理者	6.6	23
プログラマーと管理者	7.8	16

　これを見るかぎり、結果は仮説通りである。つまり、管理者がプログラマーに相談しないで勝手に目標値を決めた場合に比べて、自分たちが目標値を設定した方が、少しだが高い生産性を示した。また、双方が相談して目標値を設定した場合は、生産性は中間に落ち着く傾向がある。

　同じ年に研究対象とした21のプロジェクトでは、第三者、例えば、システムアナリストが目標設定した。このケースでは、プログラマーや管理者あるいは双方が設定した場合に比べ、かなり生産性が上回った（表5．2参照）。

　最後のデータは、伝説的な仮説に従わない。どうして、プログラマーは、自分で立てた目標値より、システムアナリストが設定した目標値に合わせようと懸命に働くのだろうか？　データを単に異常と斬り捨てたい誘

表5.2　目標値設定者による生産性の違い（結果の一部）

目標値設定者	平均の生産性	プロジェクト数
プログラマー	8.0	19
管理者	6.6	23
プログラマーと管理者	7.8	16
システムアナリスト	9.5	21

惑に駆られるが、我々が主張するように、誤った目標値の設定がヤル気を失わせると信じるなら、このデータを例外として片付ける必要はない。システムアナリストは、プログラマーや管理者より正確にプロジェクトを見積もることができるし、やるべき仕事の全体をかなり詳しく知っている。しかも、仕事を直接担当する人が陥りがちな楽天主義や、自分の上司の政治的な考え、予算上の先入観に影響されることはない。また見積もり経験もきわめて豊富である。数多くのプロジェクトの見積もりをしてきて多くのことを学んでいるため、より正確に作業工数を予測できるのである。

　誤った目標値の設定、つまり、絶望的に厳しい見積もりは、プログラマーのやる気を吸い取ってしまう。開発プロジェクトの評価に関する研究で有名なケイパース・ジョーンズは、次のように述べている。「プロジェクトのスケジュールが、完全に不合理かつ非現実的であり、どれだけ残業しても完成しそうにない場合、プロジェクトチームのメンバーの不満がつのり、やがて怒り出し、…そして士気は地に墜ちる」。**不合理かつ非現実的**なスケジュールを立てるのが、上司か開発者自身かは大した問題ではない。成功する見込みが全くない状況に置かれると、効率の良い仕事をしなくなる。

　1985年のジェフリーとローレンスの研究の中で、最も驚くべきものは、最後に載せた研究である。これは24のプロジェクトについて、全く目標値を設定しない場合の生産性を調査したものであった。このプロジェクトは、他のどのプロジェクトよりもはるかに優れた結果を示した（表5．3参照）。

表5.3　目標値設定者による生産性の違い（結果の一部）

目標値設定者	平均の生産性	プロジェクト数
プログラマー	8.0	19
管理者	6.6	23
プログラマーと管理者	7.8	16
システムアナリスト	9.5	21
目標なし	12.0	24

　上司が、日程的なプレッシャーを少しもかけなかったプロジェクト（「仕事が終わったらおれを起こしてくれ」というたぐい）は、最高の生産性を示した。これだけでパーキンソンの法則が開発作業者に全く当てはまらないことの証明にはならない。しかし、この事実はパーキンソンの法則に疑問を持たせるには十分だ。

　プロジェクトのスケジュールを守れとハッパをかける場合、自分の子供を叱るときと同じ方法をとる必要がある。叱るタイミングが完璧であれば、正当性は誰にも容易にわかり、効き目がある。だが、いつもハッパをかけているなら、管理者自身がトラブルに巻き込まれている証拠である。

パーキンソンの法則をちょっと変えたら

　パーキンソンの法則を少し手直しすると、どんな組織にも驚くほど、真実味のあるものになる。

組織の管理業務を行うには、時間はいくらあっても足りない

　この傾向は、会社が設立時に始まり、毎年ひどくなる。成熟の頂点にある企業で働くのがあまり楽しくないのは、この理由による。1651年創立の、かつては世界最大の企業であった東インド会社では、今でも数人の従業員が働いているが、書類に必要事項を記入するのに、週40時間もかけ

る。東インド会社の場合、パーキンソン流の傾向を如実に表しているのは、従業員ではなく会社そのものであることがわかる。第Ⅱ部でこのテーマを再び取り上げる。

第6章 ガンによく効く？「ラエトライル」

　ラエトライルとは、アンズの種の中にある甘酸っぱい液からとれる無色の液体である。スウェーデンでは、食品店でアーモンドのエキスと同じぐらいの値段でその原料を買って、それからエキスを作ることができる。メキシコでは末期ガンの「治療薬」として一滴50ドルで売っている。もちろん、ガンはおろか、どんな病気にも効かないひどい食わせ物であることが、あらゆる証拠からわかっている。かといって、ガンの末期患者に確実に効く薬などは処方してくれないから、どんな法外な値段でも、ラエトライル売りの言いなりになってしまう。絶望の淵にある人には、証拠などどうでもよいのだ。

　同じように、多くの管理者は、「生産性について絶望の淵」に立っているので、生産性向上に利くと称する技術的ラエトライルのカモになる。効用を示す証拠を見せてもらえることはなく、また、ラエトライルを買う人と同様、とにかく生産性を上げたいばかりに、効果を示す証拠などは全く無視して飛びつくのだ。

「寝ているうちにヤセられる」

　　　ある日、全く馬鹿げた思いつきで、生産性倍増をうたう商品の広告を集め始めた。あっという間に、たちまち切り抜きの山ができた。大幅な生産性向上をうたったものに、かくもいろんなやり方があるものかと驚いた。セミナー、研修コース、方法論、書籍、スケジュール記入用ボード、ハードウエアモニター、プログラミング言

語、情報紙など、ありとあらゆる手段がある。ある晩、地下鉄の中で、ニューヨークポスト紙の裏側に、まさに決定的といえる広告を見つけた。そこには「寝ているうちにヤセられる」と書いてあった。これを先の生産性倍増の広告主たちに、のしをつけて差し上げたい。

———— Timothy Lister

　ソフトウエア開発者の誰もが、生産性向上という大きなプレッシャーを感じている。だが、この問題は、もはや安易な解決法では手に負えない。そんなものは、すべてとうの昔に考えられ適用されてしまったからである。
　ある企業が他よりも少しはましな実績を上げているのは事実だが、特に進んだ技術を適用した結果でない。よい実績は、効果的な人の扱い方、作業場所や社風の改善、および第II部から第IV部で述べる手段を講じていること、などで完全に説明がつく。他社と比べて技術的に効率の悪いやり方をしているのがわかれば、少し落ち込むだろうが、それも少しの間のことだ。筆者は常々、社風が重要であると考えているが、社風を改善するのはきわめて難しく、短期になかなか効果が上がらないからである。このため、つい雑誌に付いている生産性向上ツールの購入申込書を切り取り、多額の金を添えて送りたくなる。かくして、素晴しい生産性向上の仕掛けが送られてくる。そんなものは大した役には立たないが、安易で役に立たない解決策の方が、難しい方法よりも魅力的に見える。

管理者が陥りやすい7つの錯覚

　容易だが何の解決策にもならない技術的な方法なのに、素晴しい効果を発揮すると期待してしまう。これは数奇な運命をたどったオデッセイを誘惑した海の精セイレーンの美声のようなものだ。美声の誘惑の一つひとつ

は、甘い言葉となって、管理者をそそのかすが、決して問題解決にはつながらない。管理者がこうした美声を信じているかぎり、健全な社風を作るために大きな努力はしないだろう。

　どの誘惑が管理者をひどく悩ませるかは、産業の特質によって異なる。我々が最もよく知っているソフトウエア開発の分野から、7つの錯覚を挙げ、それに対する反論を述べてみよう。

■ソフトウエア管理における7つの錯覚

1. 生産性を飛躍的に向上させる方法があるはずなのに、今までずっと見落としてきた。

反論：そんな基本的なものを見逃すほど馬鹿ではあるまい。新しい方法を探し求めてたゆまず努力し、もっとよいものにしようと頑張ってきた。だが、自分が採用した方法や、これからやろうとしている方法のどれもが、実際に生産性を飛躍的に高めてはいない。しかし、それらの方法を採用することに、みんなは一生懸命に健全な努力をしてきた。人は、何かに熱中したり、学んだり、改善したりしたいといつも思っているものだ。どこかに自分が見落としてきた魔法の革新的方法があると思わせる宣伝文句は、セールスでは常套的に使う単なる巧妙な策略である。

2. 他の管理者は2倍も3倍も成果を上げている。

反論：そんなことは気にするな。そんなに騒がれる方法は、ソフトウエア開発ライフサイクルのコーディングとかテストの部分に焦点を合わせているに過ぎない。だが、コーディングやテストの段階がすべてなくなったところで、100％の改善が期待できるわけではない。依然として、システム分析、顧客との折衝、仕様書作り、研修、受け入れテスト、コンバージョ

ン作業、システムの切り替えなど、やらなければならないことが一杯残っている。

3．技術は日進月歩で、油断するとすぐ置いていかれる。

反論：その通り。技術は日進月歩である。しかし、「ハイテクの幻影」の項で述べたことをもう一度思い出してほしい。これまでやってきたことのほとんどは、本当はハイテク作業とは呼べない。コンピューターは確かに大きな進歩を遂げたが、ソフトウエア開発は従来のままである。今でも、ソフトウエア開発のかなりの時間を製品要求書や仕様書の作成という手作業に費やしている。ソフトウエア産業における生産性は、毎年3〜5％ずつ改善されてきてはいるが、これは鉄鋼や自動車産業より少しましなだけである。

4．プログラミング言語を変えれば、生産性は大幅に上がる。

反論：プログラミング言語は、問題を考える方法に大きな影響を与えるので重要であるが、前に述べたように、コーディング工程にしか影響を与えない。言語の効果を誇張するきらいがあるので、ラエトライルのようなものもある。例えば、PowerBuilderで新しいアプリケーションを開発すれば、COBOLよりましだろうが、PowerBuilderが登場する前にも、COBOLより優れたものがあった。例えば、容易に問い合わせや更新が可能な隙間的ツールがこれに該当する。キーボードの前で2、30年も眠り込んでいたのでなければ、プログラミング言語の違いは致命的な要因にはならない。5％は上昇するかもしれないが（馬鹿にできない値ではある）、それより大きくなることはない。

5．バックログが多いから、すぐにでも生産性を2倍にする必要がある。

反論：ソフトウエアのバックログについていろいろ言われているが、根も葉もないことだ。プロジェクトの完成時にコストを計算すると、当初予算をはるかに上回るのは常識である。したがって、開発資金がなかったために今年中に完成できなかったプロジェクトのコスト算出でも、同じようにミスをする。つまり、実際に必要な費用の半分以下で完成できると楽観的に見積もるのだ。かくして、このプロジェクトは、「そのうち何とかなる」という錯覚のもとにバックログ扱いされるが、いつまでたっても何ともならない。というのは、そんなプロジェクトは、最も楽観的に経費を見積もっても開発を正当化できないほど利益が少ないので、バックログになったのだ。もし、本当にどれだけ費用がかさむかが明らかになると、プロジェクトではなく単なる金食い虫となる。生産性向上は、バックログをこなすために必要なのではなく、積み上げたプロジェクトの中から、金食い虫プロジェクトを潔く捨てることで得られるのだ。

6. 何もかも自動化してしまおう。そうすれば、ソフトウエア開発者がいらなくなるのではないか？

反論：これはハイテクの幻影の一つである。つまり、ソフトウエア開発者は簡単に自動化できるような仕事をやっている、という思い込みである。開発者の主な仕事は、ユーザー流の表現で表したユーザー要求を、厳密な処理手順に変換するための、人と人とのコミュニケーションである。これは、どんなにソフトウエア開発のライフサイクルを変えようと、絶対に必要な仕事であり、自動化できるはずがない。

7. 部下に大きなプレッシャーをかければ、もっと働くようになる。

反論：そうはいかない。そんなことをしたら。ヤル気をなくしてしまう。

これまで述べたことは、すべて否定的なことばかりである。部下を扱う場合やったことが、望んだことと反対の結果になったり、見掛け倒しの最近の技術を導入しても大して役に立たなかったとき、管理者は一体何をやったらいいのだろう？

これこそ管理だ

まだプログラマーの仕事を始めたばかりのころ、私は、シャロン・ワインバーグ（現在はコッド＆デートコンサルティング・グループの社長）が管理するプロジェクトで仕事をする栄光に浴した。シャロンは、今私が管理の真髄と思うことの生きた事例であった。雪が降りしきるある日、私は病床から足をひきずってオフィスへ行き、顧客デモ用の不安定なシステムを立て直そうとしていた。シャロンは、部屋に入ってきて私を見つけ、コンソールの前で倒れそうになった私を支えてくれた。そしてちょっと姿を消したかと思うとスープをもって戻り、私に飲ませて元気づけてくれた。私はきいた。「管理業務が山ほどあるのに、どうしてこんなことまでできるんですか？」シャロンは専売特許のにこやかな笑みを顔一杯に浮かべて答えた。「これが管理というものよ」。

————Tom DeMarco

シャロンは、優れた管理者の本質をよく知り抜いていた。つまり、管理者の役割は、人を働かせることにあるのではなくて、人を働く気にさせることである。

第II部
オフィス環境と生産性

　従業員にヤル気を起こして仕事をさせるには、ヤル気を失わせる原因を理解することが先決だ。何時間、何日間も仕事が全くはかどらない原因はゴマンとあるが、結局、行き着くところは同じである。諸悪の根源はオフィス環境、すなわち、作業能率を向上させるためにと、会社が従業員に提供した空間、備品その他もろもろである。机の上では電話がけたたましく鳴り、ラインプリンター保守員の馬鹿話に付き合わされ、ゼロックスが紙詰まりを起こすし、献血時間変更の電話が入ったり、個別技能申告書を早く更新しろと人事課の連中が叫んでいるし、勤務表の提出は３時までだし、またまた電話がかかってきたり……こうして一日は過ぎていく。この分では、本当に仕事をする時間がなくなるのもそう遠い話ではない。

　こうした雑用が上の人間にだけ影響し、プログラマーは何も気にせず仕事に打ち込めるのなら、それほど大した問題ではない。しかし、実際はその逆なので、事態は極めて深刻である。プログラマーは、毎日会社でのイライラと毎度毎度の割り込みで、精神、肉体とも疲労状態にある。丸一日が何の意味もなく過ぎていき、一体どこまで作業が終わったのか誰にもわからない。なんで、何もかもがこんなに遅れるのか、次のことをよく考えてほしい。

> 遅れの原因、限りなし
> 回復手段、何もなし

　この第II部では、作業能率を低下させる原因を究明し、機能的、かつ健康で文化的な最低限度のオフィス環境を作るための方法を紹介する。

第7章 施設監査本部

　今抱えている仕事のほかに、オフィスの環境整備の仕事を任されたとする。それには、プログラマーにはどんな環境が理想的で、必要なスペース、費用はどれぐらいなのか、調査・検討する必要がある。さて一体どこから手をつけたらよいだろう？　常識的には、まず現在プログラマーがオフィスのスペースをどう使用しているか、必要となる机の大きさはどれぐらいか、一日の内で一人きりで仕事をする時間、二人共同で仕事を行う時間などを調査する。さらに、オフィスの騒音・雑音がソフトウエアの生産性にどう影響するかも非常に気になる。結局、プログラマーは論理的に物事を考える**知的な作業者**であり、脳ミソを振り絞って仕事に打ち込もうとするたびに、オフィスの騒音・雑音に悩まされ、精神集中が乱される哀れな犠牲者なのだ。

　生産性を阻害する要因に対し、費用もかからず簡単に実現でき、かといって単なる精神論に終わらない、現実的な解決策が必要である。比較的余裕があれば、オフィスのレイアウトを間仕切りなしといういわゆる「開放型オフィス」から、個室形式のオフィス（1～3人用程度）への変更を考えるのもよい。この変更に少々コストがかかっても、個人個人の分離や騒音低下により生産性が向上するので、十分引き合う。プログラマーに必要なお互いの交流のための場所や、他人の仕事の邪魔にならないような打ち合わせができる場所は、どこに作るべきかを考える必要がある。

　ご承知だろうが、会社（特に大企業ほどこの傾向は顕著だが）のオフィス環境整備の担当部署は、このような「本当のオフィス環境」には全くおかまいなしである。現状把握のためのデータを集めようともしないし、ソフトウエアの生産性という非常に複雑な問題に対して理解しようという姿

勢が微塵もない。これは、オフィス整備担当部署は、劣悪なオフィス環境でも影響を受けないような仕事しかしていないためだろう。結局、その担当部署は知的な作業をしていないということだ（現実？冗談？）。その担当部署がよくやる手は、「施設監査本部」なるものを設けて、先に述べたアプローチとは正反対の方針でオフィス環境問題を改悪することである。

「施設監査本部」の精神構造

　この本部の「本部長」は一体、何を考えているのだろうか？　おそらくこの程度のことだろう。

　　　場所：完成したてのオフィスの一室
　　　時：新しいオフィスへ引っ越す前日

　　「何という素晴しいオフィスだろう。何から何まで寸分たがわず同じだ。5階にいるのか、6階にいるのか、見当もつかないくらいだ。しかし、それも今日限り。明日、連中が引っ越して来るまでだ。あの連中ときたら、壁にベタベタとポスターを貼るわ、何でも自分のものだと思って好き勝手にするわ、とにかくだらしない。2、3日もすれば、この素晴しいカーペットにコーヒーのシミをつけたり、サンドイッチのクズを落としたり……ああ。全く何ということだ」

　退社時には机の上をきれいに片付けること、壁には会社のカレンダー以外は貼らぬこと、という社内規定を作るのもこの連中である。我々が知っているある会社の施設監査本部には、緊急連絡先一覧表の上にコーヒーをこぼしたときの緊急連絡番号さえ電話機に貼りつけてある。その会社で誰

かが緊急電話をかけているのに行き当たったことはないが、その時には、おそらく白い作業服に身を包んだ保守員が、赤いライトをピカピカ点滅させ、けたたましいサイレンを鳴らした電動カートで、オフィス中をひっかきまわすことだろう。

　あるセミナーの休憩時間に、こんな話を聞いたことがある。その人の会社では、退社時に机の上のものを、すべてきれいに片付けねばならず、ただ一つの例外は、手札サイズの家族の写真だけだった。それ以外のものが一つでも机の上に残っていようものなら、次の朝「施設監査本部」の警告書（ご丁寧に社名入り用紙で）が机の上に貼り付けられるということだ。ある男はこの馬鹿ばかしい警告書にすっかり頭にきて、今にも爆発寸前であった。イライラしているその男をからかってやろうと、同僚連中が次のようなイタズラを思いついた。まず近くの雑貨屋へ行き、写真のフレームを一つ買ってきた。ただし、フレームの中に入っている見本写真として、「これぞ典型的アメリカ人の家族」というのが印刷されているものを選ぶのがミソである。実際に使うのはフレームではなく見本写真の方で、それを頭にきた男の家族の写真と取り替えた。そして、「施設監査本部」が発行する警告書そっくりの文体で、次のような文書を貼り付けた。

「本写真所持者の家族が、社内規定による審査検定に合格できなかったことは、極めて遺憾である。反省を促し、ここに〝従業員公式家族写真〟を交付するものである」

———Timothy Lister

いずこも同じプラスチックオフィス

「施設監査本部」の精神構造をもう少し掘り下げるために、図7.1に示すオフィスの見取図に注目してほしい。このオフィスの間取りは、今やアメリカではごく当たり前のものだ。

この間取りにすると「誰が窓際のいい席を取るか」という非常に解決困難な問題に直面することはない。座ろうにもそんな席は一つもないのだ。「窓問題」は、当たり前だが、窓の数が従業員の数よりずっと少ないときに起こる。しかし、ある人は窓際の席、別の人はそうでない席というのなら、どこが誰の机かは、まわりをチラリと見ただけですぐにわかる。「あの窓際の席？あそこは確かジョージだ」。しかし、この図の間取りでは、どこもかしこも金太郎飴で、ちょっと見ただけでは、誰の机だか見当もつかない。

この間取りの弊害を考えてみよう。人の出入りが一番激しいのは、エレベーターから各部屋、および、部屋から部屋への往来だが、その道筋には

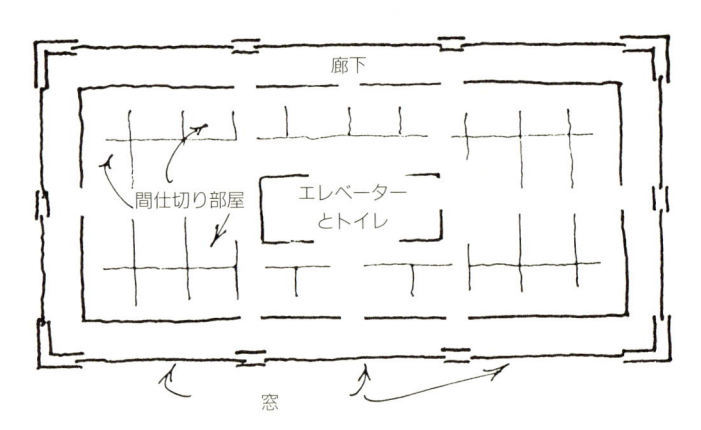

図7.1　オフィスの典型的な間取り

窓が一つもない。この平面図通りにオフィスを建てると、窓は何の役にも立たない。日当たりが良くて気持ちがよさそうな廊下には、一日中人っ子一人いない、という奇妙な現象が起きる。我々がこの種のレイアウトに最初に出会ったのは、ある高層ビルの20階にあるオフィスを訪れたときである。窓からは、遠くまでが一望のもとに見渡せ、これまでに一度も見たこともない素晴しい景色が、眼下に広がっていた。それなのに、オフィスには窓に面した机が一つもなく、従業員は、地下室で働いているのと何ら変わりなかった。

　ところで、地下室は「施設監査本部」にとって理想的な場所である。というのも、すべてを全く同じに配置するのに、非常に都合が良いからだ。しかし、人間は蛍光灯の下よりも自然の陽の光のもとで働く方が、ずっとよい仕事ができる。窓から外の美しい景色の見える場所の方が快適だし、また、その快適さが直接プログラムの品質に影響する。人間の自然な感情としてどこもかしこも全く同じという没個性的な場所では、働きたいとは思わない。誰しも、オフィスを自分の使いやすいように、また自分の好みに合わせて、変えたいと考える。完全に画一化されたオフィスでは、それもままならぬが、この窮屈で不自由だという感情は、生身の人間を扱う上で、根本的、かつ、基本的な問題である。

　我々は、仕事から毎年何十もの企業を訪れている。そのたびに、現代のオフィス設計では、そんな感情を無視するのが当たり前になってきているように感じる。「知的な作業者」に割り当てられるオフィスは、例外なく騒々しく、余計な割り込みが多く入り、無味乾燥で、プライバシーのかけらもない場所である。多少のきれい、きたないはあっても、とても機能的とは言い難く、そんなオフィスでいい仕事ができるわけがない。ドアを閉ざしたまま、薄っぺらな折りたたみ机に向かい、もくもくと仕事に打ち込んでいるプログラマーに当てがわれるのは「73個の部品がついてこの価格、簡単便利ワンタッチ間仕切り部屋」なのだ。そんな環境がプログラマーの生産性にどれだけ悪影響を与えるのか、誰も取り上げようとしない

のが現状である。

　いやそんなことはない、「施設監査本部」は、自社の従業員がアメリカで一番良いオフィスで働けるようにと、オフィス設計に真剣に取り組んでいる、だから今まで述べてきたことは、少々言い過ぎではないか、という意見もある。しかし、残念ながら、これは全くの見当外れと言わざるをえない。「施設監査本部」にいる「オフィス設計担当者」の「内なる声」を聞けば、言い過ぎでないことは明白だ。この「内なる声」とは、あまりの騒々しさにみんなが迷惑がっているもの、つまり、「社内呼出放送システム」のことである。信じ難い話だが、ある会社では、たった一人を呼び出すために全館に放送し、そのたびに何千人もの従業員が頭脳労働を中断するそうである。

　　　　ガリガリガリ（接触不良音）。**お呼び出しいたします。お呼び出しいたします。ポール・スミスさん、ポール・スミスさん、事務所までご連絡ください。**

　まわりをよく観察していると、ガリガリガリと音がしたとたんに何十人ものプログラマーが一斉に頭をあげ、放送が終わるまでおとなしく聞き入っている。そして、終わった後で、さて、さっきまで一体何をしていたのだろうと、一生懸命に思い出そうとしているのがよくわかる。
「施設監査本部」流の設計者には、オフィスの設計も刑務所の設計も、全く同じである。すなわち、最小の投下コストでできるだけ詰め込む、ということなのだ。本来なら、実際にオフィスで働く従業員が、オフィス環境を設計すべきだが、現状では不本意にも、「施設監査本部」に全権限を握られている。しかし、企業の経営側の立場で生産性向上問題の打開策を考えても、オフィス環境の改善以外に現実的で速やかな効果を期待できる分野は見当たらない。騒々しく、無味乾燥で、割り込みが次々と入る場所に、プログラマーを押し込めているかぎり、どんな改善策も意味がない

──**オフィス環境の改善以外には。**

第8章 プログラムは夜できる

　近代産業では、業種に関係なく、開発や設計をする人は「残業なくして人生はなし」と信じこんでいるきらいがある。これは通常の就業時間である9時から5時までだけでは全く仕事にならないということだ。知らない人にはちょっと信じられないだろう。ソフトウエア産業では残業はまさに「生きている証」であるが、この業界が今日のように大繁盛しているのは、プログラムの製品としての価値が、人件費等の投下コストよりもはるかに高いためである。それでは、プログラマーをはじめとする頭脳労働者は、なぜこんなに残業が多いのだろうか？

　意外なことに、残業の真の目的は、仕事の**量をこなす**よりも**品質向上**のためなのだ。これは、まわりの連中がよく口する言葉からも明らかである。

　　「一番仕事がはかどるのは、まだ誰も出社していない早朝だ」

　　「昼間なら2、3日かかる仕事も、夜中にやれば1日ですんでしまう」

　　「オフィスの騒々しいことといったら、まるで動物園のオリの中だ。でも、夕方の6時を過ぎるころから静かになり、一つのことに没頭できる」

　まともな仕事をするには、朝早くオフィスに来るか、夜遅くまで残って

いるか、あるいは会社の喧騒を避けて一日中自宅にこもるしかない。我々が主催したセミナーで、こんなことを言った女性がいた。「私の上司は自宅で仕事をすることにウンと言わなかったので、重要報告書の締切日の前日に生理休暇を取り、自宅で書き上げ期日に間に合わせた」

オフィスに遅くまで残ったり、朝早く出社したり、はては、静かな自宅で仕事をしなければならないのは、オフィス環境の悪さに対する強烈な告発である。環境が悪くて仕事にならないという事実は、何も昨日今日に始まったわけではなく、特に驚くことではない。しかし、みんなそのことに気付いているのに、誰も何もしないのは、ゆゆしき問題である。

会社の職務怠慢

筆者がコンサルタントをしているカリフォルニアのある会社では、従業員の作業環境改善に非常な熱意を持っていた。去年、その会社では全プログラマー（1000人以上）を対象にアンケート調査を行い、仕事をする上で今一番困っていることと、一番良いと思っていることについての意見を吸い上げた。アンケート実施部署の管理者は、会社が従業員の生の声をいかに反映しているか、その結果、会社がどれほど変わったかをトクトクと話してくれた。それによると、2番目に多かった苦情は、上司とのコミュニケーションが希薄だというものだった。これを改善するため、すぐさまQC運動を発足させ、悩みの相談室を設け、その他にも考えうるかぎりの交流手段を講じたそうだ。私はその自慢話を黙って拝聴していたが、一息ついたところで、一番多かった苦情は何だったのか聞いてみた。「オフィスの環境についてなんですよ。どうも騒音や雑音に神経過敏になっているようです」。

> 私はこの問題に、会社はどう対応したか聞いてみた。
> 「いや、会社としては手の打ちようがありませんよ。
> 我々がとやかく口出しして解決できる問題ではありませんからね」
>
> ————Tom DeMarco

　どうにも救いようがないのは、オフィス環境の改善を怠ったことに対し、管理者自身、何の痛痒も感じていないことだ。これはたとえて言えば、従業員から「このあたりは、地球から受ける重力が強過ぎて仕事がやりにくいので何とかしてほしい」と苦情があったとき、その対策についてしかるべく協議し、結論として「相手は人間の力の及ばぬ自然作用であるため、会社としてはいかんともしがたい」と言うのと変わりはない。これは、会社という組織が職務怠慢を正当化する常套手段なのだ。

　オフィスの環境改善は〝人間業〟で簡単に解決できる問題である。どの会社もオフィス環境の実権を握っているグループ、すなわち「施設監査本部」があり、オフィスの設計、配置、備品の設置などのあらゆる面で絶対的な権限を持っている。どんなオフィスが働きやすいかを、連中にわからせるのは簡単ではないが、絶対にできないということはない。また、不発に終わった場合、オフィス改善に関するすべての権限を剥奪することも、100％不可能ではない。この章では、なぜ「施設監査本部」と正面切って〝対決〟しなければならないかについて、また次章以降では、その〝対決〟において、どうすれば有利に展開できるかのヒントを述べる。

プログラミングコンテスト：生産性の要因を探る

　1977年から、我々はソフトウエアの生産性について調査している。これまで世界各国から300社以上の企業が、この調査に参加した。1984年度からは、新しい調査方法として、各企業から選抜されたプログラマーを一堂

に集め、共通の仕様書に基づきコーディングやテストを行い、所要時間と残存不良数を競うことにした。この競技に「**プログラミングコンテスト**」という名前を付けた。あらましは以下の通りである。

- 同一企業のプログラマー二人一組で一チームとし、チームの総合得点で順位を決定する。ただし、同一チームの２人は別々の場所で競技を行う。したがって、このコンテストは、チーム対抗競技であると同時に、プログラマー同士の個人競技でもある。
- 競技方法は、課題として配布した仕様書に基づいて、中規模プログラムを設計し、コーディング、テストまでを行うが、同一チームの二人は全く同じ作業をする。
- 各作業に要した時間は各人が記録する。
- テストまでの作業がすべて終了した時点で、完成したプログラムを、あらかじめ用意した検査プログラムに入力し、残存不良をチェックする。
- 各参加者は、通常の就業時間内（９時～５時）に自分の作業場所で競技を行い、通常のプロジェクトで使うのと全く同じ言語、ツール、端末、コンピューターを使用する。
- コンテストの結果は一般公開しない。

　1984年から86年にかけて、92社、延べ600人以上のプログラマーが参加した。参加者は、自分が他人と比較してどの程度の技術力をもっているかがわかるし、企業側は、企業レベルでの優劣がわかる。さらに、主催者である我々は、ソフトウエアの生産性に関係する要因を分析できる。この章では以下、生産性の要因について述べる。

プログラマーの個人差

プログラミングコンテストのデータを分析して最初にわかったことは、プログラマー個人のバラツキが非常に大きいということだ。もちろん、これは今までに何度も指摘されてきた。例えば、図8.1は、個人差についての、3つの文献の調査結果から合成した図である。

これから得られた次の3つの経験則は、個人のサンプル集合における作業能力のバラツキを推定するのに役立つ。

- 最優秀者の測定値は、最低者の約10倍である。
- 最優秀者の測定値は、平均的作業者の約2.5倍である。
- 上位半分の平均測定値は、下位半分の平均の2倍以上である。

この経験則は、実際にすべての個人能力の測定値に適用できる。例えば、上位半分のプログラマーは、下位半分のプログラマーの2分の1の時

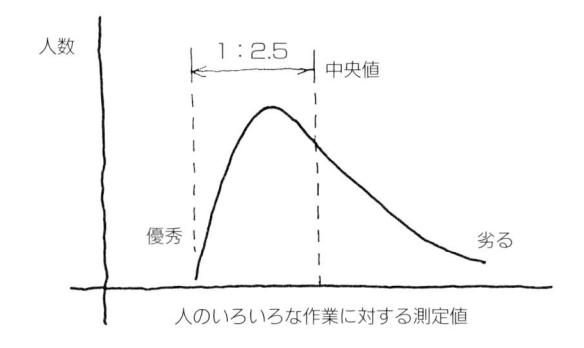

図8.1　生産性の個人差

間で仕事を完成できると推測できるし、残存不良に関しては、不良の多い方の半分のプログラマーは、残り半分よりも3分の1多く不良を作り込むと思われる。

プログラミングコンテストでの測定結果はこの経験則に極めてよく一致する。図8.2は1984年度のデータで、これは、コンテストを始めてから第1チェックポイント（コンパイル時のエラーを消し、デバッグに入れる状態）までの個人別所要時間のバラツキである。

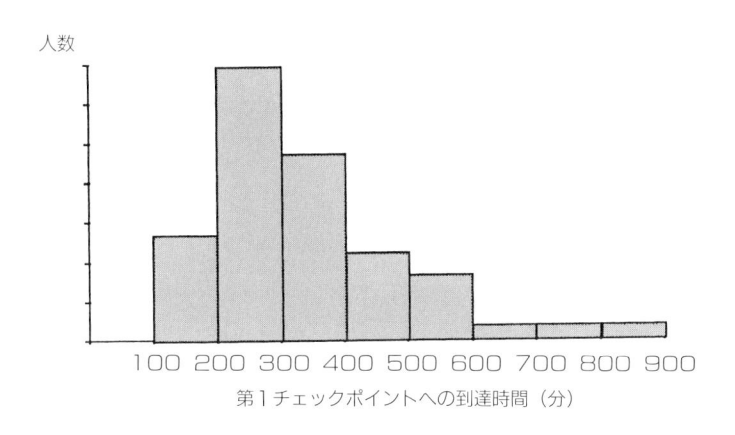

図8.2　コーディング作業での個人のバラツキ

この例でも、最優秀プログラマーは平均より2.1倍速く、また上位半分は下位半分より1.9倍優れている。1985年以降のプログラミングコンテストでも同様で、個人のバラツキは、測定項目が変わってもこれらの経験則に従うことがわかった。

生産性と無縁な要因

コンテストの結果を分析してわかったことは、生産性と深い関係にあると従来思われていた以下の要因は、実は全く無関係か、あるいは、ほとん

ど関係ない、ということである。

- **プログラミング言語**：COBOLやFortranのような旧世代の言語を使用しているプログラマーの生産性はPascalやCでコーディングしている人とほとんど同じであった。言語別に生産性を分析すると同一言語のグループ内では先の経験則があてはまる。ただし、アセンブラ言語だけは例外で、高級言語でコーディングしているプログラマーに比べて、はるかに成績は悪かった（とはいえ、アセンブラ言語のプログラマーはそんなことは全く気にしていないようだ）。

- **経験年数**：10年選手のグループは、経験2年組より成績が特に抜きん出ていることはなかった。このことから、経験年数と生産性には相関関係がないと思われる。しかし、プログラミング言語の使用経験が6カ月以内のグループは、最低の成績を示した。

- **残存不良数**：全プログラマーの約3分の1が不良0件でプログラムを作成した。不良0件というのは、設計、コーディング、デバッグとも慎重、かつ正確に行った結果である。しかし、不良0件グループは、減点対象となるほどの時間はかかっていない（不良0件グループと不良1件以上グループを比較すると、不良0件グループの方が、わずかではあるが早く完成させている）。

- **年収**：年収のバラツキも非常に大きいが、生産性とはほとんど関連はない。全体を高生産性グループと低生産性

グループの2つに分けた場合、年収差は10%弱であったが、生産性には倍近い開きがあった。なお、同程度の年収グループでの生産性のバラツキは、全体のそれとほぼ同じである。

ここに挙げたことは、昔から指摘されていたことで、特に目新しいものではない。しかし、意外な要因が生産性と密接に関係していることがわかった。

誰も書かなかった生産性要因

プログラミングコンテストのデータに基づき、生産性に関係する要因を模索・分析しているうちに、意外な要因を発見した。それは**誰とチームを組んでいるか**、である。例えば、パートナーの成績が良ければ、もう一人もやはり優秀な成績をあげた。一方、いつまでたってもプログラムの出来上がらなかったプログラマーの相手も、どういうわけか同じことになった。さらに途中で投げ出したプログラマーも、もう一人はやはり同じ結果となった。各チームでの二人の生産性の違いは、驚くなかれ、たった21%であった。

なぜこの要因がそれほど重要なのだろうか？　プログラミングコンテストで、チームの二人は一緒に作業はしないが、とにかく同じ企業から派遣されている（ちなみに、大部分の企業からは1チームしか参加していない）。所属部門は違っていても、日頃は二人とも同じビルで仕事をし、また同じ「企業文化」のもとで作業をしている。同一企業の二人の生産性がほぼ同じということは、サンプル全数で見られた個人のバラツキに関する経験則が、同一企業内のプログラマーには適用できない可能性があるということだ。すなわち、同一企業の二人には生産性のバラツキはなく、ほぼ同じと考えられる。これが意味するのは「優秀なプログラマーはある特定

の企業に偏在し、また、そうでないプログラマーも別の企業に偏って分布する」ということだ。1981年に、ハーラン・ミルズはこの現象を次のように予見していた。

> **企業におけるプログラマーの能力差は10倍であるといわれている。しかし、企業自体の生産性にも10倍の開きがある。**
> 『ソフトウエアの生産性』(Software Productivity)

　これまでの調査では、参加92社の生産性には大きな開きがあることがわかった。調査結果の全体を眺めてみると、最も優れた企業（参加者二人の平均点が最も高かったもの）は、最悪の企業に比べ作業速度が11.1倍速かった。また、速度ばかりでなく品質の点でも、作業速度が最も速いチームのプログラムは、最終テストを不良0件で合格している。

　これは十分に見当してみる価値がある。何年も同じ上司の下で仕事をしていると、その上司の「文化」が個人差のバラツキ現象に大きな影響を与える。個人差は、運命ともいうべき生まれつきのもので、今さらそれを変えることはできないと考えられてきた。しかし、企業間の大きなバラツキは、単純な運命論で片付けられるものではない。現実に、ある企業は、他よりも生産性、品質ともはるかに劣っている。これは、オフィス環境、企業の雰囲気、あるいは企業文化に魅力がないため、優秀なプログラマーを引きつける力がなかったり、また引きつけることはできても、うまく生かしきれていないということだ。

オフィス効果と生産性

　残念ながら、プログラマーにあてがわれているのは、混雑していてうるさく、しかも割り込みの多い場所である。そのため、プログラマーはオフィスでのイライラが、毎日毎日たまっていく。これだけでも、生産性低

下の大きな要因となるし、また、優秀なプログラマーは別の会社へ移ろうという気になる。

　オフィス環境の善し悪しがプログラマーの生産性に大きく影響するという仮説は、簡単に証明できる。日常の仕事によく似たモデル作業を設定し、環境をいろいろ変えて、結果を比べてみればよい。これを実証するのもプログラミングコンテストの目的の一つである。

　オフィス環境のデータを収集するため、コンテストに先立って、参加者全員に対してアンケート調査を行った。このアンケートの質問として、客観的設問と主観的設問の2種類を用意した。前者は、例えば、オフィスの広さ、間仕切りの高さなどを具体的な数値で回答するもの、後者は、現在のオフィスが快適か、オフィス内の騒音は許容範囲内か、などを答えるものである。そして、アンケートの回答結果と実際の競技における生産性との相関関係を分析した。

　コンテストで優れた成績（各成績を総合したもの）を収めたプログラマーの作業環境と、そうでない人のオフィスを比較すると、作業環境と生産性の相関関係は極めて顕著である。この調査では、優秀グループとして上位4分の1を、また最悪グループとして下位4分の1を抽出した。上位グループの生産性は下位グループの2.6倍優れていた。各グループのオフィス環境条件を表8.1に示す。

　プログラミングコンテストの結果、生産性、作業速度ともに優れた上位4分の1グループの作業環境は、下位4分の1グループとは根本的に異な

表8.1　上位、下位グループのオフィス環境

環境要因	上位1/4のグループ	下位1/4のグループ
1.一人当たりのスペース	78平方フィート（7.0m²）	46平方フィート（4.5m²）
2.十分に静かか？	「はい」57%	「はい」29%
3.プライバシーは十分か？	「はい」62%	「はい」19%
4.電話の呼出音を消せるか？	「はい」52%	「はい」10%
5.電話を他へ転送できるか？	「はい」76%	「はい」19%
6.無意味な割り込みは多いか？	「はい」38%	「はい」76%

ることがわかった。上位グループのオフィスは、静かで、個人の空間、プライバシーが保護され、無駄な割り込みもなく、その他あらゆる点で下位グループよりも恵まれていた。

で、何がわかったか？

　正確に言うと、これだけのデータでは、条件の良いオフィスの方が生産性が高いことを証明したことにならない。優秀な人は、オフィス環境の良い企業へ流れていく傾向があることを示しているだけかもしれない。しかし、そんなことはどちらでも同じことである。長い目で見ると、オフィスの広さ、騒音、プライバシーを改善すると、生産性が上がるのか、あるいは、優秀なプログラマーを引きつけたり、そのままつなぎとめておくことができるのかは、大した問題ではない。

　プログラミングコンテストのデータにより、我々の仮説の正しさが証明されたとすると、オフィス環境の設計や改善についての職務怠慢は明らかに誤りである。部下であるプログラマーが、通常の就業時間内に仕事に打ち込めない以上、オフィスの環境改善は管理者の責任であり、使命である。「プログラムは夜作られる」という文を睨みつけて、じっと考え込んでいても話は進まない。そこから別のところに目を向けなければならないのだ。通常の就業時間内に仕事ができないなんて、全く馬鹿げた話である。もうそろそろ、このことを真面目に考えてもよいころだ。

第9章 オフィス投資を節約すると

　過去3年間に実施したプログラミングコンテストでオフィス環境条件のアンケート調査をしたが、第8章でも述べたとおり、事態は予想以上に深刻である。自分のオフィスがアンケート結果によく似ているところは、騒々しくて落ち着きがなく、狭くて、個人の場所がなく、プライバシーが脅かされているということだ。経費がかさむ以上、こうなるのもやむを得ない、あるいは、オフィス環境に投入する金を1セント節約するのも、製品の売り上げで1セント儲けるのも、原理的には同じことである、といったことを考える輩は、コスト／利益理論を知ってはいても、利益の本質には全くうとい管理者だ。確かに、コストについては、数式を混じえてかなりの知識を持っているだろうが、数式だけでは解けない問題には何の注意も払わない。オフィスへの設備投資を減らしてコストを抑える、というのは捨てがたい考えだが、しかし「捨てがたい」というのは、一体何と比べてのことなのだろうか？　答えは明快で、オフィスの投資節約効果は、生産性低下の危険性と比較する必要がある。

　オフィスの設備投資をケチったところで、浮いた金額は生産性低下の危険性に比べれば微々たるものだ。浮かした金額をプログラマー一人当たりで計算すると、給料の数％程度にしかならない。会社所有の不動産の評価額、従業員の給与体系、はたまた新規設備導入で、買い取るかレンタルにするかの戦略に比べれば、その程度の金額は取るに足りない。大雑把に言うと、オフィス投資分はプログラマーの給料の6～16％程度なのである。プログラマーやシステムエンジニアの平均年収を3万5000ドルとして計算すると、給料15ドルごとのオフィス投資分はたったの1ドルである。会社の利益分を5ドルと考えると一人当たり20ドルに対し、設備投資分1ドル

というのが妥当なところだろう。

　1対20という比率は、オフィスへの投資をケチることが、いかに危険かを如実に物語っている。しかも、節約できるのは1ドルのうちのそのまたごくわずかな部分であり、へたをすると、20ドルの大部分を犠牲にしかねない。まともな管理者であれば、プログラマーの生産性が低下しないという見極めがないかぎり、騒々しくて狭く、安普請で、落ち着きのないオフィスへの移転は考えもつかない。例えば、10年間で現在のオフィスを今はやりの「開放型オフィス」に変える場合、その前にプログラマーの生産性への影響を十分に調査する必要がある。生産性に対する配慮を全く欠いたオフィス変更は、プログラマーの作業環境に無関心・無責任であることを、自ら宣伝しているようなものだ。

羊と環境破壊

　環境への無関心・無責任は、残念ながら昨今では当たり前のことになっている。大気や水質汚染などの自然環境破壊に対する無関心・無責任が何の問題ともされない現在*、オフィス環境のことなど取るに足りぬことなのだ。ジョン・ブルナーは近未来小説の中で、大気、土壌、水質の汚染は20世紀末まで続くと述べている。しかし、小説に登場する人々は、環境破壊がどれほど進行しようと、全く無関心であった。緑一面の牧場でのんびりと草を食む羊の大群のように、その世界では、人間が住めなくなるまで環境問題には見向きもしなかった。そして、完全に環境が破壊され人間が住める状態ではなくなったとき、初めて灰色の空を見上げ、やっと気が付いた。ちなみにブルナーの小説は『空を見上げた羊』(The Sheep Look Up) である。

　現実も小説の世界と同じで、自分のいるオフィスの環境がかなり悪化し

---

*　本書の原著初版は1987年に出版された。

ているのに、いまだに空を見上げようともしない。ほんの一昔前までは、オフィスはきちんと壁で仕切られ、ドアも窓もある部屋に2、3人が入って仕事をしていた（壁の色、ドアの形、窓から見える景色を覚えている人も多いと思う）。昔のオフィスは静かで仕事に集中できたし、また大声で会議をしていても誰の迷惑にもならなかった。

　ところが、何の前ぶれもなしに、近代的「開放型オフィス」という災難がふりかかってきた。オフィスを壁なしに変えたところで、プログラマーの生産性に何の悪影響も及ぼさないという証拠は何一つない。いや、そんなことは絶対にあり得ない。プログラマーの生産性を、科学的根拠のある方法で計測しようとしても、極めて曖昧で複雑なものになる。職種、部門が違えば、当然、計測方法も異なってくる。また、生産性計測の専門的な技術が要求されるし、分析も時間をかけて慎重に行わねばならず、その上、膨大な量のデータを収集する必要がある。

　開放型オフィスを導入した連中には、当然のことだが、オフィス環境のことは、何一つわかっていない。しかし、その分、**口の方は実に達者**なのである。したがって、開放型オフィス導入による生産性低下問題には、正面から取り組もうとはせず、ひたすら、「新型オフィスでは、生産性がどんどん上がって3倍にもなる」と繰り返し、繰り返し、叫び続けているだけなのだ。新聞や雑誌には、この種の記事がいくつも掲載されているが、大部分は火のないところに立った煙である。記事には、いかにも人目を引きそうな見出しがついており、例えば、Data Management誌の場合はこうである。「開放型オフィスで生産性急増！」。ウケを狙った見出しの後に本文が続き、そこで初めて、この問題の本質を正しく述べている。

　　　情報処理産業での開放型オフィスの設計時に、まず考
　　慮すべき基本的な項目は、コンピューターシステムの電
　　源供給能力、コンピューターの保守性、および、コン
　　ピューター製造会社、販売会社のサービス能力である。

そう、たったそれだけのことだ。この記事は「考慮すべき基本項目」について書いているだけであり、開放型オフィスで**人が働くこと**については一言も触れていない。

また、このような記事や同様な文章で、必ずといっていいほど抜けているのは、そもそもプログラマーの生産性とは何かという議論である。したがって、Data Management誌での見出し、「開放型オフィスで生産性急増！」は、全く根拠がないと言わざるをえない。開放型オフィスが生産性を増加させるという説を、いかにもそれらしく見せる方法は、これまでのところただ一つしかない。それは**同じこと**を何度も何度も繰り返し叫び続けて**洗脳する**という方法だ。

悪口は中断して、事実を示そう

IBMがサンタ・テレサに新しく研究所を建てようとしたときのことである。同社では、建築業界で適用されている建設基準値や標準値に基づいて設計するのではなく、新しいオフィスで作業をする人がオフィス内でどう行動するかを綿密に調査し、その結果を設計図に反映しようとした。この調査は、建築家のジェラルド・マクーが中心となり、IBMのオフィス環境担当部署の管理者が参加して行った。調査の第一歩として、現在のオフィスと模型で作った新オフィスで、作業手順がどう違うかを観察した。次に、プログラマー、システムエンジニア、検査担当者、管理者などのふだんの行動パターンを分析した。調査結果からわかったことは、それだけ多くの職種の人が、同じオフィスの中で働く場合、最低限以下に示すスペースが必要だということである。

・従業員一人当たりのスペース：100平方フィート（9.0 m^2）以上

- そのうち、作業用机の広さ：30平方フィート（2.7㎡）
  以上。
- 騒音対策として、壁で空間を仕切る。あるいは、間仕切りを使用する場合は高さ6フィート（1.8m）以上。（なお、調査報告書は、専門職については、その約半数を一人部屋、もしくは二人部屋にすべきだとしている）。

　この調査結果の最低基準値に準拠して、新しいオフィスを建てる意義は何なのだろう？　答は単純明快で、職種は違っても、能率よく仕事をするには、**広くて静かな場所が必要**なためだ。最低基準値を下回るオフィスを建て、なにがしかの金額を浮かせても、その反動として作業能率の低下を引き起こすと、コスト低減分が軽くとんでしまう。マクー調査の他にも、同様の問題を取り上げた調査報告があるが、結果は大体同じだ。しかし、マクーの調査と、その他の調査とでは、一つだけ決定的に異なることがある。それは、IBMがマクー報告書に従い、従業員の作業環境を最優先に考えて、新しいオフィスを建築したということだ。

　それでは、他の企業のオフィス環境は、IBMの最低基準値と比較すると、どの程度だろうか？　1984年から85年にかけてのプログラミングコンテスト参加社を対象にしたアンケートでは、一人当たりのオフィス面積は、図9．1の通りである。

　一人当たりの面積が100平方フィート（9㎡）以上というのは、全参加者のたった16％である。また、個室形式、あるいは、間仕切りの高さが6フィート（1.8m）以上のオフィスにいる人も、全体の11％と非常に少ない。さらに、20平方フィート（1.8㎡）以上で30平方フィート（2.7㎡）未満の人数は、100平方フィート（9㎡）以上の人数を上回っている（一人当たりの面積が30平方フィート未満ということは、IBMサンタ・テレサ研究所での机の面積より狭い！）。

　プログラミングコンテストの結果を総合すると、参加者の58％が現在の

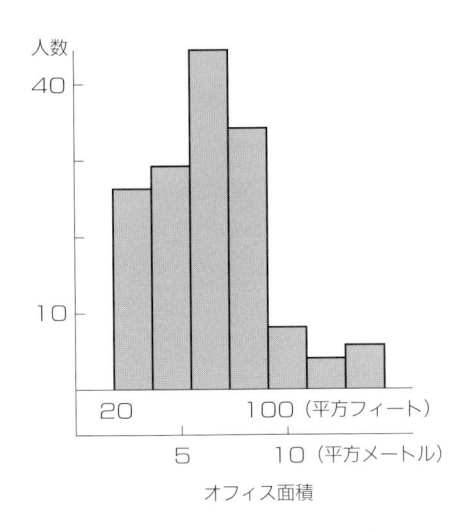

図9.1　一人当たりのオフィス面積

オフィスは騒々しいと考えており、また、61%が個人の場所がなく、プライバシーが脅かされていることに不満を感じている。さらに、54%が自宅には会社よりもずっとよい作業場所がある、と回答している。

オフィスの品質とプログラムの品質

　プログラマーに、狭くてうるさいオフィスしか割り当てない会社にとって、たった一つの救いがある。それは、一般に、オフィス環境の善し悪しは生産性と何の関係もないと信じられていることだ。したがって、従業員から騒音に関する苦情があっても、広くて個人用スペース付きの場所を獲得するために、従業員がひねり出した作戦ぐらいにしか考えていない。「で、少しぐらいうるさいから何だと言うんだね？　そのおかげで、君たちは仕事中も寝ないですむんだ」という調子である。
　騒音に対する感じ方が、作業能率にどのように影響するかを調査するた

め、**プログラミングコンテスト**の参加者を二つのグループに分けた。一つは、現在自分が働いているオフィスの騒音は許容範囲内であると回答したグループで、もう一方は、非常に騒々しいと感じているグループである。次に、各グループで、不良0件のプログラムを完成させたプログラマーの人数を集計した。

> 競技に先立ちアンケート調査を実施したが、「オフィス内の騒音は許容範囲内である」と回答したプログラマーのうち、不良0件で規定のプログラムを完成させた人数は、「許容範囲を超えている」と答えて不良0件で終了させた人より**約3分の1多かった**。

騒音のレベルがひどくなるに従って、この傾向は強くなる。一例を挙げると、ある企業からは50人が参加したが、騒音アンケートに「騒々しい」と回答した人は、平均より22%多かった。しかし、その会社のプログラマーで、不良0件のプログラムを作成できたのは、逆に「オフィス内の騒音は許容範囲内である」と回答した不釣り合いに少数のグループだった。

> 不良0件のプログラマー：66%が騒音は許容範囲内と回答
> 不良1件以上のプログラマー：8%が騒音は許容範囲内と回答

繰り返しになるが、騒音に関するアンケートは、その他の要素の調査アンケートと全く同じ扱いである。すなわち、アンケートは**競技前に実施した**ものであり、終了後ではない。

注意してほしいのは、騒音レベルのアンケートは客観的設問ではないということだ。質問内容は、「現在のオフィスの騒音は許容できるか」であり、「はい」と回答されても、オフィス内が全くの無音状態なのか、あるいは、騒音に慣れてしまい、何も感じなくなったのかは不明である。しか

し、オフィスが騒々しいと感じているプログラマーは、とにかくそのどちらでもない。「オフィスは騒々しい」と回答したプログラマーは、「自分は不良を作り込む可能性が高い」と公言しているのに等しい。こんな危険な状態に、まだ誰も気が付いていない。

ノーベル賞級の大発見

　そのうちに、今よりもっと騒音に対して神経過敏になることは目に見えている。ところで、我々にとって1984年の2月3日はオフィスの騒音研究にとって記念すべき日であった。その日に、オフィスの人口密度と1人当たりの割り当て面積の間にある、驚くべき関係を発見した！？　なんと、片方が大きくなると、他方は小さくなるのだ。二つの因子の関連をさらに詳細に調査し、相関関係を厳密に分析した。3万2346社を対象にデータを収集した結果、2因子は、基本的には反比例の関係にあるという結論に達した。

　この法則を発見したとき、我々はまさに天にも昇る思いであった。1826年にオームが大法則 $E＝I・R$ を発見したときの感動を、身をもって味わったのだ。ノーベル賞はまさしくこのために存在する。図9.2を見てわかるように、オフィスでの従業員密度（例えば、100㎡当たりの従業員数）は1人当たりの割り当て面積と反比例の関係にある。

　この現象を理解できないとしたら、騒音による影響を考慮していないためである。騒音はオフィスの人口密度と密接に関連し、正比例する。したがって、1人当たりの割り当て面積が半分になると、騒音は倍増する。「30平方フィート（2.7㎡）の狭い場所でも、プログラマーはそれほど苦にせず仕事ができる」と証明できても、それで十分な広さであると結論付けることはできない。30平方フィート／人のオフィスの騒音は、100平方フィート／人よりも3倍以上騒々しい。これが、不良0件グループと、それ以外のグループの生産性格差の原因である。

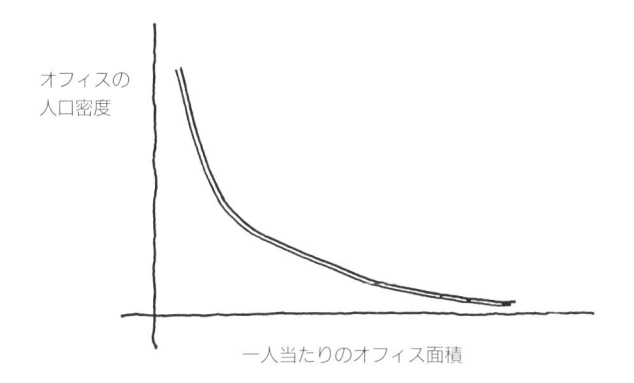

図9.2　デマルコ/リスター現象

オフィスから雲隠れ

　オフィスの騒音が仕事にならないほどひどくなると、みんな静かな場所を見つけて雲隠れする。会議室を予約して中にこもったり、図書室へ足をむけたり、果ては、コーヒーを飲みに行くと出かけたまま戻らなかったりという具合だ。といっても、人目を忍んでデートしているのでもなければ、反政府運動に加担しているのでもない。ただ、**仕事に集中するために身を隠す**のである。オフィスから消えるのは褒められたことではないが、仕事を完成させたいという情熱のなせる業なのだ。そのためならば、この傾向はもっとエスカレートするし、とにかく仕事のできる場所であればどこでもよいのである。

　　私がまだブラウン大学の学生のころ、論文の締め切り
　　日が重なることがよくあった。それを切り抜けるための
　　とっておきの方法は、論文書きに集中できる静かな場所
　　を探すことだった。ブラウン大学の図書館閲覧室には昔

から特別の規則があった。そこではどんな音もたててはならず、唯一許されているのは火災警報だけであった。しかも、火災訓練のときでも警報機の使用は厳禁で、鳴らしてもいいのは本当に火事が起きた場合に限られていた。学生たちは、皆誰にも見つからない場所を探し出す特別な才能を持っていた。私の場合、数ある図書館の中でも生物学図書館の5階がお気に入りであった。私の友人はもっと徹底していて、アメリカン図書館の地下にある納骨堂にまで足を運んでいた。その図書館を寄贈した御婦人の遺骨とともに、夜更けまで論文に没頭していたそうである。大理石造りのその部屋は、ひんやりとして心地よく、とにかく、とても、そう、とても静かだったということだ。

————Timothy Lister

　会議室をそっとのぞくと、2、3人のプログラマーが机に向かい、黙々と仕事に打ち込んでいるのがわかる。昼下がりの喫茶店をブラブラしていると、テーブル一面にリストを広げ、じっと考え込んでいるのに出くわすこともある。その他の場所でも人知れずプログラミングに集中している人もいるだろう。みんな人目を避け、静かな場所で自分の仕事をしているのである。自分の職場のことを考えてみて、このことに心当たりがあるなら、現在のオフィス環境にみんなが不満を持っているのだ。オフィス環境に金をケチると、将来、高いツケを払うことにもなりかねない。

ちょっと休憩…インテルメッツォ

インテルメッツォとは、章と章の間に挟み込まれた素晴らしい脱線である。これがないと、本の内容が堅苦しくなること必至である（とはいえ、このインテルメッツォもかなり堅いが）

生産性計測とUFO

良いオフィス環境と悪いオフィス環境でのプログラマーの生産性計測は、なぜ簡単ではないのだろうか？　また、なぜ、オフィス環境と生産性の相関関係を解明できないのだろう？　環境と生産性の問題は、いわゆる「生産ライン」では比較的簡単に分析できることもある。しかし、ソフトウエア生産のように、頭脳労働が大きな比重を占めている産業では、話はそう単純ではない。頭脳労働者の生産性測定は、厳密性に欠けたいい加減な科学、という、ありがたくない評判が立っている。人によっては、「ソフトウエア生産性の研究よりは、未確認飛行物体（UFO）の研究の方が、少しはとっつきやすい」と言い切るぐらいだ。

オフィス環境が、ソフトウエア生産性に与える影響を実験するのは実に簡単で、次のことを行えばよい。

- 新しいオフィスでの作業量を測定する。
- その作業に要したコストを測定する。
- 新しいオフィスの広さと投入コストを、旧オフィスのものと比較する。

頭の中で比較方法を考えるのは簡単であるが、いざ実際にやってみると非常に難しい。例えば、製品の市場調査、新回路の設計作業、あるいは新型借入契約の考案に要する作業量を、一体どうやって測定すればよいのだろうか？　業界によっては、標準になりつつある評価方法がないわけではないが（例えば、ソフトウエア産業）、自社内でも適用できるように改造するとなると、特定分野のデータを大量に収集、分析しなければならない。頭脳労働の作業量を、自社内で追跡調査している企業はほとんどない。しかも、それよりずっと測定が容易なコストについても、効率よく測定しているとは言い難い。

企業によっては、特定の作業に対して投入された**時間の総合計**を集計しているところはあるが、これだけでは投入**時間の質**は不明である（これは我々の言う「肉体労働時間」と「頭脳労働時間」のことである。詳細は第10章参照）。しかし、たとえ会社の新しいオフィスの広さと投入コストを計算できたとしても、それと比べるべき昔のオフィスのデータがないのだ。生産性の測定は、管理者にとって実に頭の痛い問題である。額にシワよせて考えたあげく、「生産性から派生する問題は、理解の限度を超えている」とあきらめてしまう。しかし、実際にはそれほど悩むほどのことでもない。

ギルブの法則

2年前、ロンドンで国際会議が開かれたとき、トム・ギルブと、昼食後の数時間「ソフトウエアの生産性」の話をした。ギルブは『Software Metrics』の著者であり、その他にもソフトウエアの生産性測定に関する論文を数多く発表している。この「測定の大家」を熱くさせるのはいとも簡単で、世の中には測定不能なものもある、とひとこと言うだけでよい。ギルブは私の言葉にム

キになり、測定可能性とは何かについて、自分の信ずるところをコンコンと説いてくれた。その考え方は非常にもっともらしくみえ、当時の私はずいぶんと勇気づけられた。そこで、私が論文を書いたとき、「ギルブの法則」と題して、一言一句同じことを雑誌に掲載した。

　どんなものでも、計測しようと思えば必ずできるし、測定しないでいるよりもずっとよい。

　しかし、この法則は、測定には金がかからないとか、安くできると言っているのでもないし、完全であるという保証はどこにもない。ただ、やらないよりはましだと言っているに過ぎない。

———— Tom DeMarco

　もちろん、生産性の計測は不可能ではない。例えば、測定したい作業と同一か類似した作業をしている人を集め、それなりに高い自己測定方法を用いれば、ギルブの法則を裏付けるデータが手に入る。その測定値を分析すると、どうすればプログラマーの生産性を向上できるかがわかるし、QC運動や勉強会と結びつくと、他人のやり方からも学ぶことができる。測定対象となったグループの平均値は、新しいオフィスへの移転でどれほど生産性が変化したかを示すパラメーターであり、またオフィスの設備投資計画を実行する上で、信頼性の高いデータとなる。

　ソフトウエアの生産性は我々の最も得意とする分野であるが、これまでにも有効な測定方法が数多く発表されている（代表的なものは巻末の注釈を参照のこと）。新しいビジネスとして注目を集めているのが、生産性測定会社、すなわち、依頼された企業の生産性を計測し、ソフトウエア業界全体から見てどの程度かを評価する会社である。とはいえ、自分で自分の

生産性も評価できない会社は、真面目にやっているとは言い難い。

知らないでは通らない

　非常に単純明快な生産性測定用ツールがあり、会社で初めてそれを適用したとする。結果を集計してみて、ある部署の生産性が同じ作業をしている部署の中で、上位5％にいることが判明した。その部署の管理者はうれしさのあまりオフィスの中でウロウロし、ニタニタだらしなく微笑みながら、部下を暖かい眼差しで見守り、「この連中がここまでやってくれるとは思ってもみなかった。いや、いや、大したもんだ」。オッと、それは単なるぬか喜びで、実は最初の調査結果は、グラフを逆に見ていたということがわかった。つまり、実際は下位5％、まさに天国から地獄である。彼氏の心中はさしづめ「こうなることは予想しておくべきだったんだ。しかし、こいつらみたいなクズの集まりに一体何ができるというんだ」。最初は得意の絶頂、次の瞬間は失意のどん底だが、**どちらにしても、管理者が特別驚いたということはないはずだ**。また、結果がどう転ぼうとも、驚きはしないだろう。というのも、自分の部署の生産性について全く何も知らないからだ。

　社内の設計部門の生産性を10段階表示で評価されると、自分の部署はどの程度かひどく気になる。競争心をあおられ、普段の10倍以上の効率アップが期待できる。しかし、生産性のランキングのことを全く知らないとしたら、特に新しい手段を講じることもなく、今まで通りで終わることだろう。そして、市場に製品が出荷されたときに、やっと生産性問題に気付くのだ。このよくない傾向を矯正するには、嫌なことにも目をつぶらずしっかり対処する必要がある。

計測しても見るべからず

　生産性測定の効果として、ソフトウエアの生産方法を改善できる、目的意識を明確にできる、仕事に対する充実感を与えられる、などがある。しかし、実際に、その目的で適用されたという話はあまり聞かない。企業での生産性測定方法は、プログラマーを脅かしたり、心理的負担をかけるものへ変わりつつある。

　生産性測定を本来の趣旨通りに行うには、管理者は測定の細部まで立ち入らないようにすべきで、従業員による測定と改善のフィードバックというループから外へ出ることが重要だ。別の言い方をすれば、個人データは管理者には知らせず、担当者本人だけに知らせよ、ということである。生産性に関する個人別のデータは、その個人の利益のためだけに使用すべきで、その他の目的には一切使われてはならない。生産性測定は、自己評価を正確に行うための訓練なのである。ただし、集計した平均値だけを上司に見せるのは、一向に構わない。

　この考え方は、管理者には承服しがたいだろう。その理由は簡単で、集計した個人データをもとに管理体制を能率の良いものにしたいという下心があるためだ（例えば、昇格昇給等の人事考査を正確にする、あるいは、クビにするときの理由にするなど）。さしづめ、「データ収集のための金を出しているのはこっちなのに、何でそれを使えないのだ」ということである。しかし、個人別の生産性という非常に微妙なデータを有効に収集するには、正直なデータを積極的、自発的に申請してもらうことが必要だ。個人データの一部でも他人に漏らしたり、あるいは、従業員の足を引っ張る目的で使ったりすると、生産性測定計画全体が崩壊する。

　管理者が、データをもとに自分の部署の生産効率を上げようとするように、プログラマー個人もそのデータを同じ目的に使う。個人データをもとに自分の欠点を正し、また得意分野をさらに伸ばそうとするのだ。また極

端な場合は、自分で自分をクビにして技術的欠陥を矯正しようとする。個人別データを最大限に活用するためには、管理者がそれを知る必要は全くない。

第10章 頭脳労働時間 対 肉体労働時間

　第9章では、IBMがサンタ・テレサ研究所を建設するとき、事前に従業員の労働環境を調査したと述べた。そのとき、マクーラは作業態勢別の労働時間を調査した。一日の平均的な労働時間の比率は次の通りである。

表10.1　作業態勢別の労働時間比率

作業態勢	比率
1人による作業	30%
2人による作業	50%
3人以上による作業	20%

　表10.1は、オフィスの騒音という観点に立つと、非常に重要な意味を持つ。つまり、一日の労働時間のうち、30%は騒音に神経過敏になるが、残りの70%は逆に騒音を出す側にまわる。オフィスには、一人で黙々と仕事をしている人もいれば、2、3人で討議しながら進める人もいるため、作業態勢は一致しないのが普通だ。これにより、被害を受けるのは、一人で仕事をしている人である。統計上では単独作業は30%と少数派だが、かといって無視することはできない。**本当の意味での仕事は一人のときにできる**ためである。複数人数による仕事は、別の言い方をすると、次の仕事の準備、休憩、あるいは、暇つぶしなのだ。

精神集中

　単独で作業をする場合、プログラマーは心理学者のいう**フロー**

(Flow)状態になっていることが理想だ。これは、一つのことに没頭し、ほとんど瞑想状態になることである。この状態に入ると、幸福感（euphoria）で一杯になり、時間に対する感覚がなくなる。「ついちょっと前、仕事にとりかかったと思っていたが、時計を見るともう3時間もたっている」。こうなると、真面目にやらねばと叱咤激励する必要など全くない。作業が自然にスムーズに流れていくのである。**フロー状態**は誰しも経験していることなので、ここでくどくど説明するのはやめよう。

世の中のありとあらゆる仕事において、生産性を上げるには何が何でもフロー状態にならねばならぬ、ということではない。しかし製造業での設計、開発、書類作成等では必要不可欠であり、「調子に乗る」ことが非常に大切である。フロー状態になってはじめて仕事がうまく運ぶ。

残念ながらスイッチを入れたり切ったりするように、自分をフロー状態にすることはできない。徐々に近づいて行き、その後にフロー状態になるのであり、通常、15分以上の精神集中過程が必要といわれている。このフロー状態に入る過程の時間では、騒音や割り込みに非常に敏感となる。したがって、騒々しいオフィスではフロー状態になることは、不可能に近い。

一度フロー状態になっても、直接自分に向けられた割り込み（例えば電話）や、しつこい騒音（「お知らせいたします。ポール・スミスさん、ポール・スミスさん、至急電話連絡してください……」）で、いとも簡単に元の状態に戻ってしまう。邪魔されて元の状態に戻ると、再びフロー状態に入るのに15分以上かかる。その間、実質的な仕事は何もしていない。

いつまで続く騒音、割り込み

電話の応対に平均5分以上かかり、また仕事に集中するのに15分必要とすると、1回の電話につき、フロー状態にある貴重な仕事時間が20分無駄になる計算だ。一日に10回も電話がかかってくると、それだけで半日が過

ぎてしまう。さらにもう10回かかってくれば、丸々一日がつぶれる。これが「朝9時から夕方5時までの就業時間内には何の仕事もできない」ということだ。

貴重な時間をつぶされるのはゆゆしき問題だが、さらに深刻なのは、邪魔されてイライラすることだ。仕事に集中しようとしてその度に邪魔されては面白かろうはずがない。あと一歩で仕事に没頭できるというところで、結局、自分のまわりの現実に引き戻されてしまう。いくら精神統一して自分の世界に入ろうとしても、猫の目のようにクルクル方向が変わる流れの中にドップリと漬かってしまう。これはまさしく「近代的オフィス」の弊害そのものである。表10.2に、プログラミングコンテストに参加した、ある女性の作業時間と中断の原因を示すが、この人の身になってよく考えてほしい。

表10.2　プログラミングコンテストでの作業内容と作業時間の例

作業時間（開始〜終了）	作業内容	作業中断の原因
2:13〜2:17	コーディング	電話
2:20〜2:23	コーディング	上司の馬鹿話
2:26〜2:29	コーディング	同僚からの質問
2:31〜2:39	コーディング	電話
2:41〜2:44	コーディング	電話

2、3日もこの状態が続くと、誰でもイヤ気がさして新しい職探しに走る。管理者の立場からすると、部下が精神集中できないでイライラしていても、「それがどうした？」と、取り合ってくれない。結局、管理者というものは、割り込みの連続の中で仕事をしているようなものなのだ（まあそれが企業内管理の本質でもあるが）。しかし、部下であるプログラマーにはフロー状態は不可欠なのだ。どんなものでも、精神集中を妨げるものは、プログラマーの生産性を低下させ、ヤル気を失わせてしまう。これは、ひいては、プロジェクトのコストを大幅に引き上げてしまうことになる。

勤務時間と精神集中

　ソフトウエア会社の勤務時間管理は、おそらく、昔からのやり方と同じだろう。「作業量はタイムカード上の時間に比例する」という、例のやつだ。この方法では、勤務時間管理表に自分の実働時間を記入する場合、真に創造的な作業に時間を費やしたのか、あるいは、精神集中しようとしてできずにただイライラしていた時間なのかは一切不明である。ということは、頭脳労働時間ではなく、肉体労働時間を記入しているということだ。

　現実はもっといい加減で、肉体労働時間をもとにして月々の給料が決まってしまう。夜遅くまで残業しようが、ボーッとして時間つぶしをしていようが、1週間の合計時間がその週の労働時間予算とつりあっていればよいという考え方である。「結果さえそれらしく見えればよい」というつじつま合わせだが、会社の経理部は何も疑わずに受理してしまう。これは、たとえて言えば授業の初めに出席を取るとき、「ハイ」と返事すれば、真面目に授業を受けようとしている学生なのか、それとも、単位がほしいだけでイヤイヤ出ているのか区別がつかないのと同じである。しかし、生産性評価や、何にどれだけかかるかというコスト計算を行うには、こんな勤務時間管理ではちょっとオソマツである。

　フロー状態、および、この状態に移る過程の状態については先に説明したが、この2つの状態に注目すると、ソフトウエア開発に実質的に費やされる時間を現実的に算出することができる。**机の前に何時間座っていたかはどうでもいいことで、全神経を集中して仕事に取り組んだ時間が重要なのだ**。1時間ずっと精神集中して仕事に打ち込んだなら、その作業量たるや、かなりのものだが、6分仕事をして割り込みが入り、ということを10回繰り返し、計算上では60分の仕事をしたとしても、実際には何の作業もしていない。

　フロー状態の時間をベースにした勤務時間の管理体系は、考えるほど複

雑なものではない。会社で机の前に座っている時間ではなく、**割り込みなしの連続時間数**を各人に記録してもらう。4時間机に向かっていても、30分おきに割り込みが入ると、割り込みなし時間は0である。しかし、初めの1時間に割り込みが10回入っても、あとに何もなければ3時間となる。負担を軽減し、正直に申告してもらうため、割り込みがほとんどない時間帯は記録しなくてもよいことにする。また、割り込みなしの時間数が週に1〜2時間と非常に少なくても、それは本人の責任ではないことを徹底させる。会社がフロー時間というものを十分に認識しておらず、これもオフィス環境が悪いためだという考えをたたきこむ。もちろん、集計したデータは、会社の経理部へは提出しない。したがって、肉体労働時間はこれまで通り経理部へ申告し、それが給料の元になるというわけだ。

　肉体労働時間の代わりに精神集中時間を記録すると、次の二つの御利益がある。第一に、仕事に神経を集中することがいかに重要かを改めて認識させることができる。一日のうち、割り込みの全く入らない時間が2、3時間あるとしたら、次の日からは最低その時間分は割り込みなし時間を確保しようとする。割り込みを避けようという意識が常に頭の中にあれば、これまでのように、何の気なしに軽い気持ちで隣の人の仕事を邪魔することもなくなる。

　第二の効果は、精神集中時間の記録が、工程管理上で非常に重要な役割を果たすことだ。例えば、あるプロジェクトを完成させるのに、3000精神集中時間が必要と見積もった場合、精神集中の累積時間が2000時間になったとき、全工程の3分の2が終了したことになる。これを肉体労働時間ベースで管理したら、危なっかしいし、眉唾ものであるし、お話にならない。

E係数

オフィス環境の善し悪しが精神集中時間と密接に関係すると納得しても

らえたなら、割り込みなしの時間を計測すると、オフィス環境の善し悪しを示す意味のあるメトリクスになりうる。割り込みなし時間の比率が十分に高い場合（上限は40％であると思うが）、プログラマは必要なときはいつでも自分の作業に没頭できる。割り込みなし時間がこれよりずっと少ない場合、プログラマは仕事に集中できずイライラし、生産性が低下する。我々は、この値を**環境係数**、あるいは**E係数**と名付けた。

$$E 係数 = \frac{割り込みなしの時間数}{机の前に座っていた時間}$$

　E係数を集計しているうちに面白いことがわかった。それは、同一企業内であっても、部署が違えば値が大きく異なるということだ。一例を挙げると、ある政府機関でE係数を測定したところ、最高0.38、最低0.10と大きな開きがあった。その政府機関で管理職の地位にある人が、「あらかじめお断りしておきますが」と前置きしてこう言った。役所では、場所を広くしたり配置換えをしてオフィス環境を変えることはできないそうだ。役所でのオフィスはこうすべし、と法律で決まっているし、また、役所の業務や事業に応じて細部まで規定されているとのことだ。しかし、実際には少し事情が違うようである。ある部署では騒々しい開放型オフィスの中でスシ詰めになって仕事をしているが、別の部署では似たような仕事をゆったりとした4人部屋で行っている。当然だが、4人部屋でのE係数は非常に高い値を示した。

　E係数は、ある意味では現管理体制に対する鋭い批判である（だから世の管理者は、E係数測定に興味を示さない方がよい）。例えば、ゆったりとして、いかにも仕事がはかどりそうなオフィスのE係数が0.38であり、一方、金をケチッた開放型オフィスでは0.10であった場合、誰しも金をケチッた意味がないと思う。また、E係数が0.10のオフィスで仕事をしているプログラマーは、0.38のオフィスの従業員の3.8倍もの長い時間机に向かって、やっと同じ作業量をこなせるのだ。オフィスに対する設備投資は

少しくらいは浮いたかもしれないが、そのツケが何倍にもなって生産性の足を引っ張る。ここまで言ってしまうのは少々、いや、大いに言い過ぎである、ということにしておこう。さもないと、自分の部下をウサギ小屋に詰め込んでまでして浮かせた「大金」が無意味になってしまう。「大金」をあきらめきれない人は、この本を買い占めて燃やしてしまうことだ。

赤いバンダナ

　初めてE係数を測定してみると、あまりに低く、ゼロ付近をフラフラしているので、ガッカリしたことと思う。また、まわりの無神経な連中には「割り込みなしの時間なんか計ってどうするんだ。いいかい、ここは動物園のオリの中だ。割り込みがないなんてあり得ないよ」と笑いものになるし、踏んだりけったりである。だが、ガッカリくることはない。E係数の測定というのは、単にデータを収集するだけでなく、自分の部下が労働時間に対して持っている考え方を180度変える効果がある。毎日々々、割り込みなし時間の記録を取ることで、「割り込みし放題という時間もなければ困るだろう」という、どうにも救いようのない戯言に天罰を下しているのだ。その結果、精神集中のために誰も来ないところにこもったり、どれだけ電話が鳴ろうが無視したり、またドアを閉めておく（まあ、万が一、ドアがあればの話だ）ことに何の抵抗もなくなってくる。

　我々がコンサルタントをしていたある会社では、E係数を測定し始めて、2、3週間たったころ、大きな変化が起こった。バンダナが突然オフィスの壁で花開いたのだ。別に上からの命令というわけではなく、何かのはずみらしいが、従業員一同の合意で、壁にかけた赤いバンダナは「現在、割り込みお断り」というサインになった。初めのころは少し違和感もあったが、今ではなかなかのアイデアだと、評判も上々とのことである。

　もちろん、「邪魔するな」のサインを何とも思わず、ドシドシ割り込んでくる無神経な連中もいる。無理やり割り込んでこられると、割り込みお

断りという強い態度を取り続けるのは、並み大抵のことではない。会社が、E係数のことをもう少し考えてくれたら、会社内の雰囲気もずっとよくなるし、割り込みはなるべくしないという考えも浸透する。

考えごと

　私がベル研究所に勤務していたころ、2人でオフィスを共用していた。そこは、ゆったりとして静かで、かかってきた電話を別の電話に転送することができた。私の同室はウェンデル・トミスで、後にコンピューター内臓のオモチャで大当たりし、「小さな大帝国」を作り上げた男であった。その当時、ウェンデルは電子交換システム（ESS）の故障解析を研究していた。研究の基礎となるのはn次元近似法で、この男をもってしても、脳ミソを絞って集中しなければならないほどの難物であった。ある午後、私は、例によって、机に張り付いてプログラムを追いかけていたが、ウェンデルは机の上に足を放り投げて一点空をにらみつけていた。そのとき上司が部屋に入ってきて、「ウェンデル君、君は一体何をしているんだ？」「はあ、ちょっと考えごとです」「いいかい、そんなことは家でやるんだ、家で」

　　　　　　　　　　　　　　　————Tom DeMarco

　ベル研究所と、いわゆる「近代的開放型オフィス」の違いは、ベル研究所のように静かなオフィスでは、好きなときに集中して考えごとができるということだ。近頃よくお目にかかるオフィスは、あまりに騒々しく、また、割り込みが入るため、落ち着いて物事を考えることは不可能である。もうこれが限界である。毎朝、従業員は肩の上に脳ミソを乗せて会社へ

やってくる。環境の善し悪しを表すE係数をオフィスで測定する習慣をつけるだけで、余計な費用など全くなしに、脳ミソを会社のために使えるのである。

第11章 電話、電話、また電話

　オフィスでの騒音や割り込みについての調査を始めると、諸悪の根源はひっきりなしにかかってくる電話であることに気が付く。1日に10本や20本の電話をさばくのはそれほど難しくはない。会社で1日中、電話の応対だけをやっていればいいのなら、何ということはない。だが、仕事に没頭しているときに電話がかかってくると、途切れた精神集中を元に戻すのに15分かかるといわれている。したがって、日に15、6回もかかってくると、それだけで1日がつぶれてしまう。仕事が終わって机の上を片付けながら、さて、今日一日何をしたのだろう、と考え込んでしまう。あれだけ電話がかかってきたのに、誰が何の用事で電話してきたのか、さっぱり思い出せない。どれほど大事な用でも、人が仕事に集中しているところへ、いきなり割り込んでくるほどのものではない。かといって、ジャンジャン鳴っている電話をそのままにして仕事をするのは、よほど神経が図太くないと、できるものではない。そんなこんなを考えていると、頭が痛くなってくる。

別世界にて

　さて、コーヒーでも飲みながら、電話がまだ発明されていない別世界のことを考えてみよう。その世界では、昼飯をどこで食うか、会議をどこでやるかなどは、すべて手紙に書いてやりとりする。もちろん返事も手紙である。したがって、手紙をやりとりする分だけ何事でも少し早め早めに物事を進めることになる。この世界の習慣として、朝は30分早く起きて、手紙を読んだり返事を書いたりする。カンにさわるジャンジャンという騒音

とは無縁の世界なのだ。

　毎週水曜日の朝（もちろん電話などかかってこない）、ある会社では年金投資運用委員会の定例ミーティングが開かれる。委員の仕事は職場の代表として従業員の年金を効率よく投資、運用することである。ちょうどその水曜日は、ある男が委員会にやってきて、大発明とやらの説明をすることになっていた。その発明は将来性ありとして委員会が資金援助をしたら、世の中を大きく変えてしまうほどの代物だ、という触れこみであった。ちなみに、その男の名はＡ・Ｇ・ベルである。

「皆さん、おはようございます。これがそのベル式電話という装置です」（と言いながら、その男は紙包みを開いて、黒光りする大きな箱を取り出した。その箱の横にはＬ字型のハンドルがあり、てっぺんには大きなベルが取り付けられていた）。「これこそ夢の装置です。そのうちアメリカ中のオフィスの机という机にこれが置かれる日がきます。もちろん一般家庭にもです。これなしでは、世の中が何一つ進まなくなるでしょう」

　口が滑らかになり、調子が出てくるに従って、身振り手振りが激しくなり、ついに男は部屋中を歩き回りはじめた。「世界中のベル式電話を電線で一つにつなぐのです。電線は地下に潜らせたり、電信柱に吊り下げます。それでですね、いいですか、ここがベル式電話の一番すごいところなんですが、自分の電話を他人のとつなぐことができるのです。同じ町内といわず、遠いところでも場所なんか関係ないんです。番号を回すだけで相手につながるんですが、そのとき向こうの電話のベルを鳴らすことができるのです。そこらのチリチリ鳴るようなチャチなものじゃなくて、本当に心臓が止まるくらいのやつなんです」

　男はもう１台同じ装置を出してきて部屋の反対側に取り付け、２台を電線でつないだ。片方のダイヤルをぐるぐる回すと、もう１台が急に暴れだした。町中にひびきわたるような音でジャーンと鳴った。鳴り止んだかと思うとまた鳴りだした。耳が聞こえなくなるほどの音で、何度も何度も鳴り続けた。

「さて皆さん、このベルはどうやったら止められると思いますか？　電話機のところまで走って行って、受話器をはずさない限り絶対鳴り止まないのです」と言いながら受話器を取り、そばにいた委員の一人に手渡した。そして男は部屋の反対側へ取って返すと、受話器を手に持ち、送話口に向かってどなりはじめた。「もしもし、もしもし、聞こえますか？　さあこれでよし、と。相手はもう私の声しか耳に入りません。おわかりですね。セールスマンなら何でも売りつけることができますし、金を無心されてもイヤとは言えますまい。宗旨がえだって簡単にできますし、とにかく何でも自分のやりたい放題なんです」

　委員一同はあまりのことにあっけにとられていた。一人がおもむろに手を挙げ、質問をした。「最初のジャーンを聞きのがすことは絶対ないと思うんだが、それならなんで何回も何回もうるさく鳴らすのかね？」

「いい質問です。それがこのベル式電話のいいところなんですよ。取ろうか取るまいかと考える余裕をまるっきり与えないためなんです。ベルが鳴ったときに相手が何をしていようが、何に没頭していようが関係ないんです。すぐに止めて受話器を取らないことには、いつまでもうるさく鳴りっぱなしですからね。もしこちらで資金をご融資していただけましたら、これからどんどん作ってジャンジャン売ります。もちろん、ベルが1回しか鳴らないようなものは絶対に作らせませんよ」

　委員が別室に集まり、この男に融資すべきかどうかを協議したが、結論はすぐに出た。こんなくだらない物は窓から放り出すに限る、と全員一致で合意した。その装置はあまりにもうるさいので、たとえ口のうまい連中にだまされて自分のオフィスに置いても、仕事が何一つはかどらないのは目にみえている。もしこの電話がこの国中に広まったとしたら、2、3年もしないうちに何も作れなくなるだろう。そのあげく、台湾や韓国から何でもかんでも輸入しなければならないほど、この国の国力は低迷することになる。そして、「別世界」の経済は貿易赤字で苦しむことは明らかだ。

昔々、ニューヨークでの話

　もちろん、カレンダーを電話が発明される前にもどすことはできないし、電話が存在するのは厳然たる事実である。電話をこの世から抹殺することは不可能だし、また誰も本気でそんなことを望んでいまい。会社の机の上から電話を取り払うというのも、革命でも起きないかぎり、現実のものではない。しかし、よくよく考えると、割り込み電話のマイナス要素を最小限に抑え込む方法があるに違いない。そのためには、我々がどれだけ電話に振り回されているかを十二分に認識することが先決である。

　同僚との大事な会議の真っ最中に電話がかかり、その応対に追われるあまりみんなに迷惑をかけた経験があると思う。そう、誰しもよくあることだ。かといって、電話を無視して会議をそのまま続けることなど思いもつかない。しかし、会議を中断して出席者に迷惑をかけ、その一方で、ジャンジャン鳴っている電話に出るのは、世の中の常識から見ても、とても公平とは言い難い。電話はかけて迷惑、かかって迷惑ということだ。困ったことに電話の弊害にはみんな慣れてしまい、誰も気にしなくなってしまった。極端にひどい場合だけ、何かがおかしいと感じる程度なのである。

　　もう、かれこれ20年も昔のことだが、当時私はモルガンという英国製スポーツカーに乗っていた。もともとモルガンは動かない車であったが、私のもご多分にもれずよく故障した。ある日、キャブレターのパーツを買いにニューヨーク支社の部品センターへ行ったが、そこでも同じような客が長い行列を作っていた。英国製のスポーツカーに乗る人はマゾヒストだというのが世の定説で、私も特に否定はしないが、それにしても部品センターでの客あしらいは、とても耐えられたものではなかった。

長い行列を横目に、係員は次から次へと電話を取っているのである。それでもやっと私の順番になって、「キャブレターの…」と言い終わらないうちに、その係は続けざまに4件もの電話に出たのだ。私はイライラしながらこう思った。「こっちは朝からこの馬鹿ばかしい行列に並んで疲れきっているというのに、家のソファでゴロゴロしながら電話している奴らが、なんでオレより先に処理されるんだ。こっちは財布から金を出して買うつもりで来ているのに、なんで電話のひやかし客の方が大事なんだ！」。私は怒りのあまり顔を真っ赤にして係員に言ってやった。「電話なんかしばらくそのままにしておいて、ちょっとはこっちの面倒を見てくれたらどうなんだい」。私は係員の態度にいい加減頭にきていたが、驚いたことに、その男は謝るどころか、逆に私の一言で怒りを爆発させてしまったのだ。けんか腰になって私に向き直り、こう言った。「いいか、ここに来る客よりも、電話の客の方がずっと大事なんだ。そのための電話なんだ」。なんという不条理と腹を立ててみても、それが会社の方針とあればどうしようもない。「私は大西洋が大嫌いだ」と言うのと同じことなのだ。靴を足に合わせるのではなく、足の方を合わせるということである。

——————Tom DeMarco

　当たり前のことだが、世の中の商売や仕事のやり方が変わっていくに従って、電話も形や機能を変えるべきだ。しかし、同じ変えるにしても、電話による割り込みが、どれほどの悪影響を及ぼすかについて、十分な配慮が必要である。最低限、管理者は、電話割り込みで部下の生産性がどれだけ低下するかについて常に問題意識を持っていなければならない。しか

し現実にはこの管理者連中が一番タチが悪い。1985年度の**プログラミングコンテスト**で、競技に先立ちオフィス環境のアンケート調査を行ったが、そのときの参加者でこんなことを書いた人がいた。「私の上司は、席をはずすときは必ず自分の電話を私のところへつなぎ換えていく」。一体この管理者は、何を考えているのだろうか。また、ある会社のシステム開発部門の管理者が、次のメモを書いて社員に回覧したそうである。やはり、何を考えているのかと言いたい。

> 「最近、特に気になっていることが一つある。諸君は忙しいときに電話がかかってくるといつもそうだが、ベルが3回鳴っても自分で受話器を取らず、秘書の誰かのところへ転送しているようだ。おかげで秘書は電話の応対に追われて仕事が手につかず、非常に迷惑している。このオフィスでの規則をもう一度繰り返しておくが、自分のところにかかってきた電話は、ベルが3回鳴るまでに必ず自分で受話器を取り、その後…」

電話についての意識改革

いつまでもこんな状態を許しておくわけにはいかない。健康で文化的なオフィス生活をするには、割り込み、特に電話に対して厳しい態度で臨む必要がある。プログラマーは、担当しているプログラムを最後まで面倒を見るのが仕事であり、そのためには静かで割り込みのない環境を整えることが不可欠だ。精神集中して仕事に没頭したいときには、かかってきた電話を無視できるような、現実的で効果的な方法を考えなければならない。「現実的」であれば、電話を無視して仕事に没頭しても構わないという雰囲気が、オフィス中に浸透するし、また「効果的」であれば、仕事を続行したいとき電話のベルが鳴り止むまで我慢することもない。

電話やつまらない割り込みを、自分の好きなように自由にコントロールする方法を二、三、紹介しよう（中には金のかかるものもある。したがって、会社に、せめて来週の火曜日以降のことまで考えているくらいの長期的視野がないと、新方式導入は不可能だ）。

　電子メールがオフィスに導入されたころ、電子メール最大の利点は紙を節約できることと誰もが思った。実際に使うと、紙の節約は大したことはなく、代わりに、仕事に没頭できる時間が大幅に増えたことがわかった。電話と電子メールの大きな違いは、電話は仕事の最中でも割り込んでくるが、電子メールは受け手の都合の良い時間にチェックできるので、割り込んでこないことだ。大量のメールが電子メールシステムを行き来しているということは、大部分のビジネスの通信手段として、受け手が優先度を決めるという式は、十分許容範囲内にあるということだ。メールを使い始めると、内線電話よりも便利なので、オフィスに定着した。電話が世の中から姿を消すことはあるまいが、これからは電子メールが主役になることは間違いない。

　今では、ほとんどのオフィスに電子メールが備わっている。大抵の人は、高性能で使い勝手の良い音声メールや電子メールを使っているはずだ。メールの素晴らしさは、技術にあるのではなく、オフィスの習慣を変えたことにある（読者は、繰り返し出てくるこの効用に十分注目されたい）。何でも頭から信じるのではなく、自問する習慣も必要である。今、飛び込んできたニュースや質問は、仕掛かり中の仕事を止めてまで対処しなければならないだろうか？　応答を待つ代わりに、仕事をしていてもよいだろうか？　このメッセージを直ちに理解してアクションを取らねばならないのだろうか？　すぐ対応しなくてもよいなら、どれだけ放置できるのだろう？

　そんな質問に答えを出していくと、最良のコミュニケーションは、電子メールであることは明らかだ。ただし、メールにも1つ問題がある。それは、電子メールの信頼性だ。例えば、送受信した電子メールはどれくらい

の期間、生存しているのだろう？ 送ったメールはちゃんと相手が読んだのだろうか？ あるいは、単に入力専用の郵便箱へ入っただけなのか？

割り込み不可時間を設ける一方で、割り込み可能な時間を作るべきである。そして、例えば、1日に3回など、妥当な間隔で電子メールをチェックする習慣を作るべきである。

これをまねしないように

> ロサンゼルスに住んでいた最期の数年間、あるマネージャーと一緒に仕事をしていた。この人はテスト・チームの管理者であり、そのチームは、2交代制、3交代制で運営されていた。どんな時間でも、チームの3分の1は寝ている状態だったので、チームのコミュニケーションは電子メールを使った。このマネージャー氏が毎朝の「メールとの格闘」を話してくれたことがある。目が覚めると、ラップトップを立ち上げ、シャワーを浴びている間にメールを全部ダウンロードできるようにしておく。テーブルについて、ジュースとシリアルで食事を取っている間、メールを読み、どれが緊急を要するものか見極める。オフィスへ向かう途中（ロサンゼルスに住んでいるサラリーマンの常で、オフィスまで80キロもある）、オフラインにしたラップトップで緊急メールに返事を書く。オフィスに着くと、ラップトップをネットワークに繋ぎ、返事を送信する。このマネージャ氏がすごいのは、毎朝、自分で車を運転してオフィスに通勤していることだ。
>
> ————Timothy Lister

ことの本質は、単に新しい装置を導入すればよいのではなく、意識改革をすることなのである。しっかりと頭の中に叩き込んでほしいのは、かかってきた電話のすべてに応対しなくても、全く何の問題もないということだ。もう一つは、会社での自分の時間（もちろん量だけではなく質も）を、もっと大事にすることである。

第12章 まずはドアから

　オフィスの環境改善に成功したケースと、うまくいかなかったケースを分析すると、それぞれに非常に特徴的な「シンボル」がある。成功したオフィスのシンボルは、なんと「ドア」である。自分のオフィスにドアがあり、しかもそれがしっかりしてまともなものであれば、仕事に集中したいと思うときはいつでもドアを閉め切り、騒音や無神経な割り込みをコントロールできる。その反対に、失敗した例で、すぐにそれと知れるのは「社内呼び出し放送」である。たった一人の人間を呼び出すために全館放送で全社員の精神集中を妨げている。こんな会社は、オフィスでの生産性、働きやすい環境には全く無関心だと断言できる。
「ドア」と「呼び出し放送」をうまくコントロールすると、仕事のしやすいオフィスとは何かが明らかになるし、また、大きな効果も期待できる。つまり、従業員がヤル気を出して、仕事に打ち込むようになるのだ。しかし、「呼び出し放送」を廃止し、その代わりに「ドア」を復活させるのはかなり大変なように思える。果たして、そんなことが非力なプログラマーにできるのだろうか？

あきらめるのは、まだ早い

　この10年間、オフィスの環境が年々ひどくなり、そこで働くプログラマーは大いに迷惑しているが、そうなったのも従業員がおとなし過ぎて、特別に文句も言わなかったからだ。誤解しないでもらいたいが、これは、一個人が「イヤだ、こんなにうるさくて、窮屈で、プライバシーのかけらもないところで働けるか！」と叫ばなかったからということではない。オ

フィスへの設備投資をほんの少しケチッた反動として、生産性低下という現象が顕著になったことに対して、プログラム作成チームの全員が、大声で繰り返し文句を言うべきだったのだ。

これからのオフィス環境は、もっともっとうるさくなり、また、狭くなると誰もが信じ込んでおり、生産性が一段と低くなると悲観している。しかし、誰も表立って不平不満を言う者がいない。というのも、誰の目にも明らかな統計データが手元にないためだ。逆の立場にいる「施設監査本部」ももちろん同じで、狭くてうるさい「近代的」オフィスでの生産性は、かつてのゆったりしたオフィスと同じだ、と言えるデータはない。ただ、同じだと何度も何度も繰り返し言っているに過ぎない。

相手の出方をじっくり研究し、向こうの逆手を取って「毒をもって毒を制する」ことが必要だ。健康で文化的な、最低限度のオフィスを獲得する第一歩は、こちらも同じことを口が酸っぱくなるまで言い続けることである。こんなオフィスではまともな仕事なんかできない、と本気で考えているのなら、口に出してそう言うべきなのだ。現在のオフィス環境に対する不平不満をみんなから集め、公開討論会を開くと、みんなが一つにまとまる（著者がコンサルタントをしている会社では、従業員が、今のオフィス環境で生産性を阻害する要因を7項目挙げたそうだが、最初の4つはもちろん騒音関係だった）。

みんなが集まって意見を出すと、オフィス環境に不満を持っているのは自分一人ではないことがわかり、オフィス環境に対する認識がいっそう深くなる。この認識の高まりによって、次の二つの効果が期待できる。第一は、オフィス環境が少しばかりよくなる。これはオフィスの騒音と割り込みについての関心が高まり、各自ができるだけ他人の迷惑にならないようにと考えるからである。第二に、会社のやることに対し、今までのようにハイハイとは言わなくなる。ここまで話が大きくなると、いかに上層部とはいえ、オフィス環境を全く無視してまで生産性向上云々は言えなくなる。

ここまでやれば、あとはトントン拍子にことが運ぶと思うのはまだ早い。健康で文化的なオフィスの奪回運動には、まだまだたくさんの障害が待ち受けている。その代表的なものは次のような反論である。

- オフィスが賑やかで、ケバケバしくなったところで誰も気にはしない。プログラマーは「インテリ」であり、オフィスの装飾がどうのこうのという低次元の話は、馬鹿ばかしくて本気で取り上げる気はない。それが気になるのは人を蹴落としてまで出世したいというイヤなやつだけだ。

- 確かに、オフィス内の騒音は問題だと思う。しかし、配置をどうこうするよりずっと安上がりな騒音対策がある。バックグラウンドミュージックを流す装置を置けば、周囲のガヤガヤなどかき消されてしまう。これに限る。

- 個室形式にして周囲と孤立させると、オフィスの活気がなくなる。生産的であるためにはお互いに情報を交換しなければならないし、誰もがコミュニケーションを深めたいと思っている。だから、壁を作ったりドアを取り付けてもかえって逆効果だ。

　なかなかの強敵ぞろいである。この反論にどう対処したらよいのかを、以下に述べよう。

ケバケバしさについてのモロモロ

　確かにオフィスのケバケバしさは、それほど気になるものではない。これまでいろいろな調査が行われたが、それによると室内装飾にはあまり関心を示さない傾向にあり、色や模様のついた壁パネルやオフィス備品にも大して興味を示さなかったということだ。心理学的な見地に立つと、士気の揚がらぬインテリアでは生産性も上がらないが、普通のオフィスで生産性を阻害するほどのひどい装飾はまずあり得ない。したがって、オフィスの装飾が少々ケバケバしくとも何の気にもならず仕事に打ち込むことができる。しかし、我々が目指しているのは、騒音や割り込みを無視できるオフィス環境である。オフィスの装飾が無視しうるものである以上、いかに手間ひまかけてハイカラなオフィスにしたところで、それは金の無駄遣いというものである。

　「オフィス内の装飾がどうであれ、あまり気にならない」というのは事実だが、これが往々にして誤解され、次のように変身してしまう。「オフィス環境がどうあろうと、重要な問題ではない」。しかし、プログラマー一人ひとりに、オフィスの騒音問題、プライバシー、割り当て面積の狭さについて突っ込んだ質問をすると、それが生産性を大きく阻害する、という回答がすぐ返ってくる。この事実は我々の理想である「割り込みを無視できるオフィス環境」と極めてよく一致する。ケバケバしい装飾は無視できても、割り込み、電話、呼び出し放送がひっきりなしのオフィス環境は、とても無視できない。

　プログラマーに自分のオフィスについてどう思うかと質問すると、「あれは上の人間のミエでやっていることだ」、とあっさり切り捨てられることがある。これは非常に不幸な例だ。オフィスの図面を引くとき、上司が横から口出して「オレの地位にふさわしいオフィスにしろ」、と自分の意見をごり押しする。高品質のソフトウエアを納期に間に合わせよう、と一

生懸命働いているプログラマーにとっては、オフィス内の飾り付けなどどうでもよい。しかし、肩書きのある上役には、面子に関わる大問題なのだ。かくして、オフィス内に非常に大きな矛盾が生じる。すなわち、全く仕事をする環境ではないオフィスなのに、やみくもに金をかけて飾り立てる。踏むのをためらうような真紅の高級カーペット、マホガニーにクロムの金具をあしらったキャビネット、プログラマーが何人も仕事ができるぐらい広いスペースにポツンと置かれた観葉植物、デザインの粋をこらした壁パネル、といった具合である。お客が来ると得意になって、出来立てのホヤホヤの「超近代的オフィス」を見せびらかすことだろうが、ここでよく考えてほしい。本当に大切なのは、オフィスの機能性なのか、単なる見てくれなのか。現実は99パーセントの場合、外見の方が重要なのである。

　オフィスの設計では、どう見えるかという外見が非常に重要視される。しかし、見てくれなどどうでもいいことであり、作業能率が上がるオフィスかどうかである。機能的で能率的なオフィスなのだ。能率的なオフィスのために投資をするか、あるいは、生産性を低下させるために大枚を投じるかは管理者次第である。

頭のヒラメキと音のキラメキ

　プログラマーがオフィスの騒音をどう考えているかにより、とるべき道は対症療法と根治療法の2通りがある。ここでの根治療法というのは、壁やドアによりオフィスを騒音から隔絶することであり、したがって、金もかかる。一方、対症療法はずっと安価に実現できる。例えば、構内放送装置を設置して音楽を流すと、オフィス内の騒音がかき消され、わずかの出費で騒音のイライラを解消できる。テープレコーダーを回してイヤホンから音楽を流すという方法なら、さらに廉価にこの問題を解決できる、という甘い言葉に乗って、放送装置やテープレコーダー方式を採用すると、プログラマーの作業に目に見えないマイナス作用を及ぼす。そのマイナス作

用というのは、創造性が徐々に失われるという、極めて深刻なものだ。

1960年代にコーネル大学の研究者が「生産性と音楽について」というテーマで一連の実験を行った。コンピューターサイエンス学科の学部学生から希望者を募り、二つのグループに分けた。一つは音楽を聴きながら勉強をするのが好きな学生で、もう一つは静かでないと勉強が手につかないグループである。各グループの半数ずつを、それぞれ無音室とオーディオ装置付きの部屋に入れた。そして、両方の部屋の学生に仕様書を配り、Fortranのプログラム作成という課題を与えた。その結果は、予想されたとおり、プログラム完成に要した時間、および、正確さには大きな差はなかった。これは、例えば音楽を聴きながら数学の宿題をする場合、数学および数学的思考を司る大脳の部位は音楽の影響を全く受けないためである。すなわち、音楽用の脳細胞は別の場所にあるのだ。

この実験には、一般に知られていない事実が隠されていた。この実験でのプログラムの仕様は、入力データ中の数字にある操作を行い、出力データを出力するというものであった。例えば、入力データの各数字を2桁左にシフトし、それを100で割り、同様の処理を全部で10回程度繰り返す。もちろん、仕様書には書いていないが、入力データを左へ2桁シフトし、100で割って出力された結果は、もとの入力データと全く同じであり、入力データをそのまま出力データとして出力できる。これに気付いた学生もいたし、全く気付かなかった学生もいた。注目すべきことは、気付いた人の大部分は無音室側の学生だったということだ。

プログラマーのように専門分野の高度な知識が必要となる職種では、順序立った論理的思考を司る左脳が非常に重要である。通常の作業は大部分がここで処理され、音楽の影響はほとんど受けない。音楽のように感覚的、直感的なものは右脳で処理されるためである。しかし、プログラマーの作業すべてが左脳で処理されるのではない。例えば「あっ、そうだ！」という突然のヒラメキで問題が解決することもあるし、何カ月分、何年分もの作業時間が、独創的なヒラメキで節約できることもある。この思考の

飛躍は右脳の機能なのである。有線放送で、「1001 ストリングスオーケストラによる魅惑のムードミュージック」を流すと、右脳は音楽に占領され、とてもヒラメキが起こる余地はない。

オフィスの騒音や音楽が、創造性やヒラメキに与える悪影響は、表面には現れてこない。ヒラメキはいつどこで起こるかわからないため、ヒラメキや独創性が低下しても認識するのは極めて困難である。また、人間の思考で何パーセントがヒラメキによるかという明確な分担があるわけでもない。創造性の低下による悪影響は、長い間にどんどん蓄積される。かくして、プロジェクトチームの生産性はますます低くなる。素晴らしいアイデアがヒラメいて、感動に打ち震えることもなく、毎日アクセク汗水たらして働き、そして優秀な人はイヤ気がさしてどんどん辞めていくのだ。

活力あるオフィス

話が個室形式オフィスのことになると、遅かれ早かれ「一人で作業をすると生産性が低下する」という議論になる。しかし、個室形式オフィスとはいっても、一人部屋である必要はない。2～3人部屋というのも理にかなったもので、特にオフィスが担当作業別に部屋割りしてあれば、その効果は非常に大きい。第10章の表10.1のように、一日の半分がもう一人のプログラマーとの共同作業である場合、ほぼ一日中、特定のプログラマーと一緒に仕事をしているといってよい。その二人を同じ部屋に割り当てるのは極めて自然である。

開放型オフィスにも、同じことがいえる。同じ仕事をしている者同士は

表10.1　作業態勢別の労働時間比率

作業態勢	比率
1人による作業	30%
2人による作業	50%
3人以上による作業	20%

同じ場所で仕事ができるように間仕切りをつけるべきだ。自由なレイアウトが許されるオフィスであれば、自分の必要に応じて、作業用エリア、会議用エリア、共通エリアなどの独創的なアイデアを、積極的に、また自信をもって実現させることができる。さらに、同じ仕事をしている者同士なら、ほぼ同じ時間帯に仕事の打ち合わせをしたいと思うし、自分一人で精神集中する時間帯も似たものになる。これにより、人をデタラメに配置した場合に比べ、騒音の悪影響が飛躍的に少なくなる。他人にとっては騒音となる同僚との会話も、極めて容易、かつ、自然に行われるため、活力に満ちたオフィスに生まれ変わる。自分のオフィスのレイアウトに対し、自分の意志が反映されるというのは、一種の特典である。

会社のカラを破る

　個室形式のオフィスではないが、開放型オフィスのレイアウトを作業担当に応じて自由に変えているところは、物わかりのよい会社である。このような「オフィス集合体」（つまり本当のオフィスではないもの）には会社も大いに興味を示すと思うが、最大の利点はその柔軟性にある。少なくとも「簡単便利ワンタッチ間仕切り部屋」の製品説明書には、そううたわれているはずだ。したがって、何でも簡単に動かし、レイアウトを変えてしまうことができる。現場の人間にオフィスのレイアウトを自由にやらせても、会社側に特に不都合があるとは思えない。しかし、我々の経験によると、会社の上層部は、そんなことはとんでもないと思っているはずだ。何が気に入らないかというと、「オフィスというのは神聖にして侵すべからざるものであり、整然としていなければならない」と思い込んでいるからである。オフィス中のすべてが同じであれば、縄張りを取り仕切っている管理者は、オフィスを容易にコントロールできるし、取り仕切っているところをみんなに誇示できる。これは、例えば、畑に種を蒔くとき、ぴんと張ったひものとおりに蒔いていくのと同じことで、定規で計ったように

一列に人参が生えてくる。先の管理者は、当然の帰結、あるいは、自然の摂理（オフィスにおいては従業員の人間性）ともいうべき、ある種の無秩序状態を必要以上に恐れているのだ。

　困ったことに、最も作業効率のよいオフィスは、いくらでもコピーできるようなものではない。ある人にとっては究極のオフィス環境でも、他の人にとっては必ずしもそうではないからだ。部下に、「一番仕事がしやすいようにオフィスを変えてもよい」と言うと、どれ一つとして同じものにはならない。各人、あるいは、チームごとに個性豊かなオフィスは花盛りになる。もし、そうでないなら、一からやり直して本当に自分に合ったオフィスを模索すべきである。

　オフィスにおける管理とは、つまるところ、従業員が自分に最も適したオフィスを作れるように、十分なスペース、静かさ、および、プライバシーを確保してやることだ。こうした考えの下では、すべてが規格通り全く同じでなければならない、という論理は全く成り立たない。部下がとんでもないポスターを壁に貼り付けたり、机の上を散らかし放題で家に帰ったり、オフィス内の備品の配置換えをしたり、あるいは、オフィス内のレイアウトを変えようとしても、ニコニコ笑って、やりたいようにやらせておくぐらいの度量がほしい。オフィスのレイアウトが自分の思う通りになれば、仕事を真面目にしようとするたびに突き当たる障害や気になることがすべて払拭され、仕事に全神経を集中できるようになる。

第13章 オフィス環境進化論

　オフィス環境の最後の章として、理想的なオフィスが備えるべき条件について考えてみる。ここでは以下の点を中心に話を進めて行く。

- 従業員が気持ちよく働くことができ、しかも、生産性を高くするには、オフィスをどのようにすればよいか。
- 従業員がヤル気をだして仕事に打ち込むには、オフィスをどのような形態にするべきか。

　現在のオフィスが、典型的な「近代的オフィス」、すなわち、騒々しくて、どこからどこまでもすべて画一化された机と壁のオフィスだとしたら、この設問は非常に厳しいだろう。しかし、理想的なオフィスはどうあるべきかについて深く考えてみるのもあながち無駄ではない。そのうち、「理想のオフィス作りプロジェクト」を任されないともかぎらないし、今すぐにもオフィス環境改善計画のためのデータ調査を依頼されるかもしれない。この際、オフィスのスペース問題についてじっくり考えてみるのは賢明なことで、単に進むべき道を見据えるだけでも十分に意味がある。我々の長年の経験と研究によれば、オフィス設計における正しい方向とは、長い歴史により正当性が実証された「あるオフィスの形態」である。

　　　「たゆみなき建設方法」というものがある。

　　　考え出されたのは何千年も昔であるが、現代においても
　　　いささかも色褪せずに、確固たる地位を築いている。

古代、中世に建てられたものでも、現代に至るまで大切に扱われてきた村落、テント式住居、寺院などの建造物は人々の緊張をほぐし、ゆったりとした気分にしてくれる、不思議な雰囲気を持っている。こうした建物は、いつの世でも「たゆみなき建設方法」を熟知した人々が建造したものなのだ。素晴らしい建物、立派な街並み、美しい広場、心がなごみ生きる力が湧きいずる建物は、この方法なくしてはあり得ない。これに従えば、建造物、木立、あるいは、小高い丘からも、古き良き時代の香りや雰囲気が漂ってくる。そして、そこにいる人々までも、おだやかで暖かな表情になる。

『たゆみなき建設方法』(The Timeless Way of Building)

　建築家であり、また哲学者でもあるクリストファー・アレグザンダーは、建築のデザイン方式の研究で非常に有名である。アレグザンダーの基本的概念は建築学的な様式に基づいているが、その思想は、建築学だけでなく、さらに広範囲な分野に大きな影響を及ぼしている（例えば、著書『形の合成についてのノート（Notes on the Synthesis of Form)』は、あらゆる分野のデザイナー、設計者にとってバイブルともいえるものだ）。アレグザンダーは環境構造センターのメンバーと共同で、建造物デザインにおける必須要素について研究した。その集大成が3巻から成る『たゆみなき建設方法』(The Timeless Way of Building) である。この著作に関しては、現在も、思想、内容について激しい議論が展開されている。アレグザンダーの信念は、近代的建築学はもはや崩壊の一歩手前であるというものだ。当然ながら、近代建築を専攻している研究者や設計者は、この思想と正対することとなり、近代建築学の意義や存在理由を正当化しなければならなくなった。しかし、この本を手にとり、自分の経験や体験と照ら

し合わせてみると、この考え方に賛意を表さざるを得なくなることだろう。建造物の内部デザインに対するアレグザンダーの哲学は、もはや議論の余地がない。なぜ、ある場所にいると心がなごみ、落ち着いた気分になれるのに、別の場所ではイライラと落ち着かないのかは、この本が明快に解き明かしてくれる。

アレグザンダーの有機的秩序

　ある会社が新しいビルを建てようとしているとする。ビル建築の最初の工程は何だろうか？　誰しも、マスタープランを引くことから始める。この第一歩は当たり前のようだが、実は「たゆみなき建設方法」とは決定的に食い違う。活気に満ちあふれ、しかも、絶妙の調和を備えた建物はこの方式からは決して生まれてこない。同一規格の巨大な空間を作るためにはマスタープランから大きさ、外観を割り出し、必要となる骨材やコンクリートの量を計算し、さらに同一コンポーネントを統合させる工程を描く。その結果、出来上がるのは、血の通わない殺伐とした同形同一規格の空間であり、自分のエゴを満足させて悦に入っている人にしか役に立たない空間なのだ。

　この徹底的同一規格のオフィス空間は、ビルの建設を命令した会社上層部の人間にとってのみ意味がある。それも、外部に自分の力を誇示するステータスシンボルとしての意味しか持たない。この建物は大空に刻みつけた権力者の証であり、自分たちの業績を末長くたたえるものなのだ。会心の笑みを満面に浮かべ、得意の絶頂でこう思っているに違いない。「全知全能の神々よ！　私の成したる業をご覧ください。人間がここまでできるのか、とさぞやガッカリされたことでしょう」。実際には、そのオフィスで働かされる従業員にこそ〝ガッカリ〟という言葉があるのだ。地平線の果てまで際限なく続く同形同規格のオフィスにいると、まるで自分が番号札のついた杭になったような気分になる。たとえ、それがサンフランシス

コの観光名物として有名なトランスアメリカンビルであっても、気が滅入るという点では何ら変わりはない。やはり、そこで働いている人にとっては息が詰まる。

マスタープランは、結局、全体主義としての秩序を強制するものなのだ。ある限られた面だけに注目し、すべてを同形同一規格にするという考えが全体に適用されている。企業では、どんな部門であれ全く同じことをするということはあり得ない。全体主義思想の弊害は、建物の機能を未来永劫固定したものと思い込むことにある。

マスタープランに代えて、アレグザンダーは、メタプランという新しい概念を導入した。基本となるのは、各部門の従業員の総意、要望に伴って建物全体の機能は進化論的に変遷するということである。メタプランは次の3つの部分で構成されている。

- 各部門は独立して少しずつ進化するという基本思想
- 進化の方向を決定する一連のパターンや部門間で適用できる設計計画
- 現場で仕事をしている従業員からの要望

このメタプランによれば、各部門は進化に伴い、一連のステップを経て互いに関連する小さなセクション、あるいは、集合体へと分裂していく。他の部門でも共通に適用できる規則を尊重し合い、部門間の調和を保っているが、だからといって二つの部門が全く同じということはない。長い年月をかけてゆっくりと出来上がった村落のように、各部門には独得の持ち味が自然に出てくる。これがアレグザンダーのいう**有機的秩序**であり、詳細を以下に述べ、図13.1に例を示す。

> この自然の有機的秩序とは、環境の個々の部分の要求と、その全体の要求との間に完璧なる均衡が存在する場

所に生まれるものである。有機的な環境においては、あらゆる場所は個性的で、包括的な全体をつくるために相異なる場所は協同して、放棄される部分は存在しない。そしてその全体は、その一部である誰もが一体感を感じとることができる。

　ケンブリッジ大学は有機的秩序の完璧な例を示している。この大学の最も美しい特徴の一つは、各カレッジ(聖ジョーンズ、トリニティ・ホール、クレア、キングス、ピーターハウス、クィーンズ)が都市のメインストリートと川の間に位置するその方式にある。各カレッジは住居部分を中庭に配する型式で、街路に面してその入口を開き、また川にも面する。各カレッジは川を渡る小さな橋をそれぞれ有し、川向こうの草地へ導く。また各カレッジはそれぞれボート小屋を備え、川沿いには遊歩道を配する。しかし、各カレッジはこのような同様の方式を繰り返す一方で、それぞれ個性的な特徴を備えている。各々の中庭、入口、橋、ボート小屋、遊歩道はすべて異なる。

『オレゴン大学の実験』(The Oregon Experiment)
(宮本雅明訳、鹿島出版会刊、1977年)

有機的秩序のパターン

「たゆみなき建設方法」では、進化パターンについて述べているが、これは空間利用法やインテリアはどうあるべきかを抽象化したものだ。同書の第2巻は、『パタン・ランゲージ』(A Pattern Language)で、253のパターンが紹介され、首尾一貫した建築学的見地から組み立てられている。

図13.1 スイスの街並み。マスタープランなしの有機的秩序の好例

パターンには、照明および広さに関連するもの、装飾に関連するもの、内装と外装の相関関係に関連するもの、大人に関連するもの、子供に関連するもの、高齢者に関連するもの、独立した空間への交通事情に関連するものなどがある。各パターンには建築学に関連した見出しに続いて、典型的な例の写真とパターンが説明されている。また、なぜそのパターンでなければならないかについても触れている。例として、パターン183「作業空間の囲い」の説明と写真を以下に示す。

　囲われすぎたり露出しすぎた作業空間は、効果的に働ける場所とはいえない。良い作業空間は、このバランスがうまくとれている。…背後に壁があると、さらに居心地のよい作業空間になる。…前面8フィート（2.4m）以内にめくら壁を設けてはならない。（仕事中に時々目を上げ、何か机より遠いものに焦点を合わせ、目を休めたくなる。8フィート以内にめくら壁があると、目の休まることがない。この場合は囲われすぎと感じる）…自分の作業空間の発生音と著しく異なる騒音が聞こえてはならない。（自分の発する音とは異質の騒音を十分さえ

図13.2　作業空間の囲い

ぎるよう、作業空間を囲まねばならない。周囲の人間が同じことをしている方が、仕事に集中できることが実証されている。……作業空間は、まちまちの方向を向いて座れるようにせねばならない。
『パタン・ランゲージ』(A Pattern Language)（平田翰那訳、鹿島出版会刊、1984年）

　アレグザンダーの253のパターンは基本であり、これを自分のプロジェクトに応用するには、プロジェクトの特性に対応した補正パターンが必要になる。このあと、4つの補正パターンについて説明しよう。この目的は頭脳労働者に適した、働きやすいオフィスをデザインすることである。ここでは、現代のオフィス環境が直面している典型的な失敗例を挙げ、是正のための補正パターンを示す。我々がコンサルタントをしている会社で、オフィス環境の改善に成功を収めたところが多くあり、今回の補正パターンを完成するにあたって多大な協力をいただいた。

第一のパターン：組み立て式オフィス

　オフィスで近頃大はやりの組み立て式個室は、中途半端という点では芸術的である。本当の意味のプライバシーはかけらもなく、しかも、そこで仕事をしていると、まわりと断絶され、疎外されている気持ちになる。また、騒音や割り込みに対する配慮が全くない。ひどい場合には騒音、雑音が増幅されて直接入ってくることもある。この疎外感の最大の原因は、部屋が狭苦しい上に殺風景なことで、外部の人を寄せ付けない雰囲気がある（別の言い方をすると、トイレの中で仕事をしているようなものだ）。こんな部屋では没頭して一人きりで仕事をすることもできないし、他部門との付き合いもうまくいくとは思えない。

　組み立て式個室は一人で仕事をするには貧弱な仕事場だし、チームで仕事をするには狭すぎる。代替案としては、チームが作業できるスペースを他に設けることである。チームとしては、ミーティングなどができる共用エリアと何人かが一緒に仕事ができる準個人用スペースが必要だ。各人には外からの邪魔や騒音から隔離された個人用のスペースが必要である。

　チームには同じ仕事をするために人が集まっているが、チームに割り当てられたスペースをいかに機能的に分割するかは非常に重要だ。理想を言えば、スペース設計や部屋割りの専門家に依頼して、各チームに最適なオフィスをデザインしてもらうのがよい。「はい、わかりました。こちらの3人様ですね。そうしますと、27平方メートル以上のスペースが必要です。ああ、非常に素晴らしい案がございますよ。レイアウトはこのようにして、備品はこう、こういったのではいかがでしょうか」。各チームのメンバーは、スペース設計の専門家を交えてレイアウトやインテリアをさまざまな角度で検討するのだ。

　仕事をする当人がオフィスのレイアウト設計に加わることが許されているため、会社で提供してくれる机などの備品がどんなにオソマツでも、本

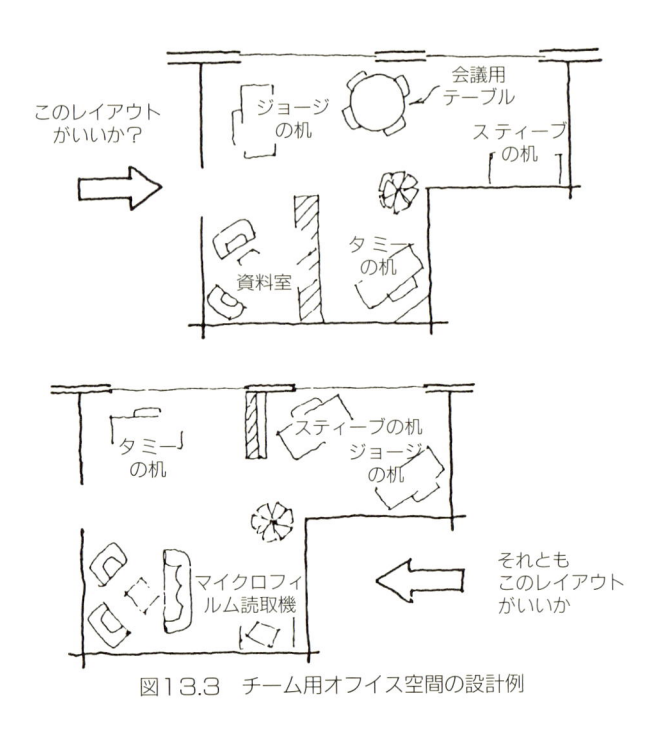

図13.3 チーム用オフィス空間の設計例

当の意味でモジュール化されたオフィスといえる。あらかじめ決められたマス目へオフィスを無理矢理はめこむのは致しかたないとしても、オフィス備品の配置は使い勝手がよく、機能的でなければならない。

第二のパターン：窓

現代のオフィス設計思想では、窓際の快適な場所は会社での地位と強い関係があり、一握りの上層部の人間に割り当てられるに過ぎない。したがって、大多数は「特別窓際争奪戦」の敗者となってしまう。窓が一つもない家に住むなどとんでもないと思っている人も、結局は昼間の太陽がサンサンと輝いている時間中、窓のないオフィスに閉じこもって仕事をしている。アレグザンダーは、窓のない空間など言語道断だとばかりに、次の

ように斬り捨てている。「窓から外の景色も見えないような部屋は、凶悪犯をぶちこんでおく刑務所と変わりない」

　これまでの長い間の習慣で、窓のないオフィスは当たり前、あるいは、仕方ないと思い込まされてきた。昔は、会社にも余裕があり、従業員すべてが窓際の快適な場所で仕事をしていたそうだが、今から思うと夢のようだ。本当に仕方がないのだろうか？　それほど金をかけなくても、同じ場所にもっと窓の多いオフィスを建てることができる。よい例がホテルである。窓のないホテルの部屋を想像できるだろうか。そんな部屋に通されても、とても我慢ができない（ホテルは眠るためのところだが、それでも窓のないホテルには泊まりたくはない）。それで、ホテルには窓がたくさんあるのである。

　この窓問題が生まれるのは、建物の平面が正方形に近くなっているからである。ビルが十分横に長ければ窓の数が少ないという問題は生じない。窓問題が発生しない建物は、その幅が9メートル以内と考えられる。図13.4に例を示す。

　ビルの幅を9メートル以下にしなければならない？　本気でそんなことを言っているのだろうか？　一体いくらかかるのだろうか？　正方形のビ

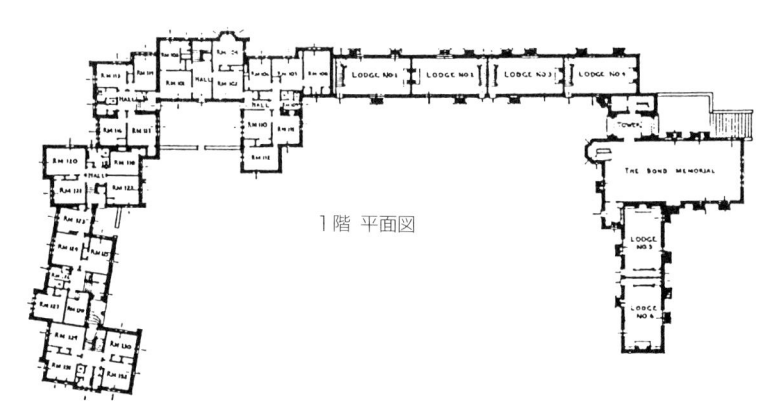

図13.4　Swarthmore大学の女子寮

ルの広い内部と比較して、空間の経済性はどうなるのだろうか？　数年前、デンマークの国会で建物に関する新しい法律が通過した。その骨子は、企業は従業員を窓のある場所で作業させなければならないというものだ。この法律によって、細長くて幅の狭いビルを建てなければならなくなり、ホテルやアパートと同じ方法が採られた。法律施工後しばらくしてからの調査では、単位面積当たりのコストには施行前と大した違いは見られなかった。この調査結果からいえることは、横長ビルのコストが従来のものと全く同じということではなく、コストの上昇分があるとしても、データに現れないほどわずかだということだ。たとえオフィスにかかる従業員一人当たりのコストが、昔に比べてかなり高いとしても、上昇分は他で埋め合わせられるため、十分オツリがくる。本質的な問題は、コストとは、建物の大きさ、設備などのように非常に目につきやすい要素であるのに対し、それを埋め合わせる利益面は、生産性の上昇分、退職者数の減少など、測定しがたく、目には見えにくい要素であることだ。

第三のパターン：屋内と屋外のスペース

　横長のビルの利点は他にもある。屋内スペースと屋外スペースがうまく調和するというのもその一つである。屋外施設のあるオフィスで一度でも仕事をしたことがあれば、一日中部屋の中に閉じこもって仕事をすることなど考えもつかないことだろう。

　1983年にアトランティック・システムズ・ギルド社を設立するときに、我々はニューヨーク地区の会員の集会場や仕事場として使用できる建物をマンハッタンで物色した。見つかったのはグリニッチビレッジの船具会社ビルの最上階で、現在でも使用している。間取りは屋内部分が約180平方メートルで、屋外に約270平方メートルのテラスがあった。そのテラスは、春、夏、秋に行われる総会の会場として、また食事を取る場所として使われている。少なくとも1年の半分は屋外スペースをフルに使っていること

になる。屋外でできることなら何でも、そのテラスのお世話になっている。

　屋外スペースといっても所詮は高嶺の花で、金も時間もない者にとっては関係のない話だとソッポを向く前に、次のことをよく考えてほしい。そのオフィスのレンタル料は、マンハッタンの平均の約六割強に過ぎない。このように安く借りられたのは、このオフィスが屋内部と屋外部の二つに分かれているからで、屋内部分だけだとしたら賃貸料は倍近くになっていたことだろう。しかし、何千人という従業員全員をそのマンハッタンの狭いオフィスに入れることはできない。したがって、大人数の社員を屋外施設付きのオフィスに入れるには、いろいろな物件を当たってみる必要がある。よい物件を探し当てることができれば、近代的オフィスの欠点、すなわち、どこもかしこも判で押したように同じということにはなるまい。お天気のよい日にはテラスの日溜まりを散歩したり、庭園、木立、中庭を散策したり。アクセクしたオフィスとは別天地である。

第四のパターン：共通の場所

　スペースについて、年月を超えて適用できるパターンがある。それは、「プライバシー深度」というもので、建物の中に入るに従い、徐々にプライベートになるというものである。オフィスの一番外側は部外者（郵便配たち、セールスマンなど）が入ってくる場所である。一歩中は内部の一般人（同一プロジェクトの人など）のための空間であり、さらに奥は各個人用のプライベートなオフィスとなる。このパターンは何も企業に限らず、一般家庭でも変わらない。玄関、居間、台所ときて、寝室、風呂、トイレとなるに従いプライバシーの程度は高くなる。これは、健康で文化的なオフィスでも同じである。

　オフィスの入口は、全従業員のための共通空間として設計されていることが重要だ。入口は、暖炉のようにみんなが安心して集える、心暖まる場

所の働きをする。「プライバシー深度」が一段と上がり、同じ仕事を担当するチームがミーティングや共同作業をするためのスペースとなる。そして、「プライバシー深度」が最大となる個人用オフィスへと続く。そこは各人が静かに仕事に没頭するための場所である。

チームがミーティングをする場所には、テーブル、全員分の椅子、書きもの机、意見を全部書きとめておける掲示板が必要である。理想をいえば、簡単な食事を作って食べられる設備と広さがほしい。

> 会食なしには、いかなる人間集団も団結を保てない。…すべての組織や生活集団に、集まって食事のできる場所を用意すること。会食を定例の行事にすること。特に、仕事場では昼食会をはじめること。そうすれば、共用テーブルに並ぶ本物の食事（弁当箱や自販機や紙袋から出す食事ではなく）が大切で快適なものになり、客を招くことが毎日の行事になる。私たちの自身の作業集団では、交代で昼食を調理するとうまくいくことが分かった。昼食が行事となり、調理当番が回ってくると、誰もが愛情と精力をそそぎこむのである。
> 『パタン・ランゲージ』(A Pattern Language)（平田翰那訳、鹿島出版会刊、1984年）

パターンのパターン

非常にうまく機能している場所では、好ましいパターンが次から次へと生まれる。そのパターンは人間の特性と本質的なところで調和を保っているからである。そこから生まれるパターンは、人間が人間らしく行動するのをバックアップし、人間の本質、つまり、個人であると同時に集団の一員という特質を強調する。だからといって、人間の個性を否定はしない

し、個人が集団に帰属するのを妨げることもない。人間にありのままの状態を促進させるのだ。

すべてのパターン（アレグザンダーのパターン、および、我々が挙げたパターンの両方）の底辺に流れる共通の因子は、**型通りの没個性方式の否定**である。人が違えば、当然、オフィスは全く異なる。コーヒーを飲む場所にしても全く同じであってよいわけがない。これは図書室にしても、ちょっと腰をかけて談笑するエリアについてもいえる。空間の構造、形、組織は、この空間を使用する人には魅力たっぷりなテーマである。オフィス空間は、その中で進行している作業内容と共に変化し、進化する。そして、どんな職種であれ、オフィスに自分の「匂い」をつけるのは大切なことだ。

現実に戻ってみると

さて、これまで述べたことは、現実の世界でどんな意味があるのだろうか？　大企業に勤めている人が、会社の首脳部に今の過ちを認めさせ、「たゆみなき建設方法」に沿ったオフィス作りを提案するとは思えない。小企業では魅力たっぷりで一風変わったオフィスがごく自然に生まれるが、大企業の人がそこへ移るとも思えない。

そういう優柔不断な人でも、自分のオフィスを活力にあふれ、生産性の高いものに変えることができる。その背景には、マスタープラン通りに建てたオフィスが満杯状態で、新しいプロジェクトを始めようにも場所がないという状況がある。まだ落ち着く場所のないプロジェクトに関係しているのなら、外に目を向けるべきだ。金太郎飴のような今のオフィスから、自分のプロジェクトチームが脱出できるように働きかけてみよう。いろいろ画策しても、不発に終わることもある。とはいっても、今のオフィスでは、自分のプロジェクトチームはどこへも行くところがないのだから、おそらく断わられることはあるまい。部下に適当な場所を当たらせ、自分た

ちのオフィスを作るのだ。探してきた場所が、今までのオフィスと違って白いきれいなプラスチックのゴミ箱がないとか、プロジェクトリーダーの席にコーデュロイ地の衝立がない、といったことはどうでもいい。荒れ放題の学生寮や安アパートを借りることになっても、悩むことはない。魅力一杯で、一風変わったオフィスを、安い家賃でプロジェクトに提供できるのだ。今までいたオフィスと違いすぎると心配することはない。みんなそういう場所が気に入るし、誰も何も気にはしない。

　会社全体のオフィス問題を、自分一人で解決しようと力むことはない。まずは自分のプロジェクトだけでもうまく行けば、大きな前進だ。しかも、チームの生産性が上がり、退職率が下がれば、管理者として立派に責任を果たしていることになる。

　プロジェクトチームを画一化されたオフィスから別の場所へ移すことは、99パーセントの場合、理にかなったことなのだ。自分たちで探してきた場所で仕事に集中すると、今までよりも一段と活力を増し、プロジェクトが成功する可能性もずっと高くなる。騒音や割り込みが大幅に減り、イライラすることもなくなる。新しいオフィスが、もと学生寮であったり、古アパートだったという面白さも、自分たちのチームの個性やカラーを作るのを大いに助ける。企業のトップやそれに近い人であれば、どのプロジェクトが特に重要かを十分に見極め、キーとなるプロジェクトを別の場所へ移してしまうことをすすめたい。会社にとっては不本意だろうが、重要な仕事やプロジェクトは外へ出した方がずっとうまくいく。それが現実なのだ。こうすれば、重要なプロジェクトは成功する。

第 III 部
人材を揃える

　どんな仕事でも、その最終的な成果は、それをどのようにやったか、ということよりも、誰がその仕事をやったかによって影響を受ける。だが、近代の経営学は、人材を揃えて辞めないようにすることに、ほとんど注意を払っていない。どの管理者教育コースでも、この点についてはちょっと触れるだけである。

　経営学では、重要な戦略家、戦術家としての管理者の役割に、より多くの関心を払う。経営とは、あたかも机上で戦争シミュレーションをするようなもの、と考えるように教えられる。ゲームの中で、個性や個人の才能を計算に入れることはない。ゲームでは、個性を持たない単なるものとしての人間を、いつ、どこに展開するかを決断することによって、成功か失敗かが決まる。

　以下の4つの章では、戦略家としての管理者という誤った考えを改め、それを、次の原則に基づいた、もっと確実な成功が得られるやり方に置き換えてみよう。

　　・人材を揃える
　　・人々に満足感を与え、辞めないようにする

・人々を束縛から解放する

　もちろん、個人個人の貢献のすべてが積み上げられて統合された全体になるのだから、最優秀チームでさえ協調は不可欠である。しかし、人材が揃ってさえいれば、各人の努力を統合するのはどちらかというと機械的にことが運ぶ。大抵のプロジェクトでは、それが成功するか失敗するかは、チームが編成され最初にある方向に歩み出す瞬間から予感される。才能のある部下を持つ管理者は、チームが編成された時点から、あまり努力しないでも順調に仕事を進められる。

第14章 ホーンブロワー因子

　C.S.フォレスタが書いたナポレオン戦争を題材にしたシリーズ物の小説は、英国王室海軍の将校ホレイショ・ホーンブロワーの偉業を追って書かれている。素直に読めば、これはよく調べられた歴史の枠組みに沿って書かれた純粋な冒険小説であるが、見方を変えると、手の込んだ経営的な比喩として読むことができる。戦艦を操る仕事は、会社で部門やプロジェクトを管理することと大きな違いはない。ここに述べられているチーム編成、教育、作業の割り当て、スケジュールの設定、および戦術上の支援行動は、現在の管理で誰もがよく経験することである。

　ホーンブロワーは究極の管理者である。Business Week誌を賑わす企業の野心的成功者がたどるような、賢明さ、勇気、政治的手腕と幸運をないまぜにしたものによって、彼は少尉候補生から提督へと昇進していく。この小説には、彼のあらゆる決断の中から学びとれる、現実の管理についての多くの教訓が含まれている。

先天性と後天性

　この小説の全体を通して繰り返されるテーマは、成功者は作られるのではなく生まれながらのものである、というホーンブロワーの宿命論的な先入感である。たまたまくじ引きで配属された部下は、どいつもこいつも役立たずであった。彼は、肝心のときに彼らが役に立たないことを知っていた（実際にもそうであった）。また、彼は、数人の有能な部下が、自分にとって本当に役に立つ人材であることも知っていた。彼らを素早く評価し、どういう時に彼らに頼るべきかを知ることにかけて、ホーンブロワー

には偉大な才能があった。

　今は人類平等主義の現代だから、ある人物を生まれながらの無能力者とみなすことは考えられない、どんな人にももって生まれた価値があるはずである。管理者は、部下のまだ利用されていない能力を発揮させるように、指導しなければならない。こうした素材としての人間を形成していくことが管理の本質であると考えられる。

　こうした見方は、ホーンブロワーの痛烈な人物評価よりも救いがあり、確かに管理者を喜ばせるかもしれないが、実際の管理ではあまり現実的とは思えない。両親は、何年もかかって子供の人間形成につとめる。だが、管理者が、いくらかでも意味のある方向に部下の人格を変化させることは、あまり考えられない。部下が部下としてとどまる年月はあまり長くないし、また、管理者も部下の本質的な人格を変化させるほどの影響力を持てないのが普通である。したがって、部下の本質は、部下として過ごした期間に関係なく、その終わりの状態は始めと大して変わらない。もし、彼らが最初からその仕事に適していなければ、変化は決して起こりえない。

　こうしたことは、最初に人材を揃えることが最も重要であることを意味する。幸い、仕事の管理では、人の配属をくじ引きに頼る必要はない。人を採用したり、社内から新しいチームメンバーを選ぶ際には、管理者が重要な役割を果たすこともあるだろう。その時には、優れた人材を選ぶ能力は、管理者としての成功を約束するようなものだ。

型にはまったプラスチック人間

　新米の管理者が最初に要員を採用しようとする時でさえ、人を見かけで選んではいけないといった採用についての原則的なことを知っている。見栄えの悪い人より見栄えのよい人が、よい仕事をするという見込みはあまりない。

　しかし、奇妙なことに、採用の際の失敗のほとんどが、能力でなく外見

に捕らわれた結果であることは、周知の事実である。失敗は、採用する側の無知や思慮の足りなさのせいばかりではない。生物の進化プロセスは、基準から大きく外れた人々に対するある種の不安感を人々の頭に植えつけた。どんなにこの傾向が進化の目的にかなっているかは明らかだ。進化論的防衛本能は、例えば恐怖映画での人々の反応で観察できる。人は、ゆっくりとデトロイトの街を食い尽くす1マイル幅の眼のない塊よりも、「人間のように創られた化けもの」に対して、強い衝撃を受ける。

　人間は、経験を積むにつれて、友達を選んだり友達と親しい関係を結んだりする際に、基準からずれたものを恐れるという固定観念を克服することを学ぶ。読者はとうの昔にこれを克服したとは思うが、さらに採用のやり方についての腕前を上げるために、もう一度学び直してほしい。

　普通の人は、おそらく無意識に外見的に魅力的あるいは「標準的」な人を選んでしまっているが、潜在意識下であるため、この傾向に抵抗も感じなければ、認識もしていないだろう。したがって、このことに全く触れないわけにはいかない。ここで、これについて述べる理由は、雇用に影響を与える「標準的」という見方が、単に個人的な傾向だけでなく、組織が潜在的に組織としての「標準」を押しつけている傾向があるからである。雇われた人々は、管理者の小さな帝国の一部となり、その上司の帝国の一部となり、さらにその上の管理者、というように職制をさかのぼる。ある管理者が適用した「標準」は、単にその人だけのものではない。その管理者は、彼の上に存在する会社の全組織階層を代表して人を採用している。彼は、何か新しい提案をしようと考えるたびに、上の管理者の「標準」を感知する。この無意識のうちの圧力が、会社の平均像に近づけるように働き、誰もが好みそうな見かけ、しゃべり方、考え方を持った人々の採用を助長する。社風が健全な企業では、この影響は無視できるほど小さい。しかし、不健全な社風の下では、平均像から外れた人物や同じような考え方ができない人物を採用することは不可能である。

　画一性へのこの要求は、管理の側面における不安定性の兆候である。カ

のある管理者は、チームのメンバーが頭を丸坊主にしようがネクタイをしめないでいようが一向に気にしない。チームの誇りの対象は、チームメンバーが成し遂げた成果だけである。

標準的服装

　画一性は、自信のない権威主義的な体制（教区付属学校や軍隊など）では極めて重要で、この下では服装規定を強いることさえある。スカートの丈やジャケットの色の違いに脅威を感じるから禁止されるのだ。画一的な軍隊の長い列を乱すものは、どんなものでも許されない。全く同じように見える集団によって成し遂げられたことに限って、成果は重要な意味を持つ。

　企業でも、服装規定を強制することがある。制服の着用を厳格に強制するほど極端でないにしても、個人から自由裁量の余地をかなり奪う。こうしたことが起こりはじめると、その影響は深刻である。同じようなこと以外は話したり考えたりしなくなる。本当に役に立つ仕事はぱったりと止まる。優秀な部下は、自分たちが仕事上本当の価値で評価されているのではないこと、仕事に対する貢献度が髪型やネクタイほどには重要でないことに気付きはじめ、遂には会社をやめてしまう。残った社員は結局人材を集めることがそれほど重要でなかったということを示そうとして、大して役にも立たない仕事をし続ける。

　これまでに、企業をダメにする原因のいくつかについて、改善の方法を述べてきた。だが、もし、ダメになった原因が、外見に関する公の標準の公布である場合は、この提案は意味がない。改善するには遅すぎる。その企業は、脳死状態の末期にある。屍は、多くの手がそれを支えようとするから、すぐには倒れない。しかし、屍を支える仕事は人に満足を与えない。そうなったら新しい仕事を探すしかない。

合言葉は「プロ」

　ある社内セミナーで、気まぐれな服務規定は管理者の不安感に原因がある、ということをちょっと話したところ、参加者は我慢できなくなって、みんなが自分の経験をしゃべりだした。その中で最も馬鹿げていたのは、午後のコーヒーブレイクのときに電子レンジでポップコーンを焼いたときの会社側の反応であった。もちろん、ポップコーンを焼くと香ばしい匂いがあたりに立ちこめる。上の階にいる上位管理者がかすかなポップコーンの匂いを嗅いで、メモで「ポップコーンはプロフェッショナルでない。したがって、今後は焼くべからず」と指示した。

————Timothy Lister

　ポップコーン禁止令や服装規定は、接客部門や営業部門でなら理解できる。しかし、その他の区域では意味がない。顧客が歩き回ることはまずないからである。このような「規定」は、外部の人が感じる企業イメージには全く関係がない。それは、内部の人が感じるイメージの問題である。問題の内部の人たち、特に確固とした自信を持たない中間管理層は、標準から外れた行為は何であれ気に入らない。彼らは、事なかれ主義の均質的な慣習を課すことで、自分たちがオフィスの風紀を取り仕切っていることを顕示する必要があるのだ。

　プロらしくないという言葉を、管理者は驚かされたり脅威を感じたりすることに対して使う。軟弱な管理者を当惑させる事柄は、「プロらしくない」という言葉で片付けられてしまう。だから、ポップコーンはプロらしくないのである。長髪は、男性の頭だったらプロらしくないが、女性であ

ればOKである。ポスターを貼ることは、それがどんなものであってもプロらしくない。ゆったりした靴はプロらしくない。何か素敵なことがあって机の回りをはね回ることもプロらしくない。くすくす笑ったり声を出して笑うこともプロらしくないのだ（ほほ笑むことは、しょっちゅうでなければ構わないようだ）。

その反対に、プロフェッショナルという言葉は、彼らを驚かさないことを意味する。他人と同じように見え、行動し、そして考えているかぎり、プロフェッショナルとみなされる。そこには全くの沈滞しかない。

もちろん、このゆがめられたプロフェッショナリズムの意味付けは病的である。健全な組織では、見識があり有能であるかぎり、プロフェッショナルであると見なされる。

企業エントロピー

エントロピーとは、平準であること、あるいは同じであることの度合いをいう。エントロピーが増えれば増えるほど、エネルギーを発生したり仕事を生み出す可能性が減る。会社などの組織では、エントロピーは態度、外見、および思考過程の画一性と考えることができる。あたかも熱力学におけるエントロピーがこの宇宙で増大し続けるように、企業エントロピーもまた増え続ける。

> **管理にあてはめた熱力学の第二法則：**
> **エントロピーは組織内では常に増加する**

> ［本来の熱力学の第二法則：高温物体から低温物体へ熱が流れる現象は、不可逆であって元には戻せない］

これが、古い歴史を持つ企業の多くが、活動的な若い企業より管理が厳

しく面白いことが少ない理由である。

　この一般的現象に対して個人ができることはあまりないが、自分の職場の中ではこれと闘わなければならない。成功する管理者の多くは、局所的なエントロピーを大幅に下げて、企業の平均像とずれていようがいなかろうが、人材を揃え、または部下を適した人材に育て上げることができる人である。組織は死後硬直を起こしているかもしれないが、その一部であるプロジェクトは生き生きとして活動することができる。

第15章 お手玉使いの曲芸師を雇う

サーカスの団長：何年ぐらいお手玉をやっているの？
応募者：6年くらいです。

団長：ボールをいくつ扱える？ 3つ？ 4つ？ それとも5つ？
応募者：いくつでもできますよ。

団長：火がついているものはどうかね？
応募者：できますとも。

団長：ナイフや斧や開いた葉巻き箱やヒラヒラ帽子はどうだね？
応募者：みんなできますよ。

団長：一緒にやるおしゃべりは得意かい？
応募者：そりゃもう愉快にやりますよ。

団長：うん、よさそうだな。うちでやってもらうことにしよう。
応募者：あれ？ …私のすごい芸、見ないんですか？

団長：ヘェー。それは考えつかなかったな。

　やらせもしないで曲芸師を雇おうとするのは馬鹿げている。そんなことは常識だ。だが、技術者、設計者、プログラマー、グループリーダーなどを採用しようとするときは、この常識があまり通らない。管理者は、設計

結果やプログラムなどを見たいとは言わない。現実には、面接は単なるおしゃべりに終わっている。

管理者は、以前に作ったものと同じ程度のものを作れると仮定して、よい製品を作る者を雇いたいと思っている。したがって、管理者が応募者の仕事の質を推定するためには、生産物のサンプルを調べる必要がある。わかりきったことのようだが、開発部門の管理者からは常に見過ごされている。採用の面接をする際、その場には表面的にある種の遠慮がある。応募者に過去の仕事について聞くのはよいが、見せてほしいというのはよくない、といった不文律があるようだ。だが、要求すれば、応募者はほとんど例外なく喜んでサンプルを持参する。

成果の一覧

1970年の春、著者たちがカナダ西部で教えていたとき、地元の技術系大学のコンピューターサイエンスの教授から電話がかかってきた。彼は、いつでもよいのだが、講義を終えてから我々のホテルに立ち寄りたい。そして、ビールをおごるから意見を交換したい、と言ってきた。この種の申し出を我々はほとんど断わったことがない。この晩我々が彼から学んだことは、我々から彼が学んだことよりもはるかに価値があった。

教授は、仕事がうまくいったと判断するためには何が必要かについて、率直に語った。彼が望んでいたことは、学生によい求人があり、できるだけたくさんの学生がそれに合格してほしいと思っていることだった。「ハーバードの卒業証書にはそれ自体何がしかの価値があるが、我々のところの卒業証書はそれにあぐらをかけるような代物ではない。今年の卒業生が早いうちに採用されなければ、翌年は学生が集まらないから私は失業だ」。そこで、彼は卒業生が労働市場から正当に評価されるような手段を考え出した。もちろん、彼は学生に、構造化分析と設計、データ駆動型設計、情報隠蔽、構造化コーディング、ウォークスルーやソフトウエアの評

価法、といった、システム構築のための新しい技法を教えた。また、近くの企業で実際のアプリケーションを作る仕事をやらせた。しかし、この日の話題の中心は、すべての学生が一緒になって作った、自分たちの成果のサンプルを示す一覧であった。

彼は、学生たちが各人の面接で成果一覧を印象づけるために、どのようにしゃべるように指導をしてきたかを述べた。

> 「私がやった仕事のサンプルをいくつか持ってきました。ここにあるのは、あるプロジェクトで作ったPascalのサブルーチンと、別のプロジェクトで作ったCOBOLのパラグラフの集まりです。この部分が示すように、我々はクヌースが提唱したloop-with-exitの拡張法を用いましたが、それとは別に、これは純粋に構造化されたプログラムで、この会社の規格として要求していることに極めてよく合っています。こちらは、このコードの基になった設計書です。階層と結合分析にはマイヤーズの記法を用いています。私は、このサブシステムの全体を設計しましたが、この小さなセクションでは、データ構造が実際にプロセス構造を規定しているので、オーアの手法を用いました。そして、こちらにあるのは、我々の仕様書の実質的な部分である、階層化されたデータ流れ図と、それに付随するデータ辞書です……」

数年経って、我々は、このあまり知られていなかった技術系大学とこれらの成果一覧のことをよく耳にするようになった。我々は、遠く離れたカナダのキャンパスに、卒業生を求めて頻繁にやってくる、ハイテク企業の求人担当者にも会った。

もちろん、これはあの教授が卒業生たちを魅力あるものにするという懸

命の企てによる結果であるが、その晩私たちにとって最も衝撃的だったのは、求人側が、例外なしにこの成果一覧表に驚いた、という教授の話であった。これは、求人側が応募者に一覧表を持参するよう指示することはあまりない、ということである。だが、なぜそうしないのだろう。面接のときに、一人ひとりに仕事のサンプルを持ってくるように指示することよりも賢明なやり方が他にあるだろうか？

能力テスト

さまざまな技能に適した人を採用するのがそれほど重要なら、なぜ、その技能を測定する能力テストを設計しないのだろう？　ソフトウエア産業には、能力テストのアイデアに、異常にほれ込んだり急にさめたりした長い歴史がある。1960年代には、このアイデアは大はやりであった。近頃では、誰もどの企業も、おそらく能力テストをやめてしまったのだろう。まだやめていないとしたら、やめるための理由を教えよう。つまり、このテストは間違ったものを測っているのだ。

能力テストは、通常、ある人が採用された直後に行う作業を対象としている。テストは、その人が統計分析、プログラミング、あるいは要求された職務がどんなものであれ、それをうまくやれそうかどうかを測るために行う。どんな技術分野の能力テストでも購入できる。このテストは、新しく採用した人がどんなによい仕事をするかを予測できる、実に立派な追跡記録データが付いていることが多い。しかし、だからといってそれが何の役に立つのだろうか？　幸いにして新しく採用された人は、数年間ある作業をやり、その後、チームリーダーかプロジェクトマネージャー、プロジェクトとりまとめ者へと昇進するだろう。その人物は、能力テストで測られた作業を2年間で終え、他の作業を20年間やることになるかもしれない。

能力テストはほとんど左脳を対象としている。新採用者が行う典型的な

仕事は、大体左脳で行われるからである。しかし、彼らが後年にやることは、右脳を使う度合いがはるかに増える。特に、管理者には、有機的な秩序からシステムを見るホロン的な考え方、ヒューリスティックな判断、あるいは経験に基づいた直観が要求される。したがって、能力テストは、短期的にはよい仕事をする人を採用するのにはよいが、その後で成功する可能性は少ない。おそらく、能力テストは、むしろそれに失敗した人を採用するために使うべきかもしれない。

　読者は、我々が能力テストを用いて社員を採用する考えには賛同できないと言っていることに気付くだろう。しかし、能力テストはよくないとか、使うべきでないとは言っていない。ただ、採用に使うのはよくないと言っているだけだ。出来合いの、あるいは自作する典型的な能力テストは、従業員の自己評価には素晴しい道具だ。個人個人が自己評価に興味を示す機会が多いことは、健全な組織で働く従業員にとって、絶対に必要である（これについては、第24章でも述べる）。

オーディションの開催

　ソフトウエア開発のビジネスは、技術的というより社会学的であるから、機械とコミュニケートする能力よりも作業者が互いにコミュニケートする能力によって成果が左右される。したがって、採用にあたっては、少なくとも社会性や、人とのコミュニケーションのやり方の特徴に注目する必要がある。我々が発見したこのための最もよい方法は、候補者を対象としたオーディションの実施である。

　やり方は簡単だ。応募者に、過去にやった仕事のある部分について、10分から15分の発表をするように依頼する。ある部分とは、新技術を初めて試みたときの経験、あるいは管理とはかくも困難なものかと思い知らされたときに得た管理上の教訓、あるいは特に興味のあるプロジェクト、といったものである。応募者は主題を選べる。開催日を決め、新採用者の同

僚となるはずの人たちで聴衆グループを編成する。

　当然、応募者は神経質になるだろうし、おそらくそのようなことをやらされるのは気が進まないだろう。応募者には、みんな同じように神経質になっていることや、これを開催する理由、つまり候補者のコミュニケーション能力を見るため、あるいは今日採用されたら同僚となるはずの人たちを採用面接に参加させるため、オーディションをやるのだ、ということをよく説明しておく。

　オーディションが終わり、応募者が帰ったら、講評会を開催する。各人が、その人物の作業への適応性や、チームにうまく適応できるかどうかについて、コメントする。採用の可否を最終的に決めるのは管理者の責任だが、将来の同僚、つまりプロジェクトメンバーからのフィードバックには計り知れない価値がある。もっと大事なことは、そのグループメンバーが候補者を選ぶにあたって発言しているので、新たに採用された人がグループにスムーズに受け入れられる可能性が高いことである。

　　　初めてオーディションを経験したのは、私の会社でコンサルタントとインストラクターになる人を採用するときであった。その動機は実に単純であった。私は、応募者が物事を単純にあるいは複雑に説明する人か、説明の仕方を教えるに足る人か、あるいは誰にも何も説明できない人か、といった感じをつかもうとしただけだ。また、そのことについて私と違った意見を聞こうと思ったので、オフィスに居合わせた同僚にオーディションに出席してもらった。私たちは、5年間に200件近いオーディションを扱った。

　　　すぐに、オーディションは、新しく採用した人と先輩とが打ち解けるのを早める役割を果たすことがはっきりしてきた。採用に至ったオーディションは、同輩として

の資格認定のようなものであった。逆の場合も同じように有効であった。不採用になったオーディションは、スタッフの士気促進剤となった。今まで採用されてきたグループメンバーにとって、応募履歴書がたまたま私の目に止まったという単なるまぐれ当たりではなかったことを、オーディションを開くたびに実証することになった。

————Timothy Lister

　オーディションについて、一つだけ注意しておきたいことがある。応募した組織の業務と密接に関係のあることを話すように、候補者に念を押すことである。「正しい男女関係」とか「酸性雨の被害」といった業務と直接関係のない話は、うまくだまされやすい。聴衆は、話し手の人の心を揺さぶる情熱を垣間見て、それにひっかかりやすいが、その情熱はえてして仕事上では二度と見ることができない。

第16章 ここにいるのが楽しい

簡単なクイズから始めよう。

質問1：あなたの会社のここ数年の年間退職率はどのぐらいでしたか？

質問2：辞めた人を補充するのに、一人当たり平均どのぐらいのコストがかかっていますか？

　この二つに答えられれば合格、そうでなければ不合格だ。ほとんどの人は合格しない。

　公平に言えば、退職に関することなどは、おそらくあなたの仕事とは直接関係がないから、答えられないのは当然だろう。では、もう一度採点し直そう。もし、この二つの質問に、**社内の誰か**が答えられれば合格としよう。だが、これでもほとんどは合格しない。ヘビースモーカーが寿命についての医者の長たらしいお説教を聞きたがらないように、会社は退職率の統計をとりたがらない。結局は悪い知らせとわかっているから、煩わしいだけなのだ。

退職は明らかに無駄なコスト

　我々がつかんだ年間退職率は33〜80％で、これを平均在職期間から見ると、15〜36カ月になる。読者の勤務先の退職率を、今、仮にこの中間としてみよう。平均的に見ると、社員は2年ちょっとで辞めている。人一人を採用するコストは給与の1.5〜2カ月分で、これは、人材紹介会社への報

酬、あるいは、同じ業務を行う自社の人事部門の経費である。従業員がひとたび採用されると、すぐプロジェクトの作業に就き、働いた時間はプロジェクトのコストに賦課される。この場合、立ち上がりに要する無駄なコストは、表面には全く現れない。しかし、これは経理上の見せかけに過ぎない。新人は最初全く役に立たないし、ひどい場合は足を引っ張る。誰かがその新人の仕事を軌道に乗せるために余計な時間を費やすからだ。

数カ月たつと、新人は少しは役に立つ仕事をし始める。5カ月以内には、一人前として使えるようになる。したがって、立ち上がりの無駄なコストの見積もりは、ざっとみて、一人当たり3カ月分の人件費相当というのが妥当である（仕事の内容が難しい場合は、もちろんこれよりずっと余計にかかる）。人が入れ替わる際の全コストは、結局、4.5〜5カ月分の人件費、あるいは2年間働く平均従業員にかかるコストの20%に相当する。

退職率は企業によって大きく違う。我々が聞いた例では、ある会社は退職率10%で、同業他社では100%以上であった。ライバル企業の管理者が集まった際、隣に座った人の企業と2倍以上退職率に開きがあるという可能性は十分ある。もちろん、どちらもどの方向に開きがあるかを知らないし、知ろうとしてもわからない。少なくともどちらか一社は、退職率を測っていない可能性が高いからだ。

退職の隠されたコスト

従業員の退職は、全人件費の20%のコストを費やす。しかし、これは**目に見える**部分だけだ。実際にはこれよりはるかに多い、おぞましい見えないコストが存在する。

退職率の高い企業では、社員はどうせそこには余り長くいないことがわかっているから、徹底して短期的に物事を考える傾向がある。したがって、例えば、スタッフのために、よりよい作業環境を作ってやろうとして説得に回ったとすると、たまたまそれに反対する上層部の人間に出会って

次のようなことを言われたとしても何の不思議もない。

> 「おい君、ちょっと待ちたまえ。でかい金が要る話をしとったな。我々が君たちにそんなに広い場所や騒音防止設備や、その上プライバシーまで与えたら、しまいには1人に月50ドルも使うことになるんだぞ！ 君たちの人数を掛けてみろ。数万ドルにもなるんだ。そんな金は出せんよ。おれは生産性向上に賛成する点では誰にも負けんが、君はこの第3四半期のひどい業績がわかっているんだろうね？」

　もちろん、これに対する究極の論理的な回答は、今、生産性に影響を与えやすい作業環境に投資しておけば、将来の「ひどい第3四半期」を避けられる、ということだ。しかし、無駄な議論には加わってはいけない。あなたは、ふらふらと変わりやすく、しっかりした論理性に欠ける短期的なものの見方に、たまたま出くわしただけなのだ。この人物は、いずれ会社を辞めていく。目先のコストがすべてで、後になって生まれる利益などは知ったことではない。

　退職率の高い企業では、誰も長期的に物事を考えようとはしない。銀行であれば、貸し倒れが十分考えられる会社にも貸し付けるだろう。例えば、どんなに危ない会社であっても、22％という貸し出し金利は、この四半期の決算にとってたまらない魅力だからだ。当然、その会社は2年後には債務返済不能に陥るだろうが、そのときには不良貸し付けをした人は、もう銀行には残っていない。土地開発会社であれば、短期的利益を上げるために、人々の無知につけこんで、オフィスの環境についてうまいことを言ってだますだけで、地域にとっての真の資産である、そこに住む人々の活力源を、計画的に維持しようとは全く考えない。農業経済を同様な考えで運営したとすると、種用トウモロコシを今食べてしまって、翌年は飢え

に苦しむのと同じだ。

　１年や２年の視点にこだわるのなら、優れた人材を辞めさせない唯一の方法は、彼らを早く昇進させることしかない。こうすると、ほとんど初心者に近い人が、上級の管理職に就くことになる。彼らの経験がわずか５年で、その会社に入ってから２年も経っていない、というようなことが起こり得る。

　人員構成についてもおかしなことが起こる。ある人が、40年の会社生活の中で、５年間は技能者として働き、35年間は管理者として働いたとする。これは職制のピラミッドが極めて高くて裾野が狭いことを意味する。15％の従業員が85％の管理者を養って実際の仕事をしている。実際の作業者が費やすコストはわずか10％で、残り90％は管理者の報酬として支払われる。マルクスでさえ、このような頭でっかちな資本主義社会構造は予想できなかっただろう。

　構造がいたずらに頭でっかちになるばかりでなく、それは底辺にいる人々を水準以下にする傾向がある。この傾向はどの産業でも見られるが、退職率の高い会社では特に著しい。重厚で成熟しきった会社が産み出す製品が、平均20歳代、経験１～２年の従業員によって開発されている、といったことは、決して珍しくない。

　早く昇進させる会社は行動力がある、と信じている人は多い。若い従業員は貪欲に前進しようとするから、それは当然のことである。しかし、組織論的観点から言えば、昇進が遅いのは健全な印である。退職率の低い会社では、最下位の管理者層への昇進は、その会社に10年ぐらい勤めてからやってくる（例えば、IBMの中で最も強力なある組織では、実際に昇進のスピードは極めて遅かった）。そういう会社では、最底辺にいる従業員の平均経験年数は最低５年で、階層は少なく平坦である。

なぜ会社を辞めるのか

　仕事を変えたいと思っている人にとって、その理由はそうしたいという人の数と同じだけあるが、退職率が50％以上と信じられないぐらい高い会社の場合、退職のほとんどは次の理由で説明がつく。

- 腰掛けメンタリティー：この仕事を長く続けようという雰囲気を同僚がかもし出さない。

- 使い捨てにされる予感：管理者は従業員を交換できる部品としか考えない（退職率が高くなれば、なくてはならない人はいなくなる）。

- 会社への忠誠なんて馬鹿ばかしい、という意識：従業員が部品として扱われているかぎり、誰がその組織に忠誠を誓うだろうか？

　退職が次の退職を呼び、その影響は深く静かに潜行する。従業員が長く居付かなければ、研修に金を遣うのは意味がない。企業が社員への投資を全くやらないので、会社を変わることを何とも思わなくなる。非凡な才能を持った人を配置替えするのは極めて困難だから、非凡な才能を持っているという理由で人を新たに採用することはない。企業が従業員の優秀さを認めないという印象は、個人として評価されていないという感じを従業員に抱かせる。同僚が次から次へと辞めていくと、翌年まで辞めないでいたら、何か無能扱いされているように思う。

会社の移転に伴う弊害

　自信のない管理者は、会社が遠くへ移転するときほど自己本位に振る舞う。そこには、必ず脅しやすかしが行われる。従業員の生活をひどい不幸に陥れることで、管理者は絶対の権限を持っているように錯覚してしまう。通常の企業経営では、管理者は従業員の会社生活をコントロールするが、会社の移転では、管理者は従業員の個人生活さえコントロールすることになる。

　もちろん、管理者が、移転が必要な理由を説明するときは、驚くほど憂うつそうな顔をする。彼らは、上がり続けるスペースの費用や、この州の税制と比べた移転先の優遇税制の利点について説明する。表向きの理由はどうであれ、真の移転の理由がそれと全く別なことは確かだ。真の理由は、政治的な取引、あるいは新社屋建設の機会（上層の管理者にとって本当に重要なものが何かを如実に示している）、あるいは上司がたまたま住んでいる郊外に会社を移すことによって上司の通勤距離が短くなる、などである。ときには、単なるむき出しの権力行使であることもある。

　管理者が自己中心的であればあるほど、会社の移転への執念が強い。この問題について、ロバート・タウンゼントは『組織を昇れ』の中で次のように言っている。

　　　　もし、君が抜本的改革を必要とする部門を引き受けたら（あるいは新設するなら）、確実にそれを行う唯一の方法は、組織全体を他の町へ移して、改革をやる気のない朽ち果てた大木のような部門をあとに残すしかない。私の友人は、いろんな会社でこれを4回もやった。結果はいつも次のようになった。①好ましい人物は自分たちの将来を確信して彼と行動を共にする。②将来に疑いを

持つ人物（とその妻たち）は、自分たちがクビになったことを認めようとはしないで、日々に「会社が夜逃げをした」と騒ぎ立てる。彼らは同業他社に移ろうとするが、同業他社は侵略を企んでいると思うから、結局、同業他社からもソッポを向かれてしまう。③移転先で採用した新人は、残してきた人たちよりもはるかに質がよく、連れてきた最優秀の人たちにもまれるために、仕事への熱意が伝染する。

『組織を昇れ』

　これは全くの危険なバクチだ。タウンゼントが完全に見落としているのは、従業員の中での女性の存在である。移転させられる典型的な従業員は、共働きの片方である。そのもう一人はおそらく動けないだろうから、会社の移転は極めて微妙なところで夫婦の関係に困難な問題を持ち込む。それは、二人に事態に適応するための耐え難いストレスをもたらす。2人は、二つの一人前のキャリアを何とか両立させようとして、涙ぐましい努力をする。これは、ボクシングでの反則打のようなものだ。最近の夫婦は、こうしたことを我慢しないし容赦もしない。会社の移転は1950年代から60年代にかけては可能であった。しかし、現在では全く愚かな行為だ。

　20年前でさえ、企業移転は今ほど深刻でないにしても、理にかなったものではなかった。その好例は、1966年にAT&Tのベル研究所が、600人からのESS1プロジェクトをニュージャージー州からイリノイ州に移そうとしたときの物語である。移転にはたくさんのもっともらしい理由が挙げられていたが、今考えると、そこにはある政治的なペテンが関係していたようだ。1950年代に、当時上院議員であったケネディーとジョンソンは、それぞれマサチューセッツ州とテキサス州で巨額の開発投資を計画しており、イリノイのダークセン上院議員は、それを聞いてある考えを思いついた。もし、600人の高給取りと、公害のほとんどない仕事を彼の州に移す

ことができたら、という妙案であった。おそらくAT&Tに若干の圧力をかけただろうし、移転と引き換えに、反トラスト法上の扱いや、法規制上で何がしかの譲歩をしたであろう。研究所内に示された移転の根拠は、移転コストがあまり高くならない、つまり、一人当たりの移動コストは数千ドル、それに若干の退職者、ということであった。

> このESSの移転から数年たったある日、私はこのプロジェクトを担当したレイ・ケッチレッジにインタビューした。私は、大規模プロジェクトの管理について、あるエッセイを書いており、ESSの移転は取材する価値があった。私は、管理者としての主な成功と失敗について、どう思っているかをたずねた。彼は、「成功話などはどうでもよい。失敗の最たるものは移転だ。退職がどんなに高くついたか信じられないだろう」と言った。彼は話を続け、数字をいくつか示した。移転日以前に辞めた人の数から、直ちに移転のコストが計算できた。移転した人の比率から考えると、移転当初の退職率は、第一次世界大戦でのフランス軍の塹壕陣地における損失率よりも大きかった。
>
> ————Tom DeMarco

　移転するよりも、要員を敵の銃口にさらした方が、企業が被る人的な損失を少なくできる。その上、これは当初の損失だけを勘定に入れた結果だ。ベル研究所の場合、移転の約1年後に再び大勢の人がまとまって辞めていった。その際に辞めたのは、会社の方針に忠実に従おうと努力してきた人々であった。移転はしたが新しい場所になじむことができず、再び他へ移っていった。

永続性のメンタリティー

　何年もの長い間、我々は著しく退職率の低い会社で仕事をしたり、コンサルティングする機会を得た。その際に学んだ当然ともいえることは、低い退職率は会社にとって嬉しいだけではない、ということだ。本当に、そういう会社は、今まで述べてきた人間らしく働ける環境の質を、いろいろな点で他に抜きん出たものにしようとしているように思われる。つまり、こうした会社が追及するものは、最良のもの、ザ・ベストである。

　最良の組織とは、決して似たもの同士ではない。むしろ、似ていることよりも似ていないことの方が多い。だが、従業員すべてに共通する唯一の関心事は、ザ・ベストになろうということだ。それは、廊下での立ち話で、会議で、自由討論で、常に話題となるトピックだ。逆もまた真なりで、最良でない組織では、このトピックはほとんど、あるいは全く議論されない。

　最良の組織は、意識的にベストになろうとして奮闘する。これは、全員に共通した目標であり、これによって、共通の方向づけ、共に分かち合う充足感、および強力な結束効果が生まれる。そうした場所には永続性のメンタリティー、すなわち、他の会社へ移ろうとするヤツは馬鹿だ――移ろうとすると、みんなからバカ呼ばわりされる、という感覚がただよう。これは、かつて米国の小さな町の特徴であったコミュニティーの感覚である。こうした感覚は、我々が現在住んでいるところからはほとんど消えてしまったため、仕事場ではますます重要になってきている。ある意欲的な会社は、積極的にコミュニティー感覚を創り出すことに着手した。リーダーズダイジェストやヒューレット・パッカードのある事業所では、会社が従業員のためにコミュニティー農園を設けた。昼食時になると社内の"お百姓さん"が大勢やってきて、フェンス越しにトマトの出来具合についておしゃべりをしている。豆の甘さや西洋キュウリの長さを競うコンテ

ストが開かれ、ニンニクとトウモロコシを交換する盛大な会もある。

　コミュニティー農園は、短期的な視野からは全く意味がないことははっきりしている。このコストは、間違いなくこの四半期の利益から支出される。ほとんどの会社では、利益を減らすということだけでこの種の考えを直ちに握りつぶす理由にするだろう。しかし、最良の組織では、短期的観点だけが考慮の対象ではない。より関心の高いこと、それはベストになることである。そして、これこそが長期的な理念である。

　そこには、**ずっと勤め続けることが期待されているという感覚**が広く行きわたっているため、従業員は長く勤めようとする。会社は、従業員個人個人の啓発に巨額の投資をする。そこにはおそらく上級者向け教育プログラムや新人のための集中導入教育期間——企業によっては１年に及ぶ——があるだろう。会社が個人の自己形成にそれだけの投資をすれば、従業員は、長く勤めることが期待されているという雰囲気を決して見逃さない。

　退職率が最も低い会社に共通した特徴は、生涯教育プログラムの充実である。従業員は、秘書として、給与事務員として、あるいはメール係として会社に入ったとしても、管理者や役員に昇進する機会が常にある。彼らは、未経験の状態で、学校を卒業してすぐに入社する。仕事を変える際に新たな技能を必要としたとき、会社がこうした技能を身につけさせてくれる。だから、こうした会社では仕事に行き止まりがない。

　繰り返しになるが、再教育は新しい職場の要員を確保するための最も安上がりなやり方ではないことは明らかだ。短期的に見れば、再教育すべき人をクビにして、既に必要な技能を持っている人を雇った方が安上がりだ。ほとんどの組織はそうやっている。最良の組織はそうはしない。再教育が永続性のメンタリティーを育て、結果として低い退職率と強いコミュニティー感覚を生むことを認識している。そして、それがコストの問題よりもずっと大切であることをよく認識している。

　南カリフォルニアエジソン社では、データ処理部門の要員は、すべて

メーターの検針員から出発した。EG&G社では、秘書をシステムアナリストにするための再教育プログラムがある。労働統計局では、哲学博士がソフトウエア開発者として採用され、勤め始めた最初の日から再教育プログラムが始められた。日立ソフトウェアエンジニアリングでは、チーフサイエンティストの重要な仕事は新人の教育である。パシフィックベル社では、新システム要員の主力は、再教育された架線作業員と電話交換オペレーターである。これら各社は世間の標準とは異なっているし、当人たちもそれを感じている。そこには、実際にはっきり目にすることができる、エネルギーと帰属意識が存在する。そこにいる人々は、こうした永続性のメンタリティーを持たない会社を気の毒に思うだろう。

第17章 自己修復システム

　ある従業員が突然、人事部に駆け込んできて辞めてしまう。翌朝、彼と上司とが、ひょっこり現れて、その原因が馬鹿げた誤解からきていることを、おどおどと説明する。さて、いったい彼の退職がなかったこととして済ませることができるだろうか？　このケースを扱う人事部の職員は、部分的には完結してしまった退職の手続きを、少し当惑しながら考え直してみる。「いったい誰が、雇用契約解除の手続きを、取り消しの余裕日数がないように決めたんだろう。しかし、ちょっと考えれば、すべての結果をもと通りにするのはごく簡単だ。さて、この退職処理ファイルをそっくりゴミ箱に捨ててしまって、なかったことにしてしまおう。そうしてから、最終の給与小切手を無効にして、次にハリーの机の上をちらっと眺め、彼が気付く前に保険解約申請書をちょっと失敬して……」といった具合に。

　システムは、それ自体の能力でもと通りに直ってしまった。このシステムを作ったときには考えられていなかったことも、必要になると実行された。システムをうまくものにすることができる人は、業務が進行している間に不具合なところを直す。こういうことは常に起こっている。

決定論的システムと非決定論的システム

　従来はすべて手作業に頼っていたシステムを自動化する場合、システムは完全に決定論的になる。新しいシステムは、その設計者が明確に意図した応答処理だけに仕事をする能力を持つ。したがって、手作業にはあった自己修復機能は失われてしまう。必要などんなささいな応答処理に対しても、最初の段階から組み込まれていなければならない。システムを修復す

る必要があるとすれば、それはシステム運用の外に限って行うことができる。保守担当者がやってきて、システムを分解し、応答処理をいくつか追加し、それを再構築する。

　ある観点から見ると、多少混乱して制御困難に陥った自己修復能力、つまり例外処理の著しい増加から脱却することが、自動化の効用といえる。システムは、最初の段階で「正しい」ものとして、したがって、運用中にいじくりまわす必要がないものとして計画される。だが、これが高くつくことに疑いの余地はない。自動化システムを設計する人は、人手による従来のシステムでは、実際に起こらないか起こるまではあらかじめ考慮しておく必要のない、ほとんどあり得ない状況を検討するのに多くの時間を割く。もし、新しいシステムを支配する経営政策が、必然的にかなりのその場かぎりの処理が要求される場合は、それを機械化すること自体が誤りである。決定論が意味をなさないから、そのシステムは年中保守しなければならなくなる。

　人手による非決定論的システムが、悪影響を及ぼすことなくエレガントに（ときには全くコストをかけないで）自己修復することができる理由は、そのシステムを構成している人間が、システムの本来的な目的を熟知しているからである。新たな状況が発生すると、彼らにはとっさにどんな処理が意味を持つかがわかる。いつの日にか、コンピューターに目的を達成するために必要な動作を教えるのではなく、システムの目的だけを教えてやればよい時代がくるかもしれないが、現在それは地平線の彼方にある。ここで言いたいことは、決定論的なシステムを作ると、その結果としてシステムの自己修復能力が失われる、ということである。

　人々がそこで働きあるいは管理に携わる組織は、ある意味でシステムである。人々の相互作用と、ある目的を達成するために存在する業務処理の混合体である。このようなシステムをより決定論的にしようという話は最近のはやりである。このあたりの問題は、次の作業規定のところで論じたい。

作業規定に隠された意味

　大抵の組織でイライラさせられることは、業務の質がそこの職員の質に依存するという事実だ。職員の質や能力に関係なく、それによる制約をのりこえた、優れた組織が作れたら、素晴しいことだろう。それをやるのは簡単ではないが、そのために必要なものは**作業規定**だ！　こんなことを声高らかに言う人がいるが、果たしてそうだろうか。

　作業規定とは、どうやってあらゆる種類の頭脳集約型の作業を、ある決まりきったやり方に誘導すべきかについて書かれた一般的システム指導書である。その作業を誰がどこでいつやるかに関係なく、各作業についてなすべきことをこと細かに規定した、分厚いマニュアルである。作業規定をまとめるような人は頭が切れるが、そのマニュアルを持ってうろうろする人は愚か者だ。こういう人たちは、決して頭脳の電源スイッチをONにしようとしない。彼らがやることは、第一ページから読み始めて、『オズの魔法使い』に登場する浮かれたマンチキンのように、黄色いレンガの道に沿って、ただひたすらに作業の開始から完了までを進む。作業規定はすべてを決定してくれるが、それに従う人々は何も決定しない。こうして、組織は完全に決定論的になってしまう。

　人からなるチームでも、他のシステムと同様に、それが決定論的になるにつれて自己修復機能を失う。その結果、自分たちにとって全く意味をなさないことをやる方向へと進んでいく。これは、彼らが、いい仕事ができなくなるはっきりとした兆候である。数年前に、著者たちは、ある失敗したプロジェクトの原因を分析した際、関係者に、部外秘にするから1時間ほどテープレコーダーに向かって言いたいことをしゃべってくれと頼んだ。そのうちの一人は次のように言った。

　　「3月までの約2カ月間、上から指示された技法を適用

することだけをやっていた。私にはそれがどうして我々の仕事に役立つのかが皆目わからなかったが、ジョージは、それは絶対に役立つと言い続けた。彼は、我々に『作業規定を信じろ、最後にはきっとうまくいく』と言い続けた」

　もちろんそうはならなかった。このプロジェクトの作業者は、作業範囲には最も詳しい人たちであったから、与えられた作業指示が彼らにとって意味のないものであれば、**それは本当に役に立たない**ものである。
　作業規定と作業手法の間には大きな違いがある。作業手法は、仕事をする際の基本的な取り組み方である。厚いマニュアルに書かれているのではなく、どちらかと言えば、仕事を遂行する人々の頭の中にある。この種の作業手法は、二つの部分からなる。一つは、手近にある特定の作業用に仕立て直された手法であり、もう一つは、その手法に関して必要な技能の主要部分である。こういう作業手法に反対する者はいない。しかし、作業規定となると話は全く変わる。
　作業規定は、思考を一つのやり方に集約しようとする。すべての意味のある決定は作業者によるのではなく、作業規定作成者によって行われる。作業規定の信奉者は、標準化、記録の均質性、管理のしやすさ、先進的な技法、といった、考えられる利点を並べてる。これらは、作業規定の表に現れた理由である。隠された理由はもっと単純で露骨だ。つまり、その奥にひそむ理由は、仕事をやる人々は、物事を考えさせるほどには頭がよくない、という考えである。

分厚い作業規定

　もし、彼らに仕事を遂行する上で考える能力がなければ、当然失敗する。作業規定は何の助けにもならない。さらに悪いことに、作業規定は、

有能な人々が守らされた場合、彼らに特にひどいダメージを与える。これらは、作業を固定的な型に押し込めようとする。その結果、確実に起こることは、

- 書類作成作業の増大
- 作業手法の不足
- 責任観念の欠如
- 全般的な動機づけの失敗

などである。次にこれらの影響について説明する。

書類作成作業：作業規定自体はもともと分厚いが、それがどんどん厚くなる（新しい状況の各々に必要な「機能」が加えられて、必然的に分厚くなっていく）。作業規定が1メートル以上の広い棚を占有することは、少しも珍しくない。もっと悪いのは、仕事をするより書類作りを奨励することである。作業規定は、何でも文書に記録するという傾向があるから、防衛本能に凝り固まった次のような考えが生まれる。「前回のプロジェクトでは1トンの書類を作ったが、それでもうまくいかなかった。だから、このプロジェクトでは2トン作らなければならない」。ソフトウエア開発の分野では、書類を多く作成すればするほど問題が解決するというおかしな考えに、10年間も踊らされ続けてきた。今や、これとは全く逆の、次のような考え方を導入しなければならないときに来ている。

書類の山は災いをもたらすだけで、問題の解決にはならない

作業手法：ほとんどの作業規定の中心をなすのは、作業手法の標準化という考え方である。もし、ある作業のやり方について同じようによい方法が1000あれば、一つを選んでそれから標準を作れば、ある程度意味がある。

しかし、現在のように技術が未熟な状態では、同じ領域で用いられている手法と競合するような手法はほとんどない。もし、本当に現在使っている手法に取って代わる素晴しい方法があれば、それをよく知って使いこなさなければならない。一つを標準として採用することは、他の手法を排除することになる。多くの手法を知ってそれらを使いこなす必要があることに極めて大きな価値があるという考え方から、手法の標準化には慎重でなければならない。

責任観念：作業規定による作業がうまくいかなければ、誤りの原因は作業規定にあるのであって作業者にあるのではない（作業規定が結局すべてを決定しているからだ）。そのような環境では、実際、誰も責任を負っていない。責任を持ちたくても、自分たちの成功を左右する自由裁量の余地を与えられていないから、責任を持つことは不可能である。

動機づけ：決定を作業者でなく作業規定にゆだねていることは、誰の目にも明らかである。管理者が作業者を無能力と考えていることが作業者にわかれば、作業者の意欲は完全に失われてしまう。

悪意の追従という問題

　作業規定を作った人々は、作業者がこれを無視するのではないか、という思いにさいなまれる。多くの企業でまさにそれが起こっている。もっと驚くべきことは、その反対のことが起こることである。つまり、人々は作業規定を無視しないばかりか、彼らは、それをやることが時間の無駄や動かない製品、あるいは意味のない文書を作ることになるのを知りながら、そこに書いてあるまさにその通りに作業をする。このことを、著者たちの同僚であるケン・オーアは、「悪意の追従」と呼んだ。作業規定で、一律に18部の操作マニュアルを要求していれば、たとえその製品が、オペレー

ターの介入が不可能なエンジンや人工衛星の部品として使われるようなものであっても、開発者は18部の操作マニュアルを作る。また、個々のデータ要素についてデータベース所在書式への記入を義務づけていれば、そのシステムにデータベースがなくても開発者はそうする。

ストライキで労働時間と同じぐらいの時間を浪費するある国には、「ルール通りに仕事をしよう」と呼ぶ魅力的なストライキのやり方がある。つまり、一種の順法闘争である。職場を離れるのではなく、作業者は手続きが載っている分厚いマニュアルを開き、おもむろに「我々が要求していることを会社が受け入れるまで、我々は完全にルールに則って仕事をする」と宣言するのだ。例えば、航空管制官は、7分に1機しか着陸させない。医者は、盲腸の手術に1週間かける。作業規定の導入は、ソフトウエア産業のもっと多くの領域で「ルール通りに仕事をしよう」というストライキの効果を高める可能性がある。作業規定が示す全くそのとおりに仕事を行えば、仕事はほとんど止まってしまう。

ゆっくりと穏やかに

作業規定を作る側が主張する効果のほとんどは、実はみんなが同じ作業手法で作業する場合の効果である。別の人々が同じ仕事を、同じ手法に絞って、同じやり方で行ったときに、真の効果が現れる。保守担当者は新製品の保守にいっそう短期間で対応できるし、開発者は新プロジェクトに移った際の立ち上がりを速くすることができる。評価システムでは、ある成果を別の成果と一貫した見方で比較できるし、障害のある範囲はすぐに発見できるようになる。手法を絞ることは良いことである。しかし、作業規定が手法の絞りこみを実現する唯一のやり方ではない。

作業規定は、規則を通して作業を一つの手法に統一することを強制しようとする。ある場合は上司の強圧的なやり方から、ある場合には作業者の強い独立の精神から、激しい反発が起こるのは避けられない。特に、

ニューフロンティアで占められ、カウボーイ魂が充満している米国ではなおさらである。手法の統一的使用を実現するもっとうまいやり方は次の3つである。

教育研修：人は、よく知っているやり方で作業する。もし、手法の核心的なところを全員に教育すれば、彼らはこの手法を使うようになる。

ツール：モデリング、設計、インプリメンテーション、及びテストのためにいくつかの自動化ツールを使う方が、それぞれについての規則全部に従うよりも、手法の統一が実現できる。

詳細レビュー：積極的に詳細レビューを実施する組織（QCサークル、ウォークスルー、インスペクション、技術フェアなど）があるところでは、手法を自然でしかも統一的に使用する傾向がある。

　規則の制定は、こうした穏やかに誘導された手法を統一的に使用するようになった暁に考えればよい。規格は、それが事実上の標準になるまでは公布すべきではない。例えば、デュポン社では、これは、規格化の基本的な考え方になっている。同社の規格マニュアルには、規格を「繰り返し作業を実施した上で検証された方法」と定義している。このマニュアルでは、さらに「**検証された**」の意味を、「当社内で、うまくいくことが広くデモンストレートされること」と説明している。これが常識だと思うのだが、それと反対に、ソフトウエア業界全体では、新しいアプローチを探し求め、それを自社内でやってみたこともないのに、規格として強制するようなことが広く行われている。

ハイテク幻影の再来

　開発現場における作業規定へのこだわりは、もう一つのハイテク幻影である。これは、本当に問題なのは技術である、という信念からきている。だが、個々のこまごまとした作業について正しい手法を規定した、考えられる最良の作業規定でさえ、小さな技術的改善がなされるだけである。結局、作業者は、指導者がいないからといって、すべての決定を誤るようなことはない。どんなに技術的利点があっても、それはチームの社会学からくる、著しい効果の減殺という犠牲を払った上で利いてくる。

　これと正反対の取り組み方は、何か新しいことをやろうとするときは常にまずパイロットプロジェクトとして行う、というやり方である。これまでに作業を実施するある一つの標準的なやり方があった場合には、そのやり方だけが行ってはいけない方法になる。少なくとも標準的なやり方は、作業を非標準的なやり方で実施する手助けになるわけだ（このやり方は、例えば富士通のある部門では非公式ルールになっているようだ）。

　1932年の春、効率向上の専門家たちが、生産性に影響を及ぼすと考えられる環境パラメーターの効果を測定するため、ホーソンにあるウエスタンエレクトリック社でテストを実施した。彼らは、照明を明るくすると生産性が上昇することを記録した。次に、照明を暗くしても、生産性はさらに上がったことを記録した。明かりを完全に消しても生産性が上がり続けるのではないか、とさえ思った。そこで起こったことを考えてみると、明るさの変化それ自体は行動の変化ほど重要でなかった、ということである。人は、他と違った扱いを受けることに魅力を感じ、注目されることを好み、珍しいものに好奇心をよせる。これはその後、ホーソン効果と呼ばれるようになった。つまり、**ホーソン効果**は、人は何か新しいことをやろうとしたとき、それをよりよくやろうとする、ことを示している。

　生産性向上に関する文献をよく調べてみると、生産性向上はすべてこの

ホーソン効果によって起こっていると確信をもって言える。ある特定の手法についての驚くべき効果をうたった論文には、必ずその手法が最初に導入されたときの生産性向上について報告している。10年間の生産性「向上」を分析し、そういった手法が今でも価値があることを示した研究は、ほとんど耳にしたことがない。おそらく長期的には向上していないのだろう。いくらかの皮肉をこめて、我々二人は、ホーソン効果によってほとんどの生産性向上を説明できるという点で、意見が一致した。

仕事のホーソン効果をもたらすには、標準でないルールを使って仕事に取り組めるようにしなければならない。どんな標準であろうと、それは簡潔で穏やかなものでなければならない。作業者に強いる規格は、10ページ以下でなければならない（これは、決して突飛な話ではない。法規集のように分厚い作業規定を作ったものの、適用をあきらめた多くの組織では、それを最終的に10ページの規格マニュアルにしてしまった）。このようなゆるい指導書でさえも、例外を認める道を用意しておかなければならない。これによって、かの有名な毛沢東の次の見解に基づく開発環境を作ることができる。

百花斉放
百家争鳴

もちろん、毛沢東は作業規定のことを言っているのではない。これは我々の解釈である。

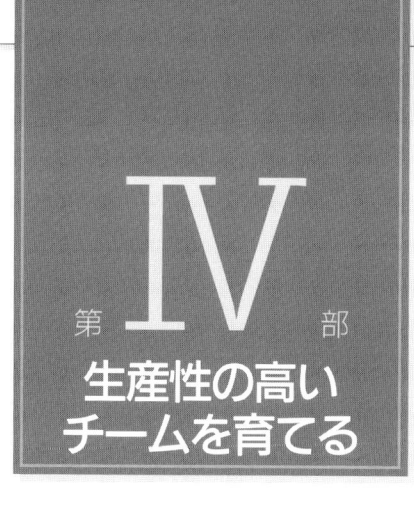

第IV部
生産性の高い
チームを育てる

　自分がこれまで携わった仕事の中で、特に楽しかった経験を思い起こしてほしい。そして、何がその体験を楽しくしたかを考えてほしい。すぐに思いつくのは「挑戦」だろう。楽しかった仕事の経験を振り返ると、いつもかなりの挑戦的要素を含んでいるのだ。

　楽しかった時期の中で、特に愉快だったことを思い出してみよう。頭の中でビデオテープのように再生するのだ。その場面は、会合であったり、学生時代の真剣でたわいない討議であったり、徹夜騒ぎやそのあとの夜明けのコーヒーだったかもしれない。誰もが、そんな思い出を驚くほど鮮明に覚えている。そのときの音や一人ひとりの声が聞こえるし、表情も浮かぶし、道具立てまで思い出せる。心のビデオテープのコマを止め、1コマを詳細にチェックしてみよう。その中に挑戦している光景が映るだろうか？　きっと、思い出の中には映らず、映っても背景のかすかな部分にあるだけだろう。

　誇れる仕事をしたという思い出の中で、まず思い浮かぶのは、チーム内の相互作用だ。全員が溶け込んでひとかたまりになれば、仕事全体の性格は変わる。仕事への挑戦は重要だが、挑戦すること自体が大切なのではない。挑戦はチームのメンバーに**一緒になって努力する**目標を与えるからこ

そ重要なのだ。挑戦は、チームを一つにまとめる道具である。人は最良の仕事仲間を持ったとき、愉快な気分になるし、力の限りを尽くす。そんなとき、チーム内の相互作用がフルに働く。全員が力を合わせて仕事に打ち込み、最後まで頑張り、大きな困難に打ち克つのも、それがあるからだ。

　人は、チームが一体となったときにより良い仕事をするし、いっそう楽しいと感じる。この第Ⅳ部では、うまく結束したチームがどんなものか、そんなチームを形成するにはどうしたらよいかについて述べる。

第18章 全体は部分の和より大なり

　ビジネスの世界では、かなりいい加減に「**チーム**」という言葉を使いがちだ。それは単に、一緒に仕事をするように割り当てられた人のグループを指していることが多い。しかし、このようなグループの大部分はとてもチームとはいえない。成し遂げようとする共通の目標を持ち合わせていないし、はっきりと目につくチームスピリットも備わってはいない。何かが欠けている。それは我々が結束と呼ぶ現象である。

結束チームの概念

　結束したチームとは（アーサー・ケストラーが唱えたホロン哲学でいう）全体は部分の和より大なり、つまり、チームが個人個人の力を単純に加えたものよりも大きな力を発揮する程度にまで、人々が強く結束しているグループのことである。そんなチームの生産性は、同じ人々が結束しないで働いたときよりもずっと高い。大切なことは、人々が仕事をすることで得られる喜びは、仕事そのものが本来備えているものから得られる喜びよりも大きいことである。ときには、他の人々からみると、全く退屈に見えるお仕着せ仕事に従事している間でも、結束したチームにとっては素晴らしい時間であったりする。

　チームがいったん結束しはじめると、成功する確率はぐんと高まる。そのチームは、どうにも止まらない神がかり的な成功をおさめる集団になることさえある。こうなったチームを率いることは本当に楽しい。そうなれば、管理者はチームメンバーの行く手にある障害物を取り除くだけでよい。あたかも勢いよくおみこしをかついだチームが通る場合のように、道

ばたの人がケガをしないために、「おみこしチームがやって来ましたよ、皆さん、あぶないから後にさがって帽子を飛ばされないように、しっかりおさえてください」と道をあけさせればよい。結束したチームは伝統的な意味での統制は不要で、動機づけも必要ない。**はずみ**がついているからだ。

　この効果がなぜ生じるのかは、そんなに難しいことではない。チームというからには、もともとそこには目標があるはずだ（スポーツのチームを考えてほしい。目標がないチームが存在するだろうか？）。チームが結束する前は、各人の目標意識がズレていることもあるが、結束の過程でみんなが共通の目標を持つようになるのだ。個人としてではなく会社としての目標は、グループにとっても非常に重要な意味を持つので、その目標自体の重要性も高まる。目標がチームのメンバーにとって独断的なものに思えても、チームのメンバーはそれを実現することに多大の精力を注ぐのだ。

感情的楽観主義による管理

　管理者の中にはこの感情にとまどいを見せる人もいる。この種の管理者は、部下たちが会社としての目標を受け入れてくれるようにいろいろな手だてを考えるのを嫌がる。なぜ、会社の目標を受け入れるために、結束チームのような社会的なユニットを、念入りに編成しなければならないのだろうか？　結局、プロの開発設計者は、自分の雇い主の目標を雇用条件の一つとして認識する必要がある。それでこそプロといえる。

　部下が、放っておいても組織の目標を受け入れると信じることは、素朴な楽観主義管理の表れである。個人が組織の目標を受け入れる仕組みは、はるかに複雑である。例えば同僚が、データベースの専門家としてではなく、一人の父親として、ボーイスカウトのリーダーとして、あるいは、PTAの役員として、評価されたいと望んでいたとしても驚くには当たらない。これら社外の活動で、彼はいつも思慮深い価値判断をしているはず

だ。仕事についた途端に価値判断をやめてしまうとしたら、むしろその方がおかしい。そんなことは決してしていない。社外の場合と同じように会社でも自分のエネルギーと忠誠心をかたむけて要求に対処しようとするはずだ。組織の目標は、組織のために働く人々が絶え間なく綿密に吟味している。そして、目標の大部分は、社会生活で思慮深い判断をしている人から見ると、ひどく独断的であると見られている。

　ここに上司としてのジレンマがある。管理者として、会社の目標（例えば、プロジェクトを今年4月までに75万ドル以内で仕上げる）を、誠意をもって受け入れるだろう。しかし、部下が目標達成に熱意を示さなければ、失望するはずだ。興味を示さない部下は、自分にたてついているとさえ思うだろうが、ちょっと待ってほしい。会社の目標と結びついた自分の熱情は、単なる職業意識を越えたところから生じているのではないのか？　会社の上層部の技術的な方針と権力がいっしょになってできた会社の目標に、管理者として自分の目標を一体化させている、というのが本当のところではないだろうか？　集団の目標と自分の目標を合致させることが、自分をより高い権威とより責任ある地位へと導くのは確かである。「今日はプロジェクトリーダーだが、明日は世界が相手だ」。職制の上層部全域には、管理者に会社の目標を受け入れさせるための、個人に強力な動機付けを与えるしかけが、驚くほど巧妙に作られている。しかし、実際の業務を行う下層の末端組織では、この巧妙なしかけもうまくいかない。そこでは社員が皆同じ方向に向かって進んでいるかどうかを確かめる方法は、「プロ意識」以外何も頼りにならない。ただ幸運を祈るだけだ。

　例えば、コウノトリ救済基金とか、アルメニア地震災害救援組織など、そこにいる人たちが共通の信念で互いに結び付いている組織に働いているとしたら、組織の目標に対して奉仕しようとする心情に期待できる。そうでなければ、そんな期待はしない方がいい。重役会が利益の大幅な増加で盛んに燃え上がっているのに、平社員には増益などほんのつまらないものでしかない。

「メガリシック社利益10億ドルを計上」

フーム、なーに、これ。

「四半期最高を記録」

グーグー。

　ある大手消費者金融会社の情報通信プロジェクトを手がけたことがある。同社の事業は、23州で違法とされている非常な高金利で貧しい人々に金を貸すことであった。利益の増加は、既に巨額となっておりふつうの労働者にたやすく理解できる額ではなかったが、経営者には大きな意味があった。ある金曜日の午後遅く、その会社の代表者が私のところへ来た。情報通信プロジェクトの頑張りいかんにより会社は創業以来最高の第2四半期を迎えることが可能という。そして私に「チームのメンバーにもっと頑張ってもらって、会社始まって以来の記録的な決算をみんなで迎えるために、協力してほしい」と言ってきた。私はこれほどまで頑張ったチームと一緒に働いたことはなかった。翌朝このことを忠実に伝えた。この日は土曜日というのに、チームの全員が出社して大いに燃え上がっていた。しかし、このことを伝えたとたん、エネルギーが、帆をすり抜ける風のようにそのチームから消えてしまった。チーフプログラマーの次の一言が、全員の気持を表していた。

「この会社の第2四半期なんか、知ったことか！」

30分後にはみんな帰ってしまった。

———— Tom DeMarco

そのシステムを構築することは会社が独断的に与えた目標であったが、チームはその目標を受け入れ、チームは結束した。チームが結束しはじめたときからみんなは燃え上がった。成功を勝ちとるために、目標達成の喜びを共に得るために、一丸となった。みんなの注意を会社の利益に引き付けようとしたことは、このプロジェクトでは何の役にも立たなかった。成功をつまらなくて意味のないものにしただけであった。

ナバロンの要塞

企業の目標はいつも勝手気ままなものに思われる（企業自体もそもそも勝手気ままなものに思えるが）。しかし、目標が独断的だからといって、誰もその目標を受け入れないわけではない。もしそうなら、誰もスポーツなどしないだろう。スポーツの目標はいつも本当に勝手気ままである。神様は、小さな白い球がアルゼンチン側のゴールポストに入ろうが、イタリア側に入ろうが、知ったことではない。けれども、その結果は、大勢の人々を夢中にさせる。夢中にさせるということは、所属する社会的な組織の一つの働きである。

チームの周りにいる人は、チームの勝敗に少しは興味を示すが、チームのメンバーたちの興味と比べると、ささやかなものだ。結束したチームで作業をしている人は、興奮してくると、ときには年金信託システムのバージョン3の受け入れ試験にパスさせようと、ナバロンの要塞さえ襲撃しかねない陶酔状態に陥る。遂行しようとしているのは、戦争と同じではないことを、彼らに想い起こさせる必要があるくらいだ。

結束したチームには、エネルギーと熱意にあふれているのが特徴だが、管理者はチームを育てるために特別の苦労をしているわけではない。理由の一つは、チームがなぜ重要であるかについての理解不足にある。目標達成意欲の強い管理者は、チームが目標を達成するのではなくて、人が達成する、と考える傾向がある。実際に、目標達成に必要な個々の業務のすべ

ては、チームを構成する個人が実行する。この作業のほとんどは、個人が単独で行うのだ。

実際の仕事では、本当にチームワークを必要とする仕事は極めて少ないのは事実である。しかし、それでもなおチームは必要である。それは、みんなを同じ方向に引っ張るための道具として機能するからだ。

> チーム編成の目的は、目標の達成ではなく、目標に向かって一体になることである。

このチームの目的が満たされたとき、チームのメンバーはずっと効率よく働く。一体になったことでベクトルが合ったからだ。

結束の強いチームの特徴

チームが結束しはじめると非常に特徴的な兆候が表れる。最も重要な兆候は、プロジェクトの期間中や仕事がうまくいっているときの**退職率の低さ**である。チームのメンバーは、その仕事が終わるまではどこへも行くつもりはない。チームとして結束しない間は、給料、地位、昇進の道が開けている職務、といったものが極めて大事だが、いったんチームの結束ができてしまうと、そんなものはどうでもよくなる。もう少し給料がほしいという軽薄な考えでチームから抜けることはなくなる。悲しいことに、管理者はこの成功のはっきりした兆候を見逃すことが多い。それが命取りになるときでさえ、退職率に注意を払おうとはしない。当然、退職率が低いときですら、重要な意味があることに全く気が付かない。

結束したチームには、通常、強固な**アイデンティティ感覚**、つまり、他とは違うんだというチームとしての一体感が見られる。産業界で耳にするそんなチームは、色とりどりの名前で呼ばれる。例えば、ゼネラルエレクトリック社の「オクラホマ田舎プログラマーズ」、デュポン社の「4人の

ならず者」、シンシナティガス電力会社の「混沌団」など。チームの仲間は、同じキャッチフレーズを使い、特定のグループだけにわかるたくさんのジョークをとばす。そこにはいつもチームが集まる場所がある。チームのメンバーは、昼食も一緒にとるし、仕事の後も同じ酒場にたむろする。

　よいチームには、**選ばれた者としての感覚**がある。チームのメンバーは、自分たちが、何かユニークな集団の一員であると感じている。並みの連中より優れていると感じている。グループ以外の人からみると、FBIの特殊攻撃隊員SWATのように、不愉快に感じるぐらい、尊大な態度をとる。

　結束したチームには、決まって自分たちが作り出した**生産物共有意識**がある。メンバーは、製品に自分たちの名前が付くことに喜びを感じる。仲間に自分が担当した個所をレビューしてほしいと思うようになる。チームの作業場所は、仕事が完成に近づくにつれて、製品に対する考えを書いたメモで飾りたてられていく。

　結束したチームの究極のしるしは、仕事の中に見出した**明らかな楽しさ**である。結束したチームは健康的である。お互いに気やすく付き合い、自信たっぷりで、心のこもった交流をしている。

チームと派閥

　この本を読んで、結束したチームが自分たちだけ固まり、しかも他人に対し優越感を抱いていることを知って不安になったとしても、不思議ではない。そう感じているのなら、次のように思っているのではないだろうか。「ちょっと待ってくれ。この連中が『チーム』と呼んでいるのは、我々が『派閥』といっているヤツではないか？　チームならよいが、派閥なら何としても排除しなければならないのでは？」

　チームと派閥との違いは、そよ風とすきま風の違いである。**そよ風もすきま風**も「冷たい空気の流れ」である。冷たい空気の流れを心地良いと感

じたならそよ風だし、不愉快に思えばすきま風である。言外の意味は違っていても、字句の意味は同じである。同様に、チームと派閥に意味の上での差はないが、言外の意味は正反対である。しっかり結束した仕事をしているグループが、自分たちに心地良さを与えているときは**チーム**という言葉を使うが、脅威を感じるときには**派閥**と呼ぶ。

　派閥が恐ろしいのは、それが経営上の不安の兆候であるからである。経営上の不安が大きいほど、派閥と聞いただけで恐れおののく。これには次の理由がある。管理者は、チームのメンバーではないことが多い（詳しくは23章で述べる）。したがって、派閥内の忠誠心としては、管理者をグループ内に取り込もうとするよりは排除する方に向かう。このため、グループ内の忠誠心の方がグループを会社に結びつける気持ちよりも強くなる。そこで、派閥の連中は、まとまって会社を辞めたり、全精力を派閥抗争に向けるのではないか、といった恐ろしいことを考えるようになる。こうした理由から、地位を守るためにいつもビクビクしている管理者は派閥に脅かされるのである。こんな管理者は、交代可能で、バラバラでまとまりのない、型にはまった人たちと働く方がよいと感じている。

　結束したチームは、生意気で、自己満足的で、神経をイラ立たせ、排他的かもしれないが、管理者の真の目標に対しては、交換可能な部品の集まりのようなグループが果たすよりも、はるかに、大きな役割を果たすことは間違いない。

第19章 黒集団チームの伝説

　結束したチームと仕事をした楽しい経験があれば、その価値はおわかりだろう。まだなら、この章で、どんなものかご覧いただこう。これは1960年代の初めにその名が知られはじめたチームの物語である。このチームにまつわる伝説のある部分は、確かに誇張されてはいるが、よくできた話であるし、少なくとも大部分は真実である。

伝説のネタ

　ひるがえって、現代が夜明けを告げたころ、ニューヨーク州北部のある会社が大きな青いコンピューターを作っていた。この会社は、そのコンピューターの上で働くソフトウエアも作っていた。顧客は、とても良い人たちばかりであったが、バグだらけのソフトウエアをあてがわれた、かわいそうな人たちでもあった。しばらくは、会社はバグがあっても平気になるよう顧客を訓練することに力を入れた。けれども、このアプローチはうまくいかず、その代わりに毅然としてバグを退治することを決意した。

　簡単でわかりきったアプローチは、出荷前にプログラマーにバグをすべて摘出させることだった。次の理由から、これも失敗に終わった。プログラマーは（少なくともその当時プログラマーだった人は）、自分のプログラムにはバグがないと思い込んでいた。テストをしてもバグを見つけることができず、結局バグが残っているのに、ソフトウエアは完成したと宣言していた。

　最終段階でのバグの発見は容易ではないが、何人かのテスト担当者は他の連中よりバグを見つけるのがうまかった。会社は、こうしたバグ出しに

特別の才能をもったテスト担当者でグループを編成し、出荷前のソフトウエアの最終テストをする特別な仕事を与えた。こうして、伝説的な黒集団が生まれた。

黒集団は、最初は、他の同僚よりもテストが少しうまい人で構成された。したがって、他の人たちよりも少し動機付けが強かった。また、他人が書いたソースコードをテストしたので、自分が書いたプログラムを自分でテストするときの心理的不快感（これがバグを見逃す原因でもあるが）の影響を受けなかった。黒集団を作った人は製品の品質が少しよくなればと考え、それ以上は望まなかった。だが、黒集団の成果は、期待をはるかに超えた。

最も驚くべきことは、当初は普通のチームだったが、翌年にかけて素晴らしいチームに成長したことだった。奇跡が起こった。黒集団が、チームとしての個性を形成しはじめた。テストについて開発者と敵対する哲学がチームメンバーの間に次第に育ち、個性となった。その哲学とは、バグを見つけなければならない、見つけたい、というものである。黒集団は決して開発設計者の側には立たず、敵対する立場をとった。プログラムを（プログラマーも）テストするだけでなく、プログラムに絶え間ない試練を与えることに喜びを見出していた。プログラムを黒集団のテストに持ち込むことは、映画「フラッシュ・ゴードン」に登場する冷血のミン皇帝の前に身をさらすようなものだった。

哀れな人類よ、今お前を救えるものは黒い悪魔だ

初めのうちは、テストチームが流す意地の悪い情け容赦のないテストプログラムもほんの冗談で、他人のプログラムをコケさせては喜んでいる程度だった。だが、そのうちに冗談ではなくなってきた。チームメンバーは破壊者のイメージを持ちはじめた。コーディングだけでなく、みんなの一日の予定を破壊した。ミスを引き出すために、途方もなく無茶なことをし

た。バッファに過負荷をかけ、空ファイル同士を比較し、とんでもない順序で入力した。黒集団が作ったテストプログラムの下で、自分のプログラムが誤作動するのを見て、大の大人が思わず泣きだしたぐらいである。悪く思われれば思われるほど、それを楽しんだ。

　陰険なイメージをふくらませるために、チームのメンバーは黒い服を着用しはじめた（ここから黒集団の名がついた）。プログラムがテストに引っかかると恐ろしい声でケタケタ笑った。メンバーの中には長い口ひげを生やし、『アンクル・トムの小屋』に出てくる残忍な奴隷商人のようにそれをひねくりまわした。このチームは一団となって仕事をし、次々に恐ろしいテスト計画を実施した。プログラマーは黒集団の病的な態度に不満をもらしはじめた。

　言うまでもなく会社は喜んだ。チームが見つけたバグは、いずれも顧客には見つけられないものだった。チームは大成功だった。テスト班としてチームは成功したが、もっと重要なことは、社会組織としてチームが成功したことだ。チームのメンバーは、仕事を通して外の人が羨むほどの快感を感じていた。黒装束と誇張された行動は楽しみの一部であったが、その陰でもっと本質的な何かが動きはじめていた。グループ内の不思議な作用は最終段階に達っしたのだ。

後日談

　時を経て、そのチームのメンバーは一人また一人と別の仕事に移っていった。会社にとってそのチームの機能は重要なので、去ったメンバーがいれば、たちどころに補充した。元のメンバーの最後の一人がいなくなっても、この補充は続いた。それでもなお黒集団は存在し続けた。生え抜きのメンバーが一人もいなくなってもチームは生き残り、エネルギーと独特の個性は全く損なわれず、時に応じて姿を現した。

第20章 チーム殺し、7つの秘訣

　当初、ここで書こうとしたのは「会社でのチーム結束法」と題する短い章で、よいチームを編成するための簡単な法則を、半ダースほど挙げる予定であった。この法則は、チームの結束を十分保証するはずであった。本書の計画段階では、ぜひ書いておきたい章だった。書く自信はあった。しかし、チーム結束に役立つ実用的な方法を読者に伝え、感銘してもらうことがどんなに難しいことか。もてる能力のすべてとあらゆる経験を生かして、論理と機知でこの難題を克服するつもりだった。計画段階ではこう考えていたのだが…。

　いざ実行という段になって、厳しい現実に直面した。第一は、この章に必要な、チームを結束させるための6つの法則を考え出せなかったことである。それも、一つもできなかったのだ。少しは減らしてもよいと思ったが、まさか一つもできないとは思わなかった（しかし、「チーム結束法は何もなし」という題では恰好がつかない）。そうなると、この章の基本となる考えに、間違いがあることがはっきりした。「チームを結束させる」という見出し自体が、間違っていたことに気付いた。誰もチームを結束させることはできない。結束するように願ったり祈ったりはできるし、チームの結束の可能性を高めるように行動することもできるが、現実に結束させることはできない。チーム結束の過程は、コントロールしようとすると、すぐにこわれてしまう。

　結束法の件数を減らすついでに用語も変えようとした。チームの**編成**ではなく、チームの**育成**について述べよう。それには、農業のイメージが合うように思えた。農業では完全に自分の思い通りになるわけではない。土を肥やし、種をまき、最新の理論通りに水をやり、静かに見守る。収穫で

きるかもしれないし、ダメかもしれない。思いどおり運べばうれしくなるが、来年も今年同様、汗水たらして働かねばならない。これはチームを形成する仕事によく似ている。

　我々は、ブレーンストーミングにより、今度は「チーム形成を可能にするための6カ条」を探しはじめた。それでもまだ難しかった。とうとう、やけになって、エドワード・デボノの『水平思考』にある逆転の発想を試した。問題を解決しようとして壁にぶち当たったとき、解答を得ようとするより、正反対の道を探すことをデボノは提唱している。これは、頭の中のクモの巣を取り除き、頭をすっきりさせる効果があるばかりか、創造性を高める。そこで、チーム形成を可能にする方法を探すのではなく、形成できないようにするにはどうすればよいかを考えはじめた。これはやさしかった。たちどころに、チーム形成を妨げプロジェクトを崩壊させる確実な方策を、いくつも挙げることができた。同類のものをグループ化して一つの戦略を作り、それを**チーム殺し**と名付けた。要約すれば次のものである。

- 自己防衛的な管理
- 官僚主義
- 作業場所の分散
- 時間の分析
- 品質低減製品
- さばを読んだ納期
- チーム解体の方針

身近なものも多い。会社でいつもやっていることばかりである。

自己防衛的な管理

　失敗の危険が高い仕事では、管理者が防衛的姿勢をとることは十分うなづける。故障しやすい装置を使って仕事をしなければならないのなら、バックアップ装置が必要となる。例えば、顧客が優柔不断ならシステムの仕様を凍結することに最大限の努力をし、契約先の会社が約束を忘れがちなら、打ち合わせの都度、間髪を入れず議事録を発行するはずだ。

　しかし、自己防衛的姿勢が常に逆効果となる場合が一つある。それは、部下の無能力から自分を守ることである。与えられた仕事をこなす能力が部下にないなら、プロジェクトは失敗する。部下が仕事に向いていなければ、別の人間を投入する必要がある。しかし、与えられたグループでやっていこうといったん決めたならば、最良の戦術は部下を信頼することである。部下を信頼する代わりに、プロジェクトの成功を保証しようとして自己防衛的手段をとれば、事態は悪化する。防衛的手段は、ほんの束の間の気休めにはなるが、長い眼で見ると何の役にも立たないばかりか、チームが結束する芽をつぶすだけである。

　　　　ある日、私はプロジェクトチームに「コンサルタント演説第9B番」の話をした。斬新なコンセプトを採用した新システムを顧客に承認してもらえなかったことに対し、プロジェクトのメンバーを叱責するためのものだった。メンバー全員、消え入りそうなほど気落ちした。最後に一人が言った。「顧客にこの資料を見せるべきだとは思っていたのです。でも、上司は、自分の承認なしには部外者に何も見せるなと厳命したのです」。そして、数カ月分の仕事が書類受けに山積みになっているくらい、上司は仕事に忙殺されている、と続けた。このプロ

> ジェクトにどんな方法が残っているというのだろう？
> 顧客に提示しても、絶対、承認してくれないことを十分
> に知りながら、チームのメンバーは、せっせと夜遅くま
> で働いていたのだ。
>
> ————Timothy Lister

　この上司は、自分の部下を信頼していなかった。顧客に提示できないものまで部下が見せないか心配した。部下の失敗が自分の立場を悪くすることを恐れた。自分の判断だけが正しく、他人の判断は疑わしいのだ。

　管理者は、自分の判断が部下の判断より良いと思うに決まっている。経験も豊かで知識のレベルも高い。だから、管理者になれたのだ。プロジェクトのあらゆる時点で管理者の判断を差しはさまないと、プロジェクトはミスをする可能性がある。だからどうだというのだ？　少しはミスをさせたらよい。だからといって部下の決定を修正するなとか、プロジェクトの方針を示す必要はない、といっているのではない。部下がどんな誤りも許されない、と思い込むと、部下を信頼していないことが、はっきりと伝わってしまう。これほどチームの結束を阻害するものはない。

　管理者の大部分は、部下を「信頼してよい」時と「そうでない」時をよく心得ていると思い込んでいる。しかし、我々の経験からすると、部下を信頼しない側に大きく偏っている管理者が非常に多い。部下が誤りなく運営できる領域にかぎって、完全に自主的に仕事をさせてもよいとの前提に立っている。これでは、自主性を与えていないに等しい。本当の意味での自主性や自由とは、管理者とは違ったやり方で仕事を進められるということだ。このことは、もっと広く解釈してもあてはまる。つまり、正しく行動する権利（管理者の視点であれ政府の視点であれ）は、本当の自由の精神に反している。真に自由な権利とは、管理者や為政者からみて、正しくないことをしてもよい権利である。

　自己防衛的な管理手段の中で最も明白なものは、作業規定マニュアル

(「部下は馬鹿なので、これなしではシステムを開発できない」と言っているのと同じである）と、管理者による技術的な干渉である。この2つが揃えば、プロジェクトは長期的にみて失敗する運命にある。加えて、この双方はチーム殺しにはなはだ効果的である。信頼されていないと感じてると、協同的なチームの結束にほとんど関心を示そうとはしない。

官僚主義

　1970年代、1980年代、ケーパース・ジョーンズは、仕事の種類別のシステム開発コストについての研究結果を発表している。その分類項目の一つに「**ペーパーワーク**」がある。ジョーンズがペーパーワークと呼んだものは、頭を使わず機械的にドキュメントを作ることである。何を書くかを決定するという頭脳労働は、分析、設計、テスト計画のような他の仕事として分類された。言い換えれば、ジョーンズの「ペーパーワーク」の項目は（考える時間が大事なのに、ただ書くことだけを一つの項目としているので）純粋な官僚主義である。ジョーンズは、ペーパーワークはシステム開発作業のうち2番目に大きな項目であり、製造原価の30%以上を占めると述べている。

　最近、開発技術者を官僚主義に駆り立てる、悪い傾向がある。おそらく、自己防衛的管理という病がはやっている証拠だろう。しかし、この傾向はあまねく行き渡っているとはいえ、必ずしもすべてが一様ではない。我々がよく知っている会社にも、カフカが『城』で描いた官僚主義的な悪夢と同じようだ、といっているところがあるし、ペーパーワークの負担はとるに足りない、と考えているところもある。

　頭を使わないでどんどんドキュメントを作ることは、人間の能力の浪費である。人に仕事らしい仕事をさせないという理由から、責められてしかるべきだ。しかし、ここで我々が言いたいことは別のところにある。それは、官僚主義がチーム形成を阻害するという点である。チームは、どんな

ものであれ、チーム形成の目標を信じることが必要だ。目標は独断的なものであるにしても、少なくともなければならない。管理者がそれを信じているという証拠を示さなければならない。部下に自分の時間の3分の1はドキュメント書きに費やせと言っているのなら、いくら目標が大切だと言っても説得力がない。ドキュメント量産屋は、特殊攻撃隊SWATのようにはなれない。ドキュメント屋には、成功するために何が何でもやるという気はないのである。

作業場所の分散

　施設監査本部がワンタッチ組み立て式オフィスシステムのよいところを納得させようとするときに、いつも決まって言うのは、「レイアウトを自由に変更できる」ということである。しかし、グループが一緒に仕事をするために、ほんの少しレイアウトを変えようとすると、たちまち浮かぬ顔をされる。「たった4人を隣のスペースに移すために、きれいなじゅうたんの上の物を動かして、みんなメチャメチャにしては困るよ。引っ越しなんかしなくても、電話で用が足りるじゃないか？」。その結果、固く結束するかもしれないチームが複数のフロアに分散配置されたり、別のビルにバラまかれることさえある。仕事上の連絡には大きな支障はないかもしれないが、日常会話はなくなる。皮肉にも、同一グループ内の人との結束は強くならないが、よく顔を合わせるということだけで、隣近所の他のグループの人と仲良くなって結束していく。グループのための共通の場所がないから、お互いの関係を絶えず迅速に補強し合うこともない。これではグループの文化が形成されるチャンスもない（チームのメンバーがバラバラの職場にいたとしたら、みんなが同じ服を着た黒集団ができるとは思えない。黒集団のメンバーが、悪魔の象徴である黒い服を着るという冗談が通じない人や、自分たちのことを変な奴らだと思っている連中といつも会話を交わしたとしたら、風変わりでおかしいことも霧のように消え去るの

がオチだろう）。

　日頃密接に連絡をとりあっている連中を物理的に引き離すことは、どの道全く意味がない。隣にいる他のグループの作業者は、騒音と分裂の源である。作業者が同じチームにいるときは、同じ時間帯では静かにすることが多いから、精神集中を妨げられることも少ない。チームのメンバーを一緒にしておくことは、チーム形成にとって必要な日常の何気ない会話を交わす機会を作り出す。

時間の分断

　　　　　私の顧客の一つにオーストラリア政府がある。1982年にコンサルティングをした際、そこの平均的な作業者は、4～5件のプロジェクトを同時に抱えていることがわかった。私は、この件について、コミッショナーに苦情を言った。するとコミッショナーは、それは遺憾ですが当方にもいろいろと事情がありまして、と答えた。担当者の技術や知識は、本来アサインされたプロジェクト以外の複数のプロジェクトでも必要不可欠であったため、その分だけ作業も分断された。コミッショナーは、さけられないことだと言ったが、私は全くのナンセンスであると応えた。私は、人を割り当てるときは一人を1つのプロジェクトに限定するという方針を決め、それを文書にして広く行き渡らせることを提案した。コミッショナーは文書を出すのをいとわなかった。1年して私が戻ったとき、平均的な作業者に割り当てられたプロジェクトの数は、二つ以下になっていた。

　　　　　　　　　　　　　　　　——— Tom DeMarco

時間の分断はチーム形成には良くないし、効率の妨げにもなる（読者にも思い当たることがあるだろう）。人は人間同士の相互作用だけからしか記憶をたどることができない。4つの作業グループの仕事をしようとすれば、4倍の相互作用の記憶をたどらなければならず、しょっちゅう別の相手に調子を合わせることで時間がとぶ。

複数の結束したチームに同時に身を置くことはできない。固く結束したチーム内の相互作用は排他的である。時間を分断されたらチームは結束しない。悲しいことに、個人の時間が必要以上に分断されていることが見過ごされている。分断を拒む闘いを挑むことさえしていないことを認めざるを得ない。簡単に言えば、最終的な狙いは、一人の人間に同時に一つの仕事しか割り当てないことで、チームに真に結束する機会を与えることにある。

品質低減製品

この見出しは冗談である。誰も品質低減製品について真面目に話しはしない、原価低減製品は話題にするが、ソフトウエアでは結局、両者は同じものだ。製品を短時間で出荷する場合の典型的なやり方は、低品質のものを出荷することである。エンドユーザーは、「悪い」と「安くて早い」のトレードオフを、喜んで受け入れることがある。しかし、そんな譲歩は開発者にとっては苦痛である。プログラマーの自尊心や楽しみは、自分の能力以下の製品作りを強制されることで傷つけられる。

品質低減が最初に破壊するのは、長い間培ってきたチームの一体感だ。まやかしの製品を開発している開発者同士は、互いに視線を避けるようになる。共同で製品を完成させるという意識はないのだ。自分たちがやっていることをやめられるなら、救われた気持ちになると、みんなが感じているのである。プロジェクトの終わりには、グループのメンバーと別れ、

もっとよい仕事につけるように全力を傾けるのだ。

さばを読んだ納期

　第3章で、厳しい日程は時によってヤル気を失くさせることに触れた。ただし、厳しいが不可能ではない納期は、チームにとって愉快な挑戦となることがある。どうしようもないのは、**さばを読んだ**納期である。管理者が「某月某日までにこのプロジェクトを絶対にやりとげなければならない」と宣言するのを聞いても、メンバーは目を回したりはしない。同じことが前にもあったことにすぐに気付き、これからの展開を読み切ってしまうのだ。

　さばを読んだ納期は、以前は効果があっただろう。かつて、プログラマーは、聞いたことをそのまま信じるという純朴な時代があったのだ。この仕事は「どうしても、何が何でも1月までにはやらなければいけないんだ」と管理者が言えば、素直にそれを受け入れ、全力を傾けていただろう。しかし、今はそんなわけにはいかない。部下は、言葉巧みに欺かれたことを知っている。製品をある日付までに出荷しなければならないと言うと、こう聞いてくる。「なぜですか？　期限に遅れたら宇宙が止まってしまうのですか？　会社がつぶれるのですか？　この国が海に沈むのですか？　西欧文明が破滅するのですか？」

　さばを読んだ納期宣言の典型的な例では、管理者は「この仕事は何月何日までにやらなければならない」とおごそかにのたまう。宣言された日付までにはとてもできないし、みんなにもそれはわかっている。さば読み期限は絶対であると考えるかぎり仕事に対する意欲は間違いなくなえてしまう。始める前から、仕事は決して成功しないと決まったようなものだ。プログラマーへのメッセージは明白だ。管理者はパーキンソン流のロボットであり、部下の気持ちを尊重したり、一人ひとりのことを考えてやる気はないのだ。管理者は、脅迫しないと部下は、何一つ仕事をしないと信じて

いるのだ。こんなプロジェクトでは、チームの結束は決して期待できない。

チーム解体の方針

　我々のセミナーの参加者の一人がこんなことを言った。「うちのトップときた日にゃ、チームに関心を持つのは、チームを解散させるときだけなんだ」。どうやら、ある仕事から別の仕事に移るとき、チームごと一緒に動いてはならない、というはっきりした方針があるようだ。あるいは、徐々に終結に向かうプロジェクトチームでは、人事部は、人員を効果的に新しいプロジェクトに投入できるように、人を次々と引きはがす方針の会社もあるようだ。しかしこんなことをすれば、結束チームは確実に破壊する。チームを解体する手段を積極的にはとらない会社もあるが、そんなところでも、チームを一体化させるチャンスを逃していることがある。

　チーム活動の楽しみやエネルギーは、チームの相互作用で生まれるものであり、社会での信頼関係を支える基本である。しかし、会社はチームに対しひどく冷淡だったり、反感を持ったりする。この理由の一つは、第19章で述べた管理者の不安である。もう一つは、上級管理者層がチームに対して異常なほど低い関心しか持たないことである。チーム化現象は、既に述べたとおり、階層社会の底辺でしか起きない。「管理者のチーム」について、いろいろ言われてはいるが、実際にはそんなものは存在しない。確かに管理者層には結束したチームはあり得ない。管理者がチームに入るとすれば、2つの役割、つまり、管理者とチームのメンバーを兼ねるときに限られる。部下の一時的な同僚として、チームに受け入れられるのだ。組織での地位が上がるほど、結束したチームの概念は薄らぎ、遠く忘却の彼方へ去ってしまう。

再び、意気消沈させる土壌について

　ほとんどの会社は、意識してチーム殺しはしない。ただ、そうなるように行動してしまうだけだ。

第21章 スパゲティディナーの効果

　新しいプロジェクトに技術者として配置されたとしよう。管理者については名前を知っている程度だとする。新プロジェクトの開始は月曜だが、その前の水曜に自分の上司となる女性課長から呼び出しを受ける。新しいプロジェクトに参加する人と集まりを持ちたいので、木曜の夕食にこられないかしら、という。特に予定もないし、みんなにも会いたいので承知する。

　さて、着いてみると、みんなはビールを飲みながら、戦争物の話なんかをしている。話に加わり、自分のことを少し話す。営業担当者もいて、上司のことを肴にしている。やがてみんながビールをおかわりする。ところで食べ物はどうなっているのだろう。何も料理の匂いがしないし、誰も台所で働いている様子もない。自分の上司になる女性が、夕食を用意する時間がなかったと白状し、みんなで近くのスーパーマーケットへ買物に行って食事を作ろうと提案する。「スパゲティならみんなでできるんじゃないかしら」

チーム効果が表れる

　一同はスーパーに出掛け、売場をぶらつくが、誰も指図はしない。女性マネージャは夕食どころではないようで、話したり笑ったり、IRS（米国内国歳入庁）プロジェクトの話をもち出したりする。何の指示もないのに、カートには品物が放り込まれていく。出来合いのサラダをとる人もいる。クラムソースを作ろうと誰かが言い、反対もないので、この日知り合ったばかりの2人がソース作りの詳しいレシピを相談しはじめる。それ

なら、自分は得意なガーリックブレッドを作ることにしよう。キャンティワインを手にとる者があり、ようやく夕食に十分な材料が集まった。

帰宅し材料をおろすと、女性マネージャはまたビールを手にして新しいソフトウエアツールについて話している。みんなは少しずつキッチンに集まり、準備が始まる。何の指示もないが、玉ネギが必要だと誰かが言うと、自分で一生懸命玉ネギをきざみ始める。スパゲティのソースを作るためニンニクをオリーブ油で炒める。ソースが煮立ち、スパゲティはゆで上がり、次第に夕食が出来上がっていく。みんなは十分に食べ、いやな後片付けも手分けしてすませる。

続いて何が起きるか

ここまでのところ、新プロジェクトは実質的には始まってはいないが、グループとしては最初の成功を収めたといえる。成功が成功を生み、生産的な調和は、さらに高い生産的な調和を生み出す。みんなで力を合わせて「こと」に当たった最初の体験で、有意義なチームに結束していく可能性がさらに高まった。

こう書くと、スパゲティディナーは、女性マネージャの作戦と思われるかもしれない。しかし、実際には意図的にやったのではないだろうし、その場にいたら、仕向けられたとは思わなかっただろう。その晩頭の中にあったのは何かと女性マネージャに聞くと、おそらく本心から「ディナー」と答えるはずだ。生まれつきの管理者は、チームにとって何がよいことかについて、潜在意識的な勘を持っている。この勘がプロジェクトを進める上での決定を左右する。管理者は経験を通じて小さくて容易な成功を積み重ねていくのだ。今、何が起ころうとしているかを知るには、管理者の手もとを注意深く見る必要がある。

このスパゲティディナーに似た話は、他にもいろいろある。共通しているのは、優れた管理者は、チームの一体化を成功させるために、チームに

小さな機会をちょくちょく提供していることである。例えば、ちょっとしたパイロットプロジェクトやデモ・シミュレーションは、速やかにチームを結束させ、チーム全体が成功するくせをつける。最大の成功は、「管理」などないかのように、チームがなごやかに一致団結して働いたときである。最良の上司とは、管理されていることを部下に気付かせずに、そんなやり方を繰り返しやれる人である。このような上司は、同僚からは単に幸運だと思われている。すべてが都合よくいくようにみえる。みんなが熱意に燃えていれば、プロジェクトは早くまとまり、終わりまで全員が夢中になれる。こういう管理者は決して汗をかいて必死になることはない。余裕シャクシャクにみえるので、誰も真面目に管理しているとは信じないのである。

第22章 裃(かみしも)を脱ぐ

　チームが結束するのは偶然によるところが大きく、作ろうとしてできるものではない。必要なときに作れるというものでもない。編成がよくないこともあるし、チームの一員として扱われるのがいやな一匹狼的技術者が混じっていることもある。

　ロブ・ソムセットは、著書の『People and Project Managemet』で、チームの形成を妨げる「病状」を分析している。読みものとしてはなかなか面白いが、「病状」の中で治療可能なものはほとんどない。唯一の治療法は、チームのまとまりを乱すメンバーを除外することである。一般論としてはもっともらしく聞こえるが、実際のケースに適用しようとすると、非現実的であることが明らかだ。除外されかけている人は、孤独を好むだけで、他の点では素晴らしい才能を持っているかもしれない。結束したチームでなくても、やらなくては（成功させなくては）ならない仕事が、プロジェクトの中にはいっぱいある。

　とは言え、議論の余地のない明白な事実がある。それは、チームを結束させるのが特に上手な管理者がいることだ。したがって、プロジェクトは成功することが多い。本章では、チームをうまく結束させる管理者に共通する特性を考察してみよう。

ヤル気のある電話

　病気欠勤を知らせる部下の声を聞いたことがあると思う。自分でも、病気で休むという電話を何回もかけたことがあるだろう。しかし、元気になったときに電話をか

けるなんて考えたことがあるだろうか。例えばこんな調子だ。上司を電話に呼び出して「もしもし、ここで働きはじめてからずっと具合が悪かったけれど、今日は元気になったので、もう辞めます」

Even Cowgirls Get the Blues
———— Tom DeMarco

　そこの会社で働くと気分が悪くなるのなら、生理学上の病気ではない。そこで働くことは、心理学上の自我を守って精神的に生きるためのルールを無視することである。このルールでもっとも大事なのは自尊心に関することである。自尊心を損なう仕事は、それ自体病んでいる。

　病気がよくなったと電話をかけてくる人は、自尊心を高める仕事をやりたいと考えている人である。そんな仕事を割り当てることは、能力を認めることであり、その仕事での自主性と責任を与えることになる。ヤル気のある部下をもつ管理者は、一度認めた自主性を尊重するよう気をつけている。管理者は、部下の失敗が上司の失敗となっても試合の中断のように一時的なものであることをよく知っている。部下の失敗が直接の原因となってプロジェクトがときどき止まっても対処できるようにしているはずだ。しかし、トラブルが起こると、プロジェクトの管理ではなく、自分が開発作業をしていれば、そんな問題は起きなかったのになどと考えてしまう。しかし、だからどうだというのだ？　チーム編成にあたって、最適な人を最適の職務につけることに最善を尽くしたはずだ。一度決めたなら、やり直そうとしてはいけない。

　ここで述べる袴を脱ぐやり方は、自己防衛的管理とは正反対のものである。信頼して仕事につけたからには、その人から自分を守る手段を講じる必要はない。すべての部下は信頼できる仕事をしているのだ。信頼できず自主性を与えられないような人は、管理者の役には立たない。

> 私の最初の上司だったジェリー・ウィーナーは、ダートマス大学のタイムシェアリングプロジェクトで、GEの開発チームをまとめた人だ。後に小さなハイテク会社を設立した。私がその会社にいた当時、同社はかつてない大きな契約を結ぼうとしていた。スタッフ全員が集められ、同社の顧問弁護士がジェリーに契約書を渡し、読んでからサインをするように言った。ジェリーは「読まなくてもよい」とサインをしようとした。弁護士は少しあわてて、「ちょっと待ってください。もう一度、契約文を確かめたいのですが」と言った。
>
> ————Tom DeMarco

　ここでの教訓は、契約書を読まずにサインしてよいということではない（自分の利益を考えて弁護士を雇ったのだから、読まずにサインすることは、決して恐ろしいことではないのだが）。もし、ダメな弁護士を雇ったのなら、どのみち悪い結果になるのだ。うまく仕事をこなす管理者は、得てして契約書の内容の評価は苦手のようだ。だから、契約書を読むのは気休めに過ぎない。ジェリーは、最高の弁護士を雇うのにできるかぎりのことをした。弁護士の実績も調査した。雇ったからには、もはや防衛的になる必要はない。このときこそ、ジェリーは有能な部下の行動に責任を負い、能力を頼みにしていることをはっきりと示すときであった。

　部下に自分の評価の一部を委ねることは、少々乱暴で恐ろしいことと思うかもしれないが、それがみんなに最善を尽くさせる道なのだ。そうすれば、チームの中に何かしら大切なものが醸し出される。チームの一人ひとりは、割り当てられた仕事をただ仕上げるのではなく、チームの中に生まれたお互いの信頼関係こそが、本当にこのチームで仕事をしてよかったという報いとなって現れることを、みんなが確かめ合うようになる。これが裃を脱いだ管理というもので、チームを形作っていくのに最も大きな効

果がある。

缶詰作戦

　部下の失敗から身を守るために管理者がよくやるやり方は、直接に体を使って監督することである。部下が働いている所を歩き回り、サボっていたり、事態に対処できない者に眼を光らせる。こうした管理者は、部下をけとばして警告するパーキンソン式ロボットである。多くの会社ではこれが企業文化の一部となっているので、誰もが（管理者も作業者も）これをロボットのパトロールだとは思わない。しかし、このパトロールをやらないで管理することは、管理者には考えられないことなのだ。

>　最近、カリフォルニア州のある会社の顧客情報システムを構築するプロジェクトのコンサルティングをした。外部仕様が固まり、内部設計にとりかかる用意ができた管理者は全員を呼んで、一人ひとりにはるか彼方のロングビーチへの道を示した地図を渡した。そこには無料の会議室があり、誰にも邪魔されないで仕事ができるという。自分は後に残って、重要な電話以外シャットアウトするから、済んだら戻ってこいと言った。2週間ほどして、出来たての設計書を持って我々は戻ってきたが、その管理者はその間に一度も電話をかけてきたり立ち寄ったりしなかった。
>
> ————Timothy Lister

　人並みの部下をもったなら、部下の仕事を邪魔してイライラさせないようにする以外に、成功する道はない。分割しやすい仕事でこれをやれば完璧だ。こんな仕事には管理は必要ない。部下をオフィスから切り離せばよ

い。離れたオフィスを見つけ、会議室を借り、誰かの夏の別荘を借り、ホテルに泊めればばよい。スキー場や海辺でのシーズンオフ料金を利用すると安上がりである。何かの会議に参加させて、ついでに2、3日泊まって、静かに仕事をさせるのもよい（この方法は実際に行われている）。

このやり方は、大胆すぎて会社の上層部や同僚の管理者から問題を指摘されるだろう。例えば、部下が、だらだら過ごしていないことをどう確かめるのかとか、11時に仕事を切り上げて昼食に行ったり、昼から酒を飲みに出かけないかチェックできるのか、である。答えは簡単だ。持ち返った成果でわかる。「その実によって、彼らを知るべし」（マタイ伝。7章16節）だ。綿密に検討した完全な結果を持ち返ったなら、きちんと働いた証拠である。目に見える管理は囚人相手にやればよい。

オフィスから離れて缶詰になると、役に立つことがいろいろとある。最大のものは、かけがえのない資源であるプログラマーの時間を、電話などのつまらない割り込みで無駄にしなくてすむことだ。いつか生産性の高いオフィス環境（少なくとも9時から5時まで有益な仕事ができる作業場所）ができるだろうが、長い年月がかかるので、さしあたっては部下が外に出られるよう、適当な口実を作ることだ。さらに能率を上げるには、完全に自分たちの自由になる場所と時間を与えるのである。そうすると、さらにまとまったチームへと結束していく。

規則は破るためにある

専門的な技術者は、公にはどこにも存在しない開発をやる。これをスカンクワークプロジェクトという。上層部には知られないよう、隠れた場所で進むプロジェクトのことである。末端の担当者が、製品の素晴らしさにほれ込むあまり、プロジェクトの中止決定を無視する場合に起こる。DEC社のヒット作PDP-11は、こうして市場に出た。他にもいろいろある。面白いのは、**スカンクワーク**とは**不服従**を言い替えたにすぎない、と

いうことだ。経営者が「ノー」と言っても、プロジェクトはどのみち続くのである。

　私の顧客のある会社では、市場がないと判断して製品の開発を中止しようとした。けれども従業員の冷静な判断が次第に優勢になり、結局、完成させてしまった。結果は大成功だった。プロジェクトの抹殺に失敗した管理者（今は同社の社長）は、これを記念して「年間最高不服従賞」と刻んだメダルを、そのチームに与えた。社長は授与式で、「賞を狙うなら、このプロジェクト以上成功させなければならない。不服従の結果が失敗なら賞を与えない」とスピーチした。どの地位の人も、どんな不服従が許されるかよく知っている。部下は、袴を脱ぐ管理者を望んでいる。そんな管理者なら、判断を誤っても、部下は自分たちのことを考えてくれるその管理者を支持するだろう。一方、自己防衛的な管理者は孤立するだけだ。

唇のあるチキン

　1970年代の中頃、ラリー・コンスタンチンは、いくつかの会社で、健全な社内の社会学的関係を作るためのコンサルテーションをしていた。ある会社には、チームを選ぶときは担当者の意見を尊重した方がよい、とアドバイスした。この意見は採用され、入口の掲示板に、新プロジェクトのメンバー募集案内が張り出された。みんなは掲示された候補チームに応募する形で、自分たちでチームを結成し仕事と契約した。どうしても一緒に働きたい同僚がいるのなら、その人の履歴書とまとめて出して一緒に申し込めばよい。履歴書に書くべきポイントは、自分がいかにその仕事に適任か、互いの能力を補い合えるか、プロジェクトに参加しても会社の他の仕事に与える悪影響がどのぐらい少ないか、などである。それを見て、会社はプロジェクトに最適のチームメンバーを採用した。

　このやり方の素晴らしいところは、担当者に大きな自由を二つ与えたことである。つまり、自分でプロジェクトを選べることと、共に働く人を選

べることである。驚いたことに、最初の要点、すなわちプロジェクト自体の内容はプロジェクトを選ぶ上でどうでもよいということだった。管理者は、魅力的なプロジェクトにしか人が集まらないのではないかと心配だったが、杞憂だった。ありふれたプロジェクトにも応募してきた。自分が働きたいと思っている人と仕事ができる方が重要だったのだ。

第15章で述べた採用オーディションでも同じ効果がある。採用オーディションに出席するプロジェクトのメンバーは、ただ聴いているだけではない。人を採用するかどうかの発言権がある。技術的判断に加えて、その人がチームにうまく溶け込めるかの意見も言う。「こいつとなら一緒にやっていけると思う」とか、「頭は良さそうだが、うちのグループでは浮きそうだな」と発言する。

何年か前、我々は、非常によくまとまったグループと一緒に仕事をしたことがあった。このグループのメンバーは、共通の性格をいくつも持ちはじめた。特に、似たようなユーモアのセンスを持っていた。メンバーはユーモアを共有する感覚を身につけた。その感覚とは、あるものを全員が訳もなくおかしいと感じることである。例えば、チキンはおかしいが、馬はおかしくない。唇は躍り上がるほどおかしくて、ひじやひざもおかしいが、肩はただの肩である。ある日、グループの新しいメンバーの採用オーディションがあった。応募者が帰った後で、仲間の一人がこう評した。「知識の点では申し分ないが、唇のついたチキンがおかしいってことがわかるかな？」。その応募者は、採用されなかった。

誰が本当の責任者？

優秀な管理者は、時にはイチかバチかの勝負に出る。特に部下に対して賭けをする。だからといって、優れた管理者が、全く管理しないとか、進むべき方向を示さないとか、自分で何も決めないといっているのではない。実際は、そんなことを、年がら年中やっているのだ。ここでの提案

は、こうした管理を、**自然に備わった権威**により実施せよ、ということだ。職人の師匠と弟子の間には、自然の権威による結束がある。すなわち師匠は仕事を熟知しているが、弟子は知らない。この権威に従うことは、卑下することでもなく、ヤル気を失くさせることでもなく、同僚の職人との結束を不可能にすることでもない。管理者が自己の不安から部下に服従を要求することは、自然の権威とは正反対である。権威主義的なやり方は「管理者という別の階層の人間として私を認めなさい。私は思考する階層に属し、下の者は私の決定を遂行するために雇われているだけだ」というものだ。

　最良の組織では、いろいろな方面に働く自然の権威がある。管理者は管理面では優れている。基本方針を決め、交渉し、雇うことなどである。管理者としての責務を遂行することで信頼を得る。作業者は、特定の領域で専門的知識を持ち、その道ではみんなから自然の権威として信頼される。このような袴を脱いだ雰囲気の中でこそ、チームの結束を固める機会が高まる。

第23章 チーム形成の不思議な作用

　会社の中には固く結束したチームを持つ幸運に恵まれているところがある。もちろん、これは幸運ではなく、**化学反応のような不思議な作用が働く**からである。そんな会社には、チームの結束を促す何かがある。その何かとは、優れた個人能力、信頼関係、お互いの権利の尊重、良い人間関係、といったものが適当に混じり合ったもので、結束したチームを培う豊かな土壌である。この好ましい環境は、チーム形成に役立つだけではない。すべてが良い方向に進む。こんな会社は、極めて健全なのである。

　我々の経験から例を挙げて示すよりも、読者自身の例を考えてほしい。今まで、健全で生き生きとした会社にいたことがあるだろう。そこでは、社員はくつろいで仲間たちと楽しく連絡をとり合い愉快に過ごす。自己防衛的な姿勢は見られず、周囲の連中を出し抜いて業績を上げるような空気もない。仕事は共同作業の成果なのだ。誰もがその品質を誇りにしている（読者も、健康で生き生きとした関係を少しは享受しているだろう。そうでなければ、第22章の冒頭で述べた「ヤル気のある電話」をかけて会社を辞めるべきだ）。

　健全この上ない会社で、管理者は一体何をやっているのだろう？　一見すると、たいしたことはやっていそうにない。ちっとも忙しそうではない。あれこれ指示を連発している様子もない。管理者の周りで行われている仕事とは関係なく、指示を連発する仕事は**何もしてはいない**。

　最も優れた化学反応を起こす会社では、管理者は健全な化学反応を生みだし、維持することに自分のエネルギーを費やす。管理者がそのように仕向けているので、どの部門も生き生きと輝いている。このやり方は、（アーサー・ケストラーが提唱した）ホロン哲学でいう「有機体全体とし

て完成されたもの」なので、構成部分を細かく分析するのは難しい（部分そのものより、どのように部分を全体に組み込んだかの方がはるかに重要である）。しかし、分析してみる価値はある。

次の6項目は、健全な会社にするための不思議な作用を生みだす戦略的要素である。

- 品質至上主義を作り出す
- 満足感を与える打ち上げをたくさん用意する
- エリート感覚を醸成する
- チームに異分子を混ぜることを奨励する
- 成功チームを解散させないで保護する
- 戦術でなく戦略を与える

まだたくさんあるが、チーム形成に有効な要素だけを列挙した。各項目についてコメントする。

品質至上主義

まだ不完全な製品を「これで十分だろう」とする判定は、結束しかけているチームには弔いの鐘の音となる。いい加減な製品を納入することからは、仲間と共に味わう満足感によって、チームを一体化させる力は生まれない。逆に、「完全な製品だけを求める」とする態度は、チームが一つにまとまる可能性が高くなる。この品質至上主義が、チーム形成にとって最も強力な触媒である。

品質至上主義は、世間一般からチームを際立った存在にするので、チームを一つに結束させる役割を果たす。世間の顧客は品質に文句をいわない、と述べたことを思い出してほしい。口では品質は大切だと言うが、品質を維持するのに5セント余分にかかるとなれば、余分の5セントを支払

う人の本音が見えてくる。

あるとき、我々の友人、キャドレテクノロジー社会長のルー・マッズケリーは、シュレッダーの売り込み攻勢をかけられた。セールスマンがやってきて、装置のデモをやった。ひどい代物だった。バカでかくてうるさかった。紙を刻んでいないときでも大きな音がした。会長は、聞き及んでいた西ドイツ製のシュレッダーについて尋ねた。セールスマンは、バカにした口調で「あれは5割も高い上に、付属機能は何もないですよ。品質はいいんですがね」と答えた。

市場も消費者も顧客も上級管理者も、品質至上主義を擁護しようとはしない。際立って高い品質は、短期的に経済的に引き合わないが、チームのメンバーが品質至上主義になると、市場が求めている以上の品質を備えた製品を、常に生産するようになる。ただし、チームメンバーが、短期的な経済性をうるさく言う人から保護されているときに限る。長い目でみれば、これは必ずもうかる。チームのメンバーは高品質のものを作ることに熱中し、維持することに全力を尽くす。

品質至上主義を作り出すことを、ケン・オーアは「真珠貝の中の砂粒」といった。砂粒から真珠が生まれるように、品質至上主義はチームを結束されるための中心的関心事となる。

満足感を与える打ち上げ

初めて聞くかもしれないが、人間は誰でも自分が正しい方向に歩んでいることを常に確認し、安心感を得たいと思っている。チームも同様である。その安心感は、心理学者がclosure（閉鎖または閉合）と呼ぶ心理的欲求からきている。closureとは、全体を落ち着くべきところに落ち着かせるために、ある区切りごとに満足感を与える「拍子木の音」である。

会社にも、仕事を区切る打ち上げという拍子木の音が必要である。会社にとっての打ち上げとは、仕事が成功裏に終わることであり、加えて、過

程のすべてが目標通りであることを確認することだ（工程の各ポイントが予定通り進み、分納もきちんとできたことなど）。会社にどれほどの確認が必要かは、リスクのある金額にかかっている。多くの場合、closure、つまり打ち上げは、4年間にわたる努力の末にやってくる、というのが企業の必要性から考えると妥当だろう。

　問題は、働いている人たちがやってほしいと思っているほどには、会社は打ち上げが必要と考えていないことである。満足感を与える「拍子木の音」を4年間も全く鳴らさない仕事では、グループの人間が「この仕事が終わるまえに、オレは死んでしまうのではないか」と思って、次々と辞めていく。特にチームが一体となりかかったときには、頻繁な打ち上げが必要である。チームのメンバーには、共に成功を祝い、祝うことを喜ぶ癖をつけることが必要だ。これは、チームにはずみをつけるメカニズムの一つである。

「不思議な作用」を醸し出すのがうまい管理者は、仕事をいくつかに分割し、その一つひとつが、それなりに完成感を味わえるようにする。そんな管理者は、上級管理者やユーザーには、せいぜい2つに分ければ十分な仕事を、20ものバージョンに分けるように工夫する。この仮のバージョンは、顧客には秘密にしなければならないこともあり、内部確認用とチームに達成感を与えるためだけに作ることがある。分割した新バージョンは、要するに打ち上げ用である。チームのメンバーは、その瞬間が近付くにつれウォーミングアップし、最後には全力疾走をする。うまくやり上げたことで意気軒高となり、次のステップに向かうチームのメンバーを新たなエネルギーで満たす。そして、さらにお互いの親密さを増す。

エリートチーム

　1970年代の初め、我々の顧客会社の副社長が、出張旅費に関してメモを回した。旅費のメモなら何度も見たことがあるだろう。しかし、このメモ

は少し違っていて、次のように書いてあった。「出張でエコノミークラスを使っている人がいるようだ。我が社は決してエコノミークラスではない。ファーストクラスである。今日以降、出張はファーストクラスにすること」。もちろん、これは費用のかさむ話だ。実際に金が出るし、それに見合うのはエリート意識を強調するぐらいしかない。少なくともこの会社は、これが価値のある見返りと考えた。そんなことは実際にあるものかと思うだろうが、ゼロックス社で実際にあった話なのだ。

　第14章で述べたように、ポップコーンを「プロフェッショナルでない」と思う人は、チームのエリート意識は破壊的行為だと考える。チームが目立つようなら、そこの管理者は管理業務をきちんとやっていないと見なす人が多い。グループに会社の画一的な標準を守らせることが、管理者の統制力の象徴と考えられている。管理される側からすれば、この象徴はナンセンスだ。管理者にとって居心地がよくなるほどチームの活力は弱まる。

　誰でも個性を抑圧されると落ち着かない。落ち着いた雰囲気がないとチームは結束しない。開発担当者の個性を管理者が殺そうとしても、どの道現れてくる。担当者は自分の個性を管理できない次元で表現してくる。例えば、「俺を簡単に管理できると思うなよ」「動機付けなんて知ったことか」「他人と協調したくない」というひねくれたプライドは過剰な管理に対する反発である。それほど複雑ではなく、また、チームの効率に影響しない方法で個性を表現しようとするのだ。

　品質意識が個性的に強かったり、生産性が個性的に高かったり、厳しい納期を守る能力が個性的に高いチームを、一体どうして悪いと言えるのだろう？　何も悪くはないはずだが、こんな一見して問題なく容認できそうな個性にさえ、狼狽する管理者は多い。チームが管理不能で生意気だとぶつぶつ文句をいうのだ。チームのエリート意識によって、真に脅威にさらされるのは、管理能力ではなく、管理の権力を誇示するお飾りに過ぎない。チームは成功に向って突進しているのに、管理者は、能なしといわれないか心配している。

自分に部下を変える影響力がある程度あり、生産性や目的意識を大幅に上げることが可能だが、プロジェクトを完全には制御できない状況にあるとする。これは好ましい状況だろうか？　この答によって、優れた管理者か並みの管理者かが決まる。プロジェクトを完全にコントロールできないと、並みの管理者は不安になり、例のお飾りの権力を切り捨てられない。優れた管理者は、人は制御できないと自覚している。成功する管理の本質は、みんなを同じ方向に向かわせ、管理者でさえ前進を止められないところまで燃え上がらせることにあるのだ。

　結束したチームは、人を生産的にし目的意識を高くする効果がある。だから、チームが結束しはじめたら、統制しようとか、統制できるのではないかとの考えを捨てることだ。何らかのきっかけで、みんながエリート意識を共有することで、チーム自体もエリート感覚を持ち始める。チームのユニークさは、基本的なことでなくても構わない。例えば、唯一のユニークな特徴は、チーム全員が無名であること、というフットボール選手権出場チームがあった。それで十分だ。そのことに誇りを持ち、固く結束した。エリート意識が何であれ、それはチームのアイデンティティー（自己同一性）を形作る。そのアイデンティティーこそが、結束したチームの本質的な要素なのである。

　チームの必須要因は、ある面で個性を持つ必要があるということであり、すべての面で持つ必要はない。ユニフォームで外見を制度上の標準に合わせているチームはたくさんある。軍事上の特殊チームやスポーツチームは同じ服装をしている。外見上ユニークでなくてもある意味で個性的と感じるかぎり、他の人と結束するようになる。

　エリートチームの脅威を感じる管理者は、エリート意識がチーム外に悪影響を及ぼすと言う。グループのメンバーが「勝者」としての個性を発揮しはじめたら、グループ外の全員は「敗者」のグループに入るのだろうか？　大成功したチームが、チーム外の人に挫折感を与えるのは確かである。だが、これは、そのチームの影響というよりは、成功そのものの影響

なのだ。これが自分にとって唯一の問題なら、自分で本を書くとよい。

ヤンキースを解散させないのと同じ

チームが一致団結したら、解散させてはならない。ただし、プロジェクトが完了した際には、少なくとも他のプロジェクトを選択する余地を与えるべきである。別の道を選ぶかもしれないが、自分で選択させるべきである。あるプロジェクトにチームごと移ったら、猛烈な弾みをつけて、次のプロジェクトに向けて努力を開始する。

チームの行動はネットワークモデル

管理者としての感受性を傷つけるかもしれないが、管理者は、チームの一員ではない。チームは仲間から構成されており、仲間同士はやることが同じなので平等である。管理者は、チームの外にいて、上から指示したり、管理上や手続き上の障害を取り除く。定義により、管理者は同僚ではないし、グループの一員にもなれない。

この考え方は、自分のリーダーシップに誇りを持つ管理者には衝撃的であろう。管理者は、クオーターバックとして働いたり、思慮深い判断をして何分の1秒かのタイミングを計り勝利へと導くようにチームを励ますことで、リーダーシップを発揮するのではないか？　それらしく聞こえるが、そんなリーダーシップが必要なチームは、チームとしてうまく機能していない。最も優れたチームでは、各人が力を発揮できる分野で、時に応じてリーダーシップを発揮する。誰もが恒久的なリーダーではない。恒久的なリーダーは、やがて仲間として扱われなくなり、チームメンバーとの相互作用は崩壊しはじめる。

チームは、ネットワーク構造をしているのであって、階層構造ではない。リーダーシップ（業界のあこがれの言葉）という概念は、いろんな人

が尊敬の念を込めて使うが、本書には、そんなものを取り上げるスペースはない。

異分子がいるから楽しい

　チームについて書いた中で、産業界のチームとスポーツのチームとの類似性を少し利用してきた。**チーム**という言葉は、健康な若人が汗を流し、フットボールやホッケーのパックを追いかけているイメージを彷彿させる。スポーツチーム以外でチームを思い浮かべるのは難しいが、スポーツチームとの類似性は、不幸な誤解を生む。

　テレビでよく見かけるスポーツチームのメンバーには、多くの共通点がある。例えば、バスケットボールチームには、背が高く、若く逞しい男女が多い。特定のスポーツに本来備わっている体の動かし方が、似た体つきを要求するので、全員が似通ってしまう。開発プロジェクトチームでは、似通っている必要はない。しかし、チームに対する概念は、スポーツの影響を受けるので、チームに対しては類似性を期待し、知らず知らずのうちにそれをあてはめてしまう。

　異分子が少し入っていると、結束したチームを作るのに大きな助けとなる。ハンディキャップを負った開発担当者を、新しく形成されたチームに一人加えると、チームが結束する可能性は高まる。同様の効果は、学生を加えても、元秘書を再教育後の最初の経験としてプロジェクトに加えても起こる。どんな人であれ、チームのメンバーに象徴的な重要性をもたらす。こうしたことが起こるのは、「クローンのような人間でなくてもいいじゃないか、型にはまったプラスチック人間（第14章参照）のように、会社の型にはまっていなくてもいいじゃないか」と、みんなが各人の個性を認め合っている明確な印である。

　均一な作業グループの悲惨な例は、全員が男で成り立っているチームだ。女性は、スポーツとの類似性による誤解の犠牲者である。長い間チー

ムスポーツから女性を締め出してきた体制派の男どもは、今になって、自分たちは良くないチーム選手でしたと言って、女性チームを少しずつ採用して重い罪を晴らそうとしている。もちろん、女性は男性と同じ仕事をする。女性が混ざったチームで一度でも仕事をしたことのある男なら、男ばかりのチームで再び働こうとは考えない。男ばかりのチームは父親の時代の悲しい運命であった。

一緒になって打ち込む

毎回うまくいくとはかぎらないが、チームが一体化すると、投入した手間ヒマ金は十分に見合う。仕事は面白くなり、メンバーは精力的になる。納期や工程を死守し、もっとやることはないかと探す。みんなが仲良くする。そして、チームの存在を認める周りの人々に対して誠意を尽くすのだ。

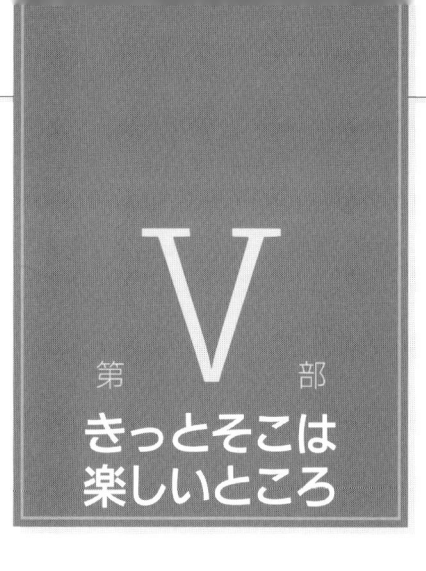

第V部
きっとそこは楽しいところ

　人間が祖先から受けついだ記憶のどこかに、仕事とは煩わしいもの、という考えが潜んでいる。例えば、何かをやっていてそれが楽しいなら、それは本当の仕事ではない。仕事を本当に楽しくやるのは、罰あたりである。楽しみ過ぎてもよくないし、全然楽しまないのもよくない。楽しむことで金をもらってはいけない。本当にしなければいけないのは、仕事の上で何か楽しみ以外のもの、何か仕事らしいと感じるもの、を探すことだ。しかし、そんなことをしたら、そこらじゅうにいる人と同じように、退屈し、疲れきって、そして、みじめになるだけだ。

　普通の管理者なら、この記憶の根跡がうながすままに、絶対に部下に仕事で楽しい思いをさせないようにする。オフィスの中に喜びや楽しみの跡がみられることは、そこの管理者が仕事を真面目にやっていない証拠とみられる。作業者を最大の効率でキリキリ仕事をさせていない、そうでなければそんな楽しい時間は持てるはずがない、と思われる。

　もちろん、誰も、かつてあからさまに仕事は楽しくあるべきではない、と言った人はいないが、そうした考えは、潜在意識の中にしっかりと焼き付けられている。今やっている仕事が、面白くて思わずクスクス笑ってしまうことがあるが、何やら後めたいような気がしてオドオドしてしまう。

この意識は、楽しんで仕事をする人たちから、いわゆるプロフェッショナルな人たちを区別する服装規定やポップコーン禁止令、よくみられる苦虫をかみつぶしたような態度、こういったものを受け入れざるをえないような状況を作っている。

　この第Ⅴ部では、これと正反対の前提、つまり、仕事は楽しくあるべきだ、ということを述べよう。

第24章 混乱と秩序

　人間には「混乱」を親のかたきのように考える本性があるらしい。ひとたび「混乱」に出会うと、腕まくりをして一気に「秩序」に変えてしまう。人が作った「秩序」はいたるところにある。家庭にも庭にも、髪をとかすときにも、街路を碁盤の目のように作るときにも…。だが、「混乱」がなくなったら、もっと楽しく生きていけるのだろうか？　そんなことにでもなれば、退屈で、涙が出るほどだろう。現代社会に残された「混乱」は、貴重な商品である。それを大切に保存しなければならないし、今せっかく残っている混乱という商品を、欲の深い少数の整理屋さんにとられないようにしなければならない。

　管理者は、この欲の深い少数者になりやすい。「混乱」は管理者にとっては自分たち固有の領域である。そして、根こそぎ取り除くことが仕事であるかのように振る舞う。しかし、第22章の「裃を脱ぐ」タイプの管理者は、ちょっと違った方法をとる。つまり、進んで「混乱」を小さな包みにして、部下へ渡してしまう。このタイプの管理者の仕事は「混乱」を小さくして配分することである。その包みを受け取る人は、「混乱状態にあるものをキチンとする」ことに快感を覚える。

進歩こそ最も重要

「混乱」は次第に少なくなっている。特に新しい技術分野ではこの傾向が著しい。何年も前、技術の新しさや秩序が欠けている部分に魅力を感じた人々は、今になって、すべてが恐ろしく機械的でなかった時代を懐かしんでいる。過去20年の急激な進歩は、人間にとって馬鹿ばかしい仕事を減ら

すのに大きな役割を果たした。もちろん、この進歩は素晴らしいし、誰も、決して、昔へ戻りたいとも思わない。とはいうものの……

この業界の人々は、仕事のやり方を改善して、ソフトウエア開発のビジネスをもっと秩序ある事業にしようと一生懸命になっている。それが進歩というものだ。確かに、ある人にとってものすごく面白いことが進歩の過程で失われるが、ある人にとって面白いことは、別の人にとっては苦痛なことかもしれない（部下がこんなに愉快なプロジェクトはない、と思っていても、それは、上司を胃潰瘍にするかもしれない）。いずれにしても、より整然とした、制御可能な方法をめざす進歩は、どんなことがあっても止めようのない流れである。思慮深い管理者は、その流れを止めようとはせずに、今まで仕事へのエネルギーの源泉であった「失われた混乱」のうちのいくらかを、元の混乱状態に戻す必要を感じている。これは結局、**小さな混乱の建設的な再導入**という考えに行きつく。

この考えがいったん率直に語られるようになると、それを実行する方法を簡単に列記することができる。

- 試行プロジェクト
- プログラミングコンテスト
- ブレーンストーミング
- 実戦さながらの訓練
- 教育、旅行、学会、お祭り、そして冒険体験

このような方法は、我々が実際に成功を収めた「混乱の再導入」方法に限っているが、読者が試みる方法はこれらに限る必要はない。混乱の再導入について、ちょっとしたブレーンストーミング（ブレーンストーミングについては後述）をやるだけでも、素晴らしいアイデアが次々と出てくるだろう。

試行プロジェクト

　試行プロジェクトは、分厚いマニュアルによらないで、新しくてまだ効果が証明されていない技術を試す機会である。新しい技術は、最初はよく知らないから、適用しはじめるとかえって効率が落ちるだろう。これは、進歩のための代償である。その埋め合わせとして、バランスシートの反対側には、この新技術を使うことによる全体の生産性の向上が記載される。また、それに加えて、「何か新しいことや違ったことをやるとき、そのことが、ヤル気や興味を引き起こす」ホーソン効果（第17章）が表れる。

　この二つのプラスの効果は、習熟曲線が立ち上がるまでのマイナスよりも大きくなるだろうか？　大胆だと思われるかもしれないが、我々は必ずそうなると確信する。今までと違ったやり方を導入すると、必然的に、プロジェクトの期間、スタッフの能力、そして、試行している技術の有用性を信用する程度、といったいろいろな面にも変化を及ぼす。我々の経験では、今までとどこか変わった方法を試みる試行プロジェクトでは、正味の生産性が平均より高くなる傾向がある。ということは、あるプロジェクトを、新しい技術を用いた試行プロジェクトとして実施した方が、費用が少なくて済む可能性が高いことになる。

　プロジェクトをすべて試行プロジェクトにしたらどうだろうか？　この方針を採用しているところは素晴らしい会社である。富士通、南カリフォルニアエジソン社の一部、およびIBMのいくつかの部門では、この方針をとっている。どんなときでも、試行プロジェクトを全然やらないよりも、すべてのプロジェクトを試行プロジェクトとしてやった方が、はるかに大きな意味がある。

　新技術を試行する計画には、二つの反対意見がありうる。

　　・試行する新技術が種切れにならないか？

・一貫性のない手法に基づいた製品を出して、後工程の作業（製品のサポート、顧客の研修など）をさらに複雑にしてしまわないか？

　第一の反論は、観念的な意味しかない。何十年にわたって新技術はすべて試行するという方針をとってきた企業はまずないが、あったとしても、新しい技術が種切れになるという心配は杞憂である。1960年代には顧られなかったよいアイデアへと移っていけばよい。すべてが終わるまでに、10年はかかるだろうから。その頃までには、また試行する必要のあるアイデアがいくつも現れるだろう。

　一貫性のない手法に基づいた製品が後工程へ送られる点は、作業手順が最もよく標準化されている部門でさえ、実際に問題が起こる。現在、標準化ができているのは、製品間の**ドキュメントによる記録の一貫性**であって、**機能の一貫性**についての意味のある取り組みは一切なされていない。つまり、標準化は、主として製品そのものより、製品に関する書類作りを同質化しているだけである。プロジェクトで作られたドキュメントによる記録が、標準とは少し異なっていても、その違いによる不便さはほとんどない。

　試行プロジェクトの実施にあたって、一つだけ警告しておきたい。あるプロジェクトで実験する開発技法は、二つ以上の観点について一度にやってはいけない、ということだ。標準化が重要なことを熱心に説く管理者が、パイロットに指定された滅多にないプロジェクトでは、すべての標準の適用を放棄してしまうことがよくある。また、管理者は、新しいハードウエア、ソフトウエア、品質管理手法、マトリックス管理、プロトタイピング技法、などの多くの手法を一つのプロジェクトで試そうとすることがよくある。

　試行プロジェクトの賢明なやり方は、一部分だけを新しい方法でやってみることである。健全な会社であれば、各プロジェクトで、その一部に一

つだけ新技術を適用し、それ以外のところでは、これまで通りの基準を順守するという実験のやり方を、プロジェクトの要員は十分わかってくれるはずだ。

プログラミングコンテスト

　プログラミングコンテストを4年間実施してきた経験から、賑やかに競い合い、失敗者が生まれないコンテストは、建設的な混乱という喜びの源泉であることがわかった。我々がやってきたプログラミングコンテストは、ソフトウエア用に作られているが、その考えはどの分野にも適用できる。どんな仕事をしている人でも、その仕事に合わせて作られた一組の問題を自分でやってみて、自分の能力を参加者の平均的な能力と比較してみることは、楽しい経験である（もちろん、その経験は、第8章で述べたように、コンテストの結果の秘密が保証され、各人に不利になるように使われない場合にかぎって楽しいものになる）。

　プログラミングコンテストは、自分の長所、短所を評価するのに役立つばかりでなく、企業にとっても、世間一般のレベルから見たその企業の長所、短所を知るのに役立つ。こうした理由から、我々の顧客のうち2社は、現在、年間行事としてプログラミングコンテストを実施している。プログラミングコンテストを導入することで、従業員は、年を追うごとに、自分自身の技術がどの程度向上したかがわかる。1年に一度、健康診断を受けるのと同じように、従業員は秘密が保証された技能テストを受ける。

　創造的な混乱を刺激するという目的で、プログラミングコンテストを最も効果的に行うためには、参加者にチームで参加してもらうように要請することである。次に、そのようなコンテストのやり方の一つを示そう。これまで成功を収めてきた、非常に楽しいやり方である。

1.　コンテストの対象には、小さい開発プロジェクト、または、仕様がき

ちんと規定された業務を選択する。これには、実際の業務の中から1〜2人月でできるものを選ぶのが最もよい。斬新で挑戦的であって、しかも担当者の日常の技量を幅広く応用できる課題を出す。

2. そのプロジェクトは、具合的に仕事を記述してあるマニュアルによって、全く普通のやり方で実施する。

3. 「この次の週末に24時間プログラミングコンテストを行います」というように、みんなに知らせる。競技会にかかる費用は、すべて会社持ちであることを、みんなに知らせる。週末に開くのは、参加チームがいつも作業している場所で参加できるようにするためで、社員の人件費を節約するためではないことを、十分に説明する。

4. 前もって、課題の内容を書いた文書を、ルールや目的を書いたものと一緒に配布しておく。

5. 当日は、参加者しか会場にいないようにする。会社は、必要なもの（食事、マシン、コピー機、会議室など）をすべて準備しておく。全参加チームは同じ課題について真剣に競い合う。

6. 基本的なルールを守らせたり、致命的な問題が起こらないように対処したり、課題の工程の区切りに到達したら大きな音を鳴らしたりする進行係をあらかじめ決めておく。

7. 何らかの意味で、誰もが賞をもらえるようにしておく（例えば、「速く作ったで賞」「こわれないで賞」「うまく作ったで賞」など）。こうした賞を授けるたびに大いにはやし立てる。

8. おそらく複数になるだろうが、賞を得た作品を同時に動作させて、安定して稼働した時間、不良の数、ユーザーの使い勝手のレベル、変更に要する費用、その他、プロジェクトの成功に影響するパラメーターをよく観察して記録する。そして、意味のあるデータは各チームに報告する。

　管理者が、こういったことをうまくやってのければ、参加した人は、今までの経験の中で、最もエキサイティングで、楽しい経験ができた、と異口同音に言うだろう。これが、まさに、このコンテストの目的にほかならない。たとえ、1回目でうまくいかなくても、何回かやってみるとよい。
　プログラミングコンテストのような競技を実施するうえで、留意しなければならないことがある。第一は、こうしたことには金がかかる。だからといって参加者をだまして、本来なら賃金を払ってやらせるべきことを土曜日のコンテストを利用してやらせてしまおう、などと考えてはならない。同じ課題を普通にやった場合よりも、何倍も金がかかるということを覚悟しておかなければならない。第二に、課題の仕様書を特にしっかりと作ったり、進行係が手際よく進行できるように訓練したり、工程の区切りやチェックポイントを設定したりする、といったことに十分な時間をかけること。第三は、プロジェクトの大きさが割り当てた時間に対して適切であるように工夫すること（どのチームも完成できないような大きいものや、始めて1時間もしたら完成してしまうようなものは興冷めである）。最後に、みんなで食事をする機会を作り、気前よく食事代を払ってやるように気を配ること（あるコンテストでは、ニューヨークのレストランに素晴らしいピクニック弁当を注文し、夕食を出し、その上午前2時までやっているチャイナタウンへ連れていった）。
　夜通しでプロジェクト競技会を実施すると、もっと楽しくなる。みんなは、疲れたと言いながら、もたれ合って眠り、髪はバサバサ、ひげはボウボウ、服はしわくちゃ、疲れて不機嫌になり、その上、化粧はくずれ、見

栄も外聞もなくなった裸の仲間を眺め合うことになる。それが、お互いの親密感をかもし出すのである。

> 「ある徹夜のコンテストで、参加者の女性が、応接室のカーペットの上でうたたねをしているのに気がついた。彼女を何年も前からよく知っていたが、今までは、少し頑固な人だと思っていた。しかし、そのときからは少し違った感じを持つようになった。それは、参加者全員に対しても同じであった。そのコンテストを通じて、我々は今までよりずっと一体感を持つようになった」
> ————コンテストの反省会から

ブレーンストーミング

　ブレーンストーミングは、明確な構造を持つ対話形式の討論会で、特に創造的な洞察を目的としている。これは、6人ぐらいに限定して、関連する問題に焦点を絞って討論する方法である。司会する人が用いる討論のルールやその進め方のおかげで、ブレーンストーミングは、楽しくて、無秩序な経験をするよい機会となる。本当に表彰もののアイデアが生まれることもある。

　ルールはそんなに多くはない。思考過程の中に、混乱を導入しようとするのだからルールはあまり必要でない。進行係は、みんなにアイデアの質を問うのではなく、できるだけ多くのアイデアを出させることを印象付けるため、進行はルーズにし、おかしな話題も加える。時には、とても公式の会議では言えないような明らかに馬鹿げた考えが、表彰もののアイデアに生まれ変わることもある。ブレーンストーミングでは、どんなアイデアも批判してはいけない。アイデアの評価は後の段階で行う。「全く馬鹿げた考えだ」といった批判は控えさせる。馬鹿げたアイデアの刺激を受け

て、他の人が、素晴らしいアイデアを出すことがよくあるからだ。

　アイデアの出が悪くなってきたら、進行係は、参加者の思考を、次のような違った観点からもう一度やり直してみる。

- 類似したものについて考えてみる（自然界では、この類似の問題をどう解決しているのだろうか？）
- 逆にしてみる（目的とは反対のことを達成するにはどうすべきか？）
- 静かに深く考えてみる（自分はこの問題をどう考えるか？）

　ブレーンストーミングに関する優れた参考文献を巻末に挙げておいた。

研修、旅行、学会、お祭り、そして冒険体験

　これは、おそらく陰気な会社のオフィスから生まれる悲しいコメントかもしれないが、みんなオフィスの外へ出る機会を楽しんでいることは事実だ。従業員が一番喜ぶのは、仲間と一緒に同じ体験をするように計画された旅行である。それは、研修セミナー、特に興味を刺激するようなコースへ、一緒に参加させたり、何かの国際会議に参加させることであるかもしれない。行先がロマンチックな場所であれば、それにこしたことはない。二人をボストンから国内のミズーリ州のセントルイスやカリフォルニアのチュラビスタの会議へ行かせるのと同じぐらいの費用で、海を渡ったロンドンの会議へ行かせることができる。

　特に、チームを結成するときに、チームのメンバーを遠くへ出張させてやるための費用を四苦八苦して獲得することは、優れたビジネス感覚を養うよい機会である。顧客のオフィスが遠いところにある場合は、顧客の状況調査ということで、部下を出張させてやればよい。思考を集中しなけれ

ばならない作業の締め切り日が迫っているときは、彼らを、会議センターか、ホテルに缶詰めにする。一緒に飛行機で出張したり、共に食事をしたりする機会を与えれば、新しいチームでの役割分担は自然に決まる。

企業のグループを大自然の中へ連れて行き、冒険の体験を通して勇気とリーダーシップを鍛える、アウトワードバウンドスクールという英国の教育組織は、今どき大はやりである。グループはビルマの橋や急流を越えるか、ペノブスコット湾の海上で自給自足に近い生き残り作戦を行うか、カターディン山の岩壁を登るか、のどれかを選ばなければならない。今日はデータベース管理システムの設計に四苦八苦していると思えば、明日には、指の爪だけで絶壁にぶら下がっている。その間、チームメートが１本のロープで確保してくれている。

もちろん、この体験は安くはない。学校の費用、旅費、そして、働かなかった日数分の費用を計算すれば、１人当たり数千ドルになる。普通の会社では、そのような出費は考えられない。では、アウトワードバウンドスクールのたぐいに費用を払おうとする会社はどう考えているのだろう？世の中の思慮分別のある人にははっきりしていることが、見えないのだろうか？　それとも、彼らは、人間の持つ最も優れたものを、引き出そうとして手を差しのべているのだろうか？

初歩的体験をさせるための数千ドルは、はなはだしい予算超過と比べてはたして高過ぎるのだろうか？　もしそうだとしても、40ドルぐらいなら支出できるだろう。我々がよく知っている最も創造的な管理者の一人は、予期しないときに部下と一緒に食事をする癖があった。彼は、ある日街へ出かけていき、ホットドック店に頼んで、カート一杯に、酢漬けキャベツ、マスタード、そして青とオレンジ色のパラソル、といったものを積んでオフィスの30階に持ち込み、チームメンバーに振る舞った。このランチは栄養学者から見ればひどいものだったが、社会学者の夢の実現だった。そこにいた人たちは意気軒高となり、自分たちの仕事や、管理者、そしてチームメンバー同士について冗談まじりに気楽な会話をするようになっ

た。みんなの熱意と共に騒音レベルが上がった。この費用は40ドルで、このことはそれ以来ずっと大きな話題となった。もちろん、この管理者は、これを業務上の昼食として処理したが、それは昼食といったものでは全くなく、事実上の祝賀会であった。

　優れた感性と秩序が、通常の作業時間では望ましい要素であることは、疑いのない事実である。だが、冒険や馬鹿ばかしさ、または少量の建設的混乱といった要素に対しても、適切な位置付けが必要である。

第25章 自由電子

　我々の両親がまだ現役であったころは、仕事は会社という枠組みの中にがっちりと組み込まれていた。会社のために働き、決められた時間通りに出勤し、週末には給料袋をもらう。退職までこの繰り返しだった。上役は尊敬され、それなりの取り扱いを受けていた。「かしこまりました。ハイ。ただちに始めます。ハイ」。だが、その仕事は、とても一生をかけるに足るような仕事とは思えなかった——どちらかというと、ただの「作業」といった方がよかった。しかし、世の中はすっかり変わってしまった。

> 　大学の同級生が最近、同期会を計画した。その夜、顔を見せた20人の中でこれまでの意味での「仕事」に就いていたのは一人しかいなかった。他はみな、自営業か、フリーランサーか、あるいは個人でサービス契約をしている者など、いわゆる「仕事」以外のことをやっていた。
> ————Tom DeMarco

起業家症候群

　最近、我々の仲間の多くが起業家として働いているというのは、別にホットニュースでもなんでもない。彼らはフリーランサーとして、日割りか週割りで、プログラミングしたり、設計したり、時には管理する仕事に自分の時間を使う契約をしている。このような自立している人々を会社に斡旋するのを専業としているところさえある。
　きちんとした会社でも、組織に属さない人々と取り引きしているところ

がある。もちろん、そんな会社は、フリーランサーと取り引きするよりは、自分の会社で人材を雇いたいのだが、そんなことができるだろうか？専門技術の分野は売り手市場である。そんな会社は、揚句の果てに、小さな会社か、ファットシティ・スマート社とかいう会社と組んで仕事をすることになってしまう。組んで一緒に仕事をする人たちの多くは、全くのところフワフワしている連中である。したいときだけ仕事をし、あるプロジェクトが終われば、2～3カ月は休んでスキーに出かけたりする。あぁ、何とプロらしくない人たちだろう。

大企業の経営者には、このような起業家現象はとても理解できない。経営者からは、こうした起業家連中は、生意気扱いされるだけでなく、従業員に見せたくない恐ろしい見本として見られる。彼らは、より多くの自由、より多くの休暇、より広い仕事の選択の幅を獲得し、しかもたっぷりと楽しみながら、たくさんの金を稼ぐからだ。

特別社員、特別研究者、そして社内起業家

経営者は、自分のところの優秀な従業員がフリーランサーに感化されて独立しはしないかと神経質になっている。そして、あの手この手で引き止めようと躍起になっている。例えば、大雑把な方針だけを与え、具体的に何をどうするかは各担当者に任せてしまう。その方針というのは、「21世紀の新しい方法論の調査」とか、「斬新で画期的な技術者養成方法の確立」とか「開発設計者のための理想的なワークステーションシステムの設計」といった具合である。

極端な例では、白紙小切手のように、何の方針も与えられないことがある。バリバリ働くヤル気十分の人間が社内にいたら、「自分がやりたい仕事をしろ」というだけで十分である。我々の同僚のスティーブ・マックメナミンは、このような仕事師たちを「自由電子」と名付けた。自分自身の軌道を自分で選択するからである。

この「自由電子」の増加傾向は、起業家症候群の脅威に対する反応以上の意味がある。健全な現代の会社の中には、特別社員、それに社内起業家や社内コンサルタントが多数いる。企業の中にこうした人たちがたくさんいる理由は極めて単純で、彼らが会社にとって役に立つからだ。こうした人たちの会社に対する貢献は、給料とは比べものにならないほど大きい。自分の好きな仕事をさせてもらう以上は頑張って利益を上げようとヤル気を出すのだ。

　　どこへ行こうが何をしようが、それは私自身が決めることだ。経営者は、当時会社が手をつけていなかった分野を、誰かが担当する必要があることに気づいて、私にやるように言い、それ以来それが私の、組織とは関係のない仕事となった。それで、輸入ビジネスに関わることになり、会社で使えそうな新技術はないかと常に目を光らせることになった。私は、この仕事についてから今までよりも会社のために一生懸命になったが、本来の仕事である情報科学——素晴らしいアイデアであれば誰が言いだしたものであれ常に歓迎される世界——からは疎遠になっていった。成功したかどうかは、会社にどれだけ貢献したかによって判断されるべきだと思っている。つまり、私は経営者のつもりでいるのだ。会社の中には、自分の押し入れのどこかに社内起業家がかぶる「帽子」をしまっている人が大勢いる。そんな人を見つけ出してきて、その帽子をかぶらせるだけで、私のようなヤル気のある社内起業家が生まれるのだ。

マイケル・L・ムッシュ
南カリフォルニアエジソン社
研究部部長

この会社で長年、いろいろな地位についてきたが、今やっている仕事のうちで、以前からずっとやっているものは一つしかない。この会社に来て以来、自分の仕事を自分自身が決めてきた。社内には、少なくともその時点で有望と思われた新分野の意義深い仕事に、喜んで後押ししてくれる人がいるのが普通である。非常にうまくいっているところでは、上流管理者は自分の考えを押しつけるのではなく、他人を信頼する。信頼された人は自分の考えをまとめて売り込む。誰もが会社の発展という大きな目標に対し責任を担うべきだが、これを遂行するための自由裁量の余地も与えるべきである。

リチャード・ブラントン
南部カンパニーサービス社
データ管理情報サービス部長

　人が自発的にやるべきことを見出したり、あるいは周囲の現実が人に進むべき方向を示したとき、初めて本当の「研究」ができる。私の場合は、残念ながら会社の方針に沿ってやるべきことが示されたため、周囲の現実を見つめて本当にやらなければならないと思っていることから、いつも会社の指示したことに引き戻されてしまった。たくさんの純粋な研究は、解決すべき現実の問題から動機付けされないために失敗に終わっている。重要なことは、研究の成果をどのように応用するかに注意を払うことであり、そういった研究は必ず会社の利益につながる。研究者に勝手に研究をやらせるという考えは、あるコピー機会社であったように逆効果をもたらすことがよくある。その会社にいた優秀な研究員は、自分たちが

> パロアルト研究センターで考えたアイデアを、会社が一向に商品化する気がないとわかって、会社を辞めた。
>
> ビル・ボンハム
> マイクロセージコンピュータ社　特別社員

親の指導はやめて

　旧ソ連の社会では、特に共産党員の間では、人生相談システムが普及していた*。実際には党員すべてがカウンセラーの役割を果たす。週に1回、人生上の決断の手助けをしたり、結婚や就職の問題の相談に乗ったり、政治的な行動を監視したりしていた。カウンセラーはいわば親代わりである。

　西側の人々にとっては、こんなことは大きなお世話といいたいところだ。個人の問題だから放っておいてほしいし、相談する場合でも、いつ誰に頼ろうが個人の勝手である。しかし、職場ではこの好ましい個人主義は雲散霧消してしまう。ここでは、昔からの生活の知恵、すなわち、「上からの意向に従うとうまくいく」という考え方にはまってしまう。大抵の人は、単に特定の目標を達成すれば成功間違いなしと考えることから、上からの明確な指示を歓迎する。大部分の人には細かく書かれた契約書が必要だが、そんなものが必要でない連中を管理するには別のやり方が必要だ。

　最も優秀な管理者としての資質は、将来に対する見通しと成熟度とをほどよく併せ持ったごく少数の鍵となる人物を選択し、こうした能力のある人たちを自由にやらせる能力である。このような管理者は、根っからの「自由電子」である人々にあれこれと指示を与えてはいけないことをよく知っている。こういう人たちは、自分自身の指示が、上から降りてくるどんな指示よりも会社の最善の利益にかなっている、というところまで達し

＊　本書の原著の初版は1987年

ているのだ。そろそろ「自由電子」に自由にやらせることを考えるときがきている。

第26章 眠れる巨人よ、目を覚ませ

　我々は、会社やプロジェクトがどうしてうまくいかなくなるかについてのエッセイをこの本にまとめた。もし、これが的を射ているなら、少なくともそのいくつかに、あなたのところの状況が当てはまっているはずだ。各章では、たとえ希望がほとんどないように見えるときでも、プロジェクト、部門、あるいは組織全体の、再構築を慎重に始めるための、処方箋的なアドバイスを述べたつもりである。もちろん、この中には不適切なものもあるかもしれないが、事を始める手掛かりにはなるだろう。これらは、施設監査本部を味方にし、企業エントロピーと闘い、チーム殺し的な傾向を打破し、製品の品質をもっと重視し（時間がそれを許さない場合でも）、パーキンソンの法則を無効にし、形式張った作業規定をゆるめ、E（環境）係数を改善し、袴を脱ぐ、といったもろもろのことを実施する勇気を与えるだろう。

　これらの方策のうちの一つぐらいはうまくやり遂げられると見ることは、想像に難くない。もし、一度にたくさんやろうとすれば、単に努力を薄めるだけだろう。激しく相手を非難するやり方は、建設的でないばかりか混乱を増すだけで、同僚や上層部は、あなたを泣き言屋と見て無視するだろう。たった一つの変化でも十分に価値がある。組織の社会学的関係について、一つだけでも、永続する変化が現れれば、それはとてつもなく大きな成果である。

だが、なぜ私が？

　一つの変化をもたらすことでさえ、一人ではできない相談だ。もし、あ

なたがけんか腰でそれをやろうと思っているのなら、それはそれで結構だ。だが、新たな作業規定や、計画中の新しいオフィスのスペースやサービスにからむ問題が持ち上がった場合、権力グループに立ち向かうのは、結局、誰なのか？　あなたは本当に闘う力があるのか？

　何年か前に、エル・コルドベスという有名な闘牛士がいた。カリスマ的な人物で、私生活やプロ活動のすべては世界中の通信社によって報道された。あるインタビューで、リポーターが、闘牛に対する情熱を保ち続けるために、日頃どんな鍛錬をしているのかを聞いた。

「鍛錬だって？」
「そうです。例えばジョギングとか重量挙げ、といった
体のコンディションを維持するための」
「君は、どうもわかっていないようだね。私は牛と格闘
しているんじゃないよ」

　変化の気運をうまく醸し出すには、牛と格闘する必要はない。あなたは、それをやれるほど強くない。
　一人が単独で行動しても、意味のある変化はほとんど起こらない。だが、何も一人で行動する必要はない。何かひどく具合の悪いことが起こったとき（作業場所でのひどい騒音など）、それについてみんなの関心を集めるのは簡単だ。そうなれば、それはあなただけの問題ではなく、みんなの問題になる。

眠れる巨人

　デンマークのコペンハーゲンの真北に、クロンボルグ城がある。数クローネ払えば、ホルガーダンスクという、伝説的なデンマークの眠れる巨人の像を見ることができる。ホルガーダンスクは、国が平和なときは静か

に眠っているが、万一、デンマークが危機に陥ったときは、目を覚まし、恐ろしい形相で怒りだす。デンマークの小学生は、後にもたれた14フィートの巨像に忍び足で近づく。ホルガーの楯と剣はかたわらに置かれ、よろいかぶとは身につけたままだ。子供たちは、誰もホルガーが闘う姿を見たくないので、小さな声で話すが、そばにいるのは楽しいのだ。

読者が属する組織の内部にも、眠れる巨人が危機に陥ったら目を覚まそうとしているはずだ。もし、企業エントロピーがあまりにも大きくなり、常識がほとんど通用しなくなった場合、それは危機的な状態だ。巨人とは、あなたの同僚や部下で、堪忍袋の緒が切れかかった理性のある人たちだ。こうした人たちが体制派であろうとなかろうと、みんなはどういうことが「馬鹿ばかしい」かをよく知っている。そして、オフィスの作業環境や社会学的関係をひどく損なうことは、正真正銘の馬鹿ばかしいことである、と思っている。

ホルガーよ、目を覚ませ

巨人を起こすには、そんなに時間はかからない。馬鹿ばかしさがあまりにひどければ、弱い触媒がわずか必要なだけだ。「こんなことはとても受け入れられない」と小さな声で言えばそれで十分かもしれない。みんなは本当にそう思っている。いったん、みんなが言い出すと、もう無視できなくなる。

そんなことは夢物語だと思うかもしれないが、もしあなたが会社の中で眠っている巨人を起こそうとするなら、あなたが初めて起こすのではないことを知れば勇気が湧くだろう。

- 大きな政府機関のある部門全体で、電話のベルにティッシュペーパーを詰めてしまった。もう大きな音では鳴らない。——優しくコロコロと鳴るだけだ（ホルガーダンスクのささやき声か？）

- カリフォルニアのあるコンピューター会社は、プログラマーの部屋にある社内放送システムにゲリラ攻撃をかけた。配線は切られたままだ。プログラマーが、昔組み立て現場に使われていたところに座っていたので、天井（と放送用のスピーカー）は床から16フィートも上にあった。こんなに高いところに手が届くのは誰だ？　ホルガーダンスクに違いない。

- ミネアポリスにある大規模プロジェクトの管理者は、部下を新しいところ（この場合、「新しい」とは狭くうるさい場所を指す）に移すことを拒んだ。総務部の人間はまさか拒絶されようとは思わなかったから、大変驚いた。作業者だけなら、言われた通りにしたかもしれない。しかし、その管理者には、働く人たちには仕事ができる場所が必要だ、という、総務部の人間とは違った論理があった。彼は、新しい作業場所ではまともな仕事ができないことを示す十分な証拠を集めた。こうしたことを判断する責任のある管理者は、このデータを見て移動すべきでない、と言った。もし、プロジェクトの管理者が一人でこの立場をとったとしたら、その主張を上からの圧力で覆すことは簡単だったであろう。しかし、彼は一人ではなかった。そばにはホルガーダンスクがいたのだ。

- オーストラリアのある会社では、会社の指示でチームを編成することをやめ、個人個人が自分たちでチームを作ることを認めた。その会社では、気の合った二人が自分たちの意思で集まり、会社はこのチームを一つのユニットとして仕事に割り当てる。こうしたことは、ホルガーダンスクからのちょっとした圧力がなければ、決して起こらなかっただろう。

この本で述べてきたことのどれかに思い当たってニヤリとするようだったら、笑うのをやめて改善のための行動を開始すべきときに来ているのだ。社会学的な関係は、技術よりも、ときには金よりもずっと重要な問題である。よい社会学的関係は、大いに生産性を向上させ、仕事への満足感を高めるはずだ。もし、そうならないのなら、こんなことにうつつを抜かす意味は全くない。改善すべき問題を慎重に選び、事実を集め、そして、はっきりと主張するべきだ。あなたはきっと状況を変えることができる…ホルガーダンスクの力をちょっとだけ借りて。

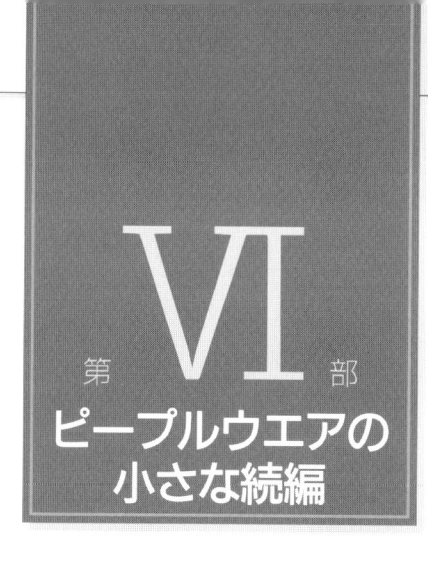

第VI部
ピープルウエアの小さな続編

　第2版では、全体を書き直すのでなく、最後に新たな章を追加することにした。もし、初版のすべての要素が少しずつ含まれている第VI部が初版としっくりいかないところがあるとすれば、それは、少なくとも、もとの記述をそのまま温存したことによる、歴史的な観点だろう。第Ⅰ部から第Ⅴ部は、プロジェクトレベルの仕事に大部分の時間を費やす、中年のコンサルタントが書いた。第VI部は、いまは組織レベルの仕事でかなりの時間費やす、しわがより白髪まじりの、年をとった二人のコンサルタントによって書かれた。第Ⅰ部から第Ⅴ部は、おおむね、みんなが幸せになる開発プロジェクトの設計や環境について、そして第VI部は、開発作業を含む組織全体の設計について述べている。

第27章 続、チーム殺し

　当時著者たちには、第20章に述べた、チーム殺し7つの秘訣で、この主題のAからZまでのすべてをカバーしているように思えた。だが、チーム殺しの二つの重要なことを見落としていた。もとの7つと同様に、新たに加えた二つは、我々の業界で広く行われている。その中の一つは、それを支援する小さな成長産業が急に現れるほど、どこにでも見られるようになった。

いまいましいポスターや楯

　次に飛行機に乗るときに、機内誌または機内販売カタログを手にとって、全面広告のページをパラパラとめくってほしい。雑誌のどこかに、気をそそるポスターや、オフィスの壁に掛けた（誰かが製品説明で壁を埋め尽くしてしまわないように）額縁入りメッセージが載っている、カラフルなページに出くわすだろう。ちらっと見るだけでなく、メッセージのすべてを無理に読み、頭の中で反復し、この甘ったるい文を味わってほしい。もしそうし終ったときに、腹が立たなかったとしたら、読者は、どうしようもない管理者の下で、あまりにも長い間仕事をしてきたのだろう。
　チーム殺しの大部分の形態は、仕事をさげすむか、仕事をする人々をさげすむことによって、効果的に彼らにダメージを与えるものだ。チームの結束は、その仕事が重要で、それをうまくやるのは価値があることだ、という常識が引き金となって起こる。最後のセンテンスの「**うまくやる**」という言葉がくせ者だ。チームは、プライドをもってプロ意識の標準をみずから設定し守ろうとする。チームメンバーのすべては、仕事の質がその組

織にとって重要であることを理解しているが、チーム自体を他と差別化するために、そのチームはさらに高い標準を採用する。この、他と差別化する要因がなければ、グループはただのグループであって、決して真のチームとはいえない。

この複雑にミックスしたチームに、「品質は第一の仕事だ」とのたまう150ドルの額入りポスターを与えたとしよう。「おや、おれはそんなこと考えもしなかったよ。いや、ボス、おれはこのすてきなポスターにお目にかかるまで、品質は29番目か、またはおそらく117番目か、またはもっと下の仕事だと思っていたよ。会社の価値の物指しだと、耳あかを取ったりゴミを選り分ける仕事より低いどこかじゃないか、とね。だけど、いまその価値がわかったよ、ありがとう」

こうした「**動機づけのためのアクセサリー**」（会社のスローガンが入ったコーヒーカップ、楯、バッジ、キーホールダー、および表彰状を含む）と呼ばれるたぐいのものは、実質よりも形式に固執したものである。これらは、品質、リーダーシップ、創造性、チームワーク、忠誠、およびその他の多くの組織的な美徳を誉めちぎっているようにみえる。だが、こんな単純な言葉で誉めることで、次のような全く違ったメッセージを送っているのだ。つまり、「この会社の経営層は、こうした美徳が、一生懸命働くことや管理の手腕によるよりも、こんなポスターで改善できると信じているんだ」みんなは、たちどころに、こうしたポスターの存在が、一生懸命働くことや管理的才能に関心がないことのたしかな兆候と理解する。

こうした問題の重要な点は、動機づけのポスターの主題がすでに侮辱となっていることだ。しかし、実際にそれをやるとなると、状況はさらに悪くなる。ある会社が広告した一つの例を考えでみよう。それは、朝靄の中をピッチを完全に合わせて櫂を漕ぐ、汗だらけの漕ぎ手のイメージを、ソフトフォーカスで示し、その下に、次のように書かれている。

> チ●ー●ム●ワ●ー●ク
> …それは普通の人に非凡なことを成し遂げられるようにするエネルギーだ

　ここで言っている「普通の人」とは、あなたやあなたの仕事仲間なのだ。普通の人か！（あまり深く考えないようにしよう）だが、少なくともその会社の態度は一貫している。同じ会社のリーダーシップについてのポスターには、「リーダーの速度が群れの速度を決める」と書かれている。群れ、そう、これもあなたのことだ。

　動機づけのアクセサリーは、大抵の人をむずむずさせるほど、十分にインチキ臭い。これらは健全な組織を確実にダメにする。ダメにならない唯一の場所は、この被害をずっと以前に受け、これ以上ひどくなりようがない会社のように、こうしたことが無視されるところだ。

残業の予期しない副作用

　読者はすでに、残業の利用に対して著書にある種の先入観があることについては、この本の初版の章で説明しているので、気づいているだろう。これは、余計な時間働くことのプラス面が大いに誇張されて、それのマイナス面がほとんど考慮されなかったという我々の経験からきている。こうしたマイナスの影響は、たくさんのエラー、疲労困憊、退職率の急増、そして埋め合わせの「無業時間」など非常に重大である。この節では、それさえなければ健全な作業グループでの、残業のもう一つのマイナスの影響である、チーム殺しのさまざまな影響について、調べてみたい。

　よく結束したチームがやっている、あるプロジェクトを想像してほしい。あなたと同僚は、あなたやボスでさえ素直に驚くほどの高い効率で、よい仕事をしている。これは、チーム全体の生産能力が個人の生産性の合計よりも高くなるという、チーム結束の効果がもたらしたものだ、という

ことを、あなたは十分に理解している。しかし、それでもなお十分ではない。会社の上層部は6月に出荷することを外部にアナウンスしており、いまの調子では終らせることができそうもない。

　ちょっとだけ残業すれば、いいように思える。チームのギアを高速にシフトし、(同じような高能率で) 週数時間の残業と、おそらく何日かの土曜出勤をすることになるだろう。それにはたった一つ問題がある。あなたのチームの同僚——仮にアレンと呼ぼう——には、他のみんなのように柔軟性がない。彼は、父子家庭の父親なので、まだ小さい坊やの面倒を見なくてはならない。アレンは、毎日午後5時15分に、保育園に坊やを引き取りに行かなければならない。想像できるだろうが、彼にとって、息子とのかけがえのない時を過ごす土曜日と日曜日は、侵すことのできない時間なのだ。

「あぁ、大丈夫だとも。おれたちはアレンをカバーするよ。おれたちは、わかっているよ…、」と最初は言う。

　だが、数カ月たって、アレン以外の仲間はストレスを感じはじめる。みんなの土曜日は食いつぶされ、ほとんどの日曜日にも及ぶ。あなたは、このくらいならできそうだ、と思っていたより多く、週60時間以上働いているので、奥さん (だんなさん) や子供達がぶつぶつ言っている。洗濯物は山をなし、請求書は払い込む暇がなく、折角の休暇プランはゴミ箱行きとなる。にもかかわらず、アレンは、いままで通り、週40時間働いている。とうとう、誰かが「アレンの分を支えるのはとても辛くなってきた。」と、みんなが思っていることを言う。

　ここで何が起こったのだろう？　結束の大きな効果で、快調に飛ばしていたチームは、チームメンバーに均等に適用できない残業政策によって、無理やりばらばらにされてしまった。しかし、優れたチームのメンバーは、どの点から見ても、決して均等ではなく、個人の生活から時間を「借りる」手腕もたしかに均等ではない。4、5人、または6人からなるほとんどのチームで、個々のメンバーの生活の一部にうまく収まるように残業

を割り当てられそうもない人が、必ず何人かいるものだ。もし、残業が、数日の長時間勤務か1日の休日出勤だけなら、大したことはない、と肩をすくめるだけだろう。だが、もし残業が何カ月にもわたって続き、最もやる気があるメンバーでさえ負担を感じはじめると、チームの結束は確実に損なわれる。痛みを分担しない人達は、次第に他のメンバーと疎遠になり、チームを結び付けていたマジックは消滅する。

　いずれにせよ、たくさん残業をさせるのは生産性を下げるやり方だ。ほとんどの場合、余計に働いた時間よりも、マイナスの副作用で消える時間の方が多い。あなたがチームの分裂を想定していない場合でさえ、このことは正しい。チームメンバーが残業する条件を個別に考慮すると、チームの破壊を招きやすく、これと反対のやり方が説得力を増す。

　大部分の管理者は、残業が何の足しにもならないし、たくさん残業をさせるプロジェクトが、あまり管理者の腕前と才能を示す証拠にはならない、という説に、何となく疑念を感じている。しかし、いずれにせよ、結局は残業を認めるか奨励することになる。どうしてそうなるのか？　ジェリー・ワインバーグは、ある種の答えを持っている。彼が言うには、人は、期限通りに仕事をするために多くの残業をするのではなく、仕事が期限通りできそうもないことがわかったときに、非難から身を守るためにそれをやるのだそうだ。

第28章 競争

　チームまたは作業グループ内の競争は複雑な問題で、管理者の間で意見が一致しない傾向がある。読者は、会社は互いに競争せねばならないのだから、その延長として、社内のちょっとした競争は、会社の競争力を維持するうえで、健全なやり方だ、という話を耳にしたことがあるだろう。別の管理者は、チームメンバーが互いに闘っていると感じるのはよくない、と断言する。一方の極として、少なくとも競争はチームの結束を阻害するのはたしかだ。最も優れたメンバーだけが来年も生き残れるとアナウンスしたとすると、一緒に仕事をするのはうまくいかない。

似た例を考えてみよう

　管理者と同じように、両親は時々家庭内の競争の問題を解決しようと努力しなければならない。両親は、子供たちがよく争うことを知っている。両親は、起伏の多い将来の人生で、競争心が役立つことに安心したい気持ちになるだろう。従って、おそらく、家庭内で競争心を磨くのは、問題にしない。

　しかし、兄弟姉妹間の競争は、完全に問題がないとは言えない。例えば、競争心の強い兄弟姉妹は成長すると互いに疎遠になり、一方で子供の時代にあまり競争心を持たずに育った兄弟姉妹は、大人になっても暖かみのある兄弟姉妹関係を作る機会が多い、ということを我々は知っている。大人になってから「話したことがない」兄弟姉妹の例や、兄弟姉妹が、大人になっても家族の関係を持ち続けることがない、という最も悲しむべき極端な例を少なくとも一つぐらいはおそらく読者は知っているだろう。

ここに、両親が兄弟姉妹同士の競争心を奨励したり反対する場合、実質的に次の共通認識がある。つまり、競争心は、両親が子供達に情緒的に愛情深く接していないとき、時間をかけ、尊敬をもって、注意深く、そして愛情をもって接していないときに、育まれる。

　逆に、大人や若者同士の兄弟姉妹が互いによく助け合っていて、明らかに互いによく面倒を見ており、友情関係に明らかな喜びを感じているとき、彼らの両親が何か正しいことをしたことを、読者は知っている。

　作業チーム内の競争心は、管理者の時間、尊敬、注意、および部下への愛情の欠如によって育まれる可能性があるのではなかろうか？　これは単純すぎるように聞こえるが、きっと重要な真実の核心があるはずだ。

それは問題なのか？　コーチングの重要性

　一緒に働かなくてはならない人たちの間での激しい競争は、どんな長期的影響をもたらすだろう？　最初に犠牲になるものの一つは、健全なチームでは広く行われている、気楽で効果的な仲間同士のコーチングだ。

　管理者として、あなたはチームまたはあなたの管理下にあるチームの主席コーチとなるべきだ、と固く信じているだろう。これはたしかに、高度な技術を持ったボスが、作業者がマスターする必要がある技術について、立証済みの専門家であることが多かった過去においては、一般的なモデルだった。しかし、今日では、知識労働者の典型的なチームがさまざまなスキルを持っていて、そのほんの一部をボスがマスターしているだけだ。ボスは、通常チームメンバーの一部にだけコーチする。他のメンバーはどうするのだろう？　我々は、チームメンバー自身がコーチングの大部分を提供しているということを、ますます確信するようになった。

　活動中の固く結束したチームを観察すると、仲間同士のコーチングという、ごく当たり前の健康的な行為が常に行われているのを目にするだろう。チームメンバーは、ペアで机に座って知識を伝えている。これが起こ

るときは、常に一人が学ぶ側でもう一人は教える側だ。この役割は、おそらくＡさんがＢさんにTCP/IPについてコーチし、その後でＢさんがＡさんに待ち行列のインプリメンテーションについてコーチする、といったように、時折、役割が切り替わる。それがうまくいっていると、やっている人はほとんど意識さえしない。彼らは、それをコーチングだとも思っていない。彼らにとって、それは単に仕事のうちだ。

　名前を付けようと付けまいと、コーチングは、チーム内が相互にうまく作用するための重要な要素だ。それは、参加者個人の成長ばかりでなく、協調作業の準備運動でもある。それはまた、気分がよい。我々は、宗教的な経験に近いものとして、意味のあるコーチングを受けてきたことをよく思い出す。我々は、過去に我々をコーチしてくれた人たちに、大きな借りがあると感じており、他の人にコーチをすることによって、気持ちよく借りを返しているのだ。

　コーチングという行為は、もし自分たちが安全であると感じなければ、明らかに起こりえない。まさに競争という雰囲気の中では、あなたがコーチしてもらうために座っているのを見たら、彼はあなたを狂気の沙汰だと思うだろう。それは、あるテーマについて、あなたが、彼よりも知識が劣っている明らかなしるしであるからだ。その逆に、最終的にあなたをのけものにするために、あなたの助けを利用するかもしれないような人に、コーチをするのも狂気の沙汰だ。

続々、チーム殺し

　チーム内の競争は、コーチングを困難にし、または不可能にするという直接の影響がある。コーチングは健全なチームにとって仕事をするうえでなくてはならないものなので、管理者が、何かチーム内の競争心をあおるようなことをしたら、チーム殺し的と見なければならない。以下に、チーム殺しの副作用をもたらしかねない管理的な行為のいくつかを示す。

- 年次の給与または功績の見直し
- 目標管理
- 大きな功績を成し遂げた特定の従業員の表彰
- 功績と結びついた表彰、賞、ボーナス
- あらゆる形態の成果の評価

 ここで少し待ってほしい。管理者が多くの、または大部分の時間を費やしているのは、まさにそのことではないのか？ 残念ながら、その通り。そして、こうした行為こそが、やがてはチーム殺しをもたらすことになるのだ。
 エドワード・デミングが1982年に書いた『危機からの脱出』(Out of the Crisis)には、いまや広く知られている「14のポイント」が説かれている。これらの中に隠れていて、いまになって気づくのは、次のポイント12Bである。

> 管理や技術に携わっている人々から、熟練した仕事の誇りに対する権利を奪うバリヤーを取り除け。これは、［他のポイントとは異なり］年次評価または業績評価、および目標管理の廃止を意味する。

 自らデミング派と称する人でさえ、これには困惑する。彼らは「それでは、代わりに何をすればいいんだ？」と、とぎれとぎれに言う。
 デミングのポイントは、目標管理やそのたぐいのものは、管理上の責任逃れの口実である、ということだ。仕事に追い立てるための、単純で外因的な動機づけ手法を用いることによって、管理者は、投資、直接的な個人への動機づけ、配慮の行き届いたチーム形成、スタッフが辞めないようにすること、および実行中の作業手順の分析と再設計、といった、困難な問

題に取り組まないことの言い訳にしているのだ。

　ここで我々が指摘したいのは、もっと限定されたものだ。つまり、チームメンバーを格差をつけて報いるいかなる行為も、競争心を煽ることになる。管理者は、この影響を減らすか、あるいは、この効力を打ち消す行動を起こす必要がある、ということだ。

メタファの混用

　さて、著者からの以下のメッセージを割り込ませてほしい。

著者からの驚くべき告白

　この本全体を通して、固く結束した技術的作業グループのメタファとして、スポーツチームを用い、議論してきた。だが、我々は、いま、このメタファに幻滅を感じつつあることを、ここで強調せざるをえない。

　我々にとっての最近の大きな悩みの種は、スポーツチームのメタファが競争を意味することにある。フットボールチームやサッカーチームや野球チームは、リーグの中で競争するが、チーム内部の競争も大いに奨励する。例えば、バスケットボールの試合で「ベンチに座って出番を待つ」選手たちが一線級の選手になるためには、ほんのわずかでも競争心を感じなければならない。たしかに、当然彼らの頭に深くしみこんでいるのは勝つことだ。だが、どうすれば勝てるかについて、じっくり考えているとは思えない。

　　　　私は、高校ではバスケットチームの最も背の低いメンバーだった。私は、私が試合に加わる前にルール違反で退場せねばならなかった選手のことを、いまでもよく覚えている。彼の名はダグ・ティンマーマンといった。彼

> は憎らしいほど才能のある選手で、決して誰の妨害もし
> なかった。私は彼を兄弟のように愛したが、それでも…
> ————Tom DeMarco

　我々は、一人の選手が失敗しても成功するスポーツチームを見てきた。また、チームがこっぴどく負けても素晴らしい夜を過ごす一人の選手がいることも見てきた。一人の選手の成功や失敗は、全体としてのグループの成功や失敗とは違う。これは、一人の選手の失敗が、競争の結果に対して、最初の切っかけを不利にするだけ、という不完全な状況だ。

　これと対照的な例を挙げると、合唱またはグリークラブでは、個人とそのグループの成功と失敗がほぼ完全に結びついている（一人が自分のパートを完璧に歌っているのに全体の音程がずれている合唱団を賞賛する人はいない）。

　それゆえ、気づくのが遅すぎたが、固く結束した作業グループがやろうとしていることには、音楽のアンサンブルのメタファがよりふさわしかった、ということを、我々は読者に言いたい。もちろん、「チーム」という言葉を、そのようなグループを記述するのに使っているのは我々だけではない。

　それを「チーム」または「アンサンブル」または「協調的な作業グループ」のいずれで呼ぶかが問題なのではなく、問題は、一人ひとりの成功が全体の成功に直接結びつくということをみんなに理解してもらうことだ。

第29章 プロセス改善プログラム

　1980年代に方法論をもたらした素晴らしい人たちは、その後何もしなかったわけではない。彼らが最近世に出した「プロセス改善活動」は、新しく、より大きく、よりよく、より華々しく、そしてより野心的であるが…それはまた、古臭い代物でもある。あなたのところのプロセス改善プログラムは、大文字Mのメソドロジー、つまり作業規定の生まれ変わりだ。今回は、それは「一つのサイズですべてに合う」究極のものだ。それは単に会社全体で「一つのサイズですべてに合う」のではなく、全世界で「一つのサイズですべてに合う」ものなのだ。組織の開発能力は、固定したモデルで測られる。モデルにぴったり合えば合うほど、より高い評点が得られる。評点は高いほどよい。評点が最も高ければベストだ。もしすべての組織が最高の評点を取ったとしたら、すべてがベストだから、当然、ベストな方法という全く同じやり方で仕事をすることになるだろう。YahooでPerlのアプレットを作ろうと、Aetna[*1]で年金会計ルーチンを作ろうと、ベストはベストだ。まあ、理屈ではそうなるのだが…

簡単な歴史

　あなたが15年間他の惑星にいたとして、次にプロセス改善の簡単な歴史を提供しよう。

1984：米国国防総省は、カーネギーメロン大学にソフトウエア工学研究所

---

*1　Aetna：アメリカの大手保険会社で、年金プランと年金資金管理を売り物にしている

(SEI) を設立し、「ソフトウエア工学の優れた規格を策定する」仕事を契約した。
1987：「ソフトウエア成熟度」を評価する、最初の5レベルのスキームがSEIから出版された。
1988：「ソフトウエアプロセスの特性化：成熟度の枠組み」というワッツ・ハンフリーの改善の助けとなる論文が、IEEE Softwareの1988年3月号に掲載された。最初のアセスメントが実施され公表された。能力成熟度モデル（Capability Maturity Model、CMM）がはじめて公に知られるようになった。
1989：プロセスグループと最初のプロセス支援組織が形成された。ハンフリーの『ソフトウエアプロセスの管理』（Managing the Software Process）が出版された。
1990：CMMが、DoDコミュニティーに、最終的にはそれ以外へと浸透した。大規模ソフトウエア会社の大半ではないにしても、多くの組織において、CMMの目標レベルを設定するようになった。

　CMMの核心は、順序づけられたキープロセスエリア（KPA）であり、各キープロセスエリアは、より本質的なものへと漸進的に定義されたスキルによって性格づけられている。キープロセスエリアにおけるスキルの熟達の度合いに基づいて、組織の「成熟度」のレベルは5つに格付けされる。各レベルの達成は、単にマスターしたスキルの数ではなく、これらをマスターした順序によって決定される（例えば、すでにレベル3を達成した組織でないかぎり、レベル4のスキルをマスターしたことを認めない）。

プロセス改善プログラムのパラドックス

　標準化はいいことだ。標準化はありがたい。これがなければ、コダックのフイルムカートリッジをミノルタのカメラに入れることはできないし、

コーヒーメーカーのプラグは壁のソケットに合わないし、地方局が発信する放送信号は受信できないし、新しく買った電話機は電話サービスと互換性がないし、CDはプレイヤーにかからないし、ファックスは間違ったものを送るし、衣服や靴のサイズは意味をなさないし、新しいタイヤは古い車に合わないし、そして、インターネットは、それを発明した人だけしかアクセスできないだろう。

このような標準化はいいことだ。しかし、現代の世界における標準化の偉大な勝利は、ほとんどすべてが標準インタフェースによる成功であることは、指摘しておくべきだろう。ねじ溝の規格、または単三電池、またはカセットテープなどの規格は、対応する部品とどのようにインタフェースを取るか、といった最終製品についてこまごましたことは決めているが、これらの製品を作るプロセスに関するものは一つもない。それを水中で作ろうが、ロボットで作ろうが、訓練した猿で作ろうが、結果として（サイズ、形状、許容誤差、電気的特性といった）スタンダードインタフェース規約を守って作られていれば、どれも単三電池だ。インタフェース規格の成功を、プロセスの規格の必要性に持ち込むのは、いささか拡張のし過ぎだ。

それにもかかわらず、理想的なプロセスを確認した仕事は、大いに興味をそそる。ハンフリー、ポークをはじめ、その他のSEIの人たちの仕事は、思慮深く、要求にかない、野心的で、しかも真摯なものだ。

ティムと私が、『Software State-of-the-Art: Selected Papers』[Dorset House, 1990]、という論文集を編集したとき、我々は、1980年代で最も大きな影響を与えた論文を拾い上げることから始めた。ワッツ・ハンフリーが書いた「ソフトウエアプロセスの特性化：成熟度の枠組み（Characterizing the Software Process: A Maturity Framework）」は、我々が第一に選んだも

> のだった。その年の暮れにアメリカン・プログラマー誌
> のために書いた論文[*2]で、私は、採録した31編の論文の
> 中でどれがナンバーワンかについて明言した。何のため
> らいもなく、私はハンフリーのものを選んだ。ハンフ
> リーの仕事がその後数年間にわたって与えた影響を考え
> ると、この選択は正しかったと思う。
>
> ――――Tom DeMarco

　理想的なプラクティス、または少なくとも理想的なプラクティスの候補を識別することは、努力する価値がある。しかし、そのようなプラクティスを命令するプログラムは、それとは全く違うものだ。
　CMMのパラドックスは、プロセス改善はいいことだが、プロセス改善プログラムはよくないか、少なくともよくないことが多い、ということだ。有能な人たちは、プロセス改善活動に常に巻き込まれる。彼らは進歩と成長にプライドを持つが、それは彼らが行うもっと得意なことからのみ得られる。この種の低レベルのプロセスの改良は、知的作業の基礎的健康法のようなものだが、公式プロセス改善では、責任を個人から組織に上げてしまう。一人ひとりは、実践とスキルの向上に励むだろうが、組織はそれらを**制度化**するだけだ。危険はこの制度化にあるのだ。
　プロセス改善の制度化の取り組みにともなう問題を理解するために、あなたは、プロセスレベルが上げられている間、プロジェクトを片付けることから目を離し、その代わりやったことのないことに努力を集中させなければならないのだ。

---

*2　実際にはこの論文は、American Programmer, March 1991 (Vol. 4 no. 3) に、The Best of the 1980sというタイトルで載っている。

利益についての馬鹿ばかしさ

　顧客にとって最も価値がある製品を作る組織が競争に勝つ。世界中の人があくびをするような退屈な製品を作る組織は、これらを猛烈に効率良く作ったとしても、競争に負ける。つまずきながら開発しても、高い価値がある製品を作った組織が、退屈なものを効率よく作る組織に勝つ。プロセスは、それがやる価値があるプロジェクトでないかぎり、なんの価値もない。

　　私が利益とプロセスが相いれないことについて、ある地方の専門家ソサイエティーで講演をした。講演が終って、あるソフトウエア管理者が、その年のはじめに完了したプロジェクトについて私に語った。彼らは、オンライン顧客紹介・注文システムに、いくつかの新たなトランザクションを加えた。インストレーションの際に、彼らは新たに加えた機能がどれぐらい使われているかを知るために、通過回数カウンターを入れておいた。6カ月たって、カウンターをダウンロードした。管理者は、会社がそのソフトウエアを開発するのにどれだけのコストがかかったかを知っているので、コストを通過回数で割って、6カ月間のトランザクション当たりのコストをはじき出した。トランザクション当たりのコストは、何と53,000ドル（640万円）であった！　各処理の利益は、おそらくペニー（1円玉）で測れる程度だろう。この話の素晴らしい皮肉は、この組織がレベル2であり、数カ月後にレベル3へ向けてアセスメントを受ける予定であったことだ。もしプロジェクトが始まる前にレベル3を取得していたなら、彼らはきっとトランザクション当

たりのコストを45,000ドルに下げていただろう。

————Timothy Lister

プロセス改善が目標として設定されたとき（例えば、今年中にレベル3を取れ！）、おっかないプロジェクトを改善対象から外そうとする。不幸

表29.1　SEIの能力成熟度モデル

CMMのレベル	キープロセスエリア	重要な行為	結果
5：最適化する	・プロセスの効果が統計で証明されている ・継続的なプロセス改善に重点が置かれている ・厳格な欠陥原因分析と欠陥予防策	・ソフトウエア制御オフィス ・計測値によるプロセス変更 ・欠陥予防策	プロセス、生産性、品質を測定し改善する
4：管理された	・生産性と品質が計測されている ・プロセスの結果が許容できる範囲内にある ・プロセスとプロダクト品質が予測可能である	・ソフトウエア制御オフィス ・欠陥の管理 ・プロセスの測定/分析	
3：定義された	・文書化された管理的/工学的プロセス ・組織のソフトウエアプロセスに重点が置かれている ・プロジェクトの活動が管理下にあり、品質は追跡されている	・ソフトウエア制御オフィス ・統合化されたソフトウエア管理 ・グループ間の協調 ・教育プログラム	
2：反復できる	・規律に従った管理制御プロセス ・プロジェクト管理の方針/手順の確立 ・プロジェクトの活動が管理下にあり、品質は追跡されている	・ソフトウエア制御オフィス ・プロジェクトの見積/制御 ・外注管理 ・応札者の評価/制御 ・教育プログラム	
1：初期	・健全な管理プラクティスの欠如 ・ソフトウエアプロセスは場当たり的で不安定 ・ソフトウエア開発結果は予測できない	・教育プログラム ・プロセスの計測 ・プロジェクトの制御/計画	リスクを数量化して低減する

＊J.W.E. Greene, "Software Process Improvement: Management Commitment, Measures, and Motivation," Managing System Development (February 1998), p.4より許可を得て掲載

にして、このおっかないプロジェクトは、おそらく改善する価値があるものなのだ。

　真の利益をもたらすプロジェクトのすべては、それと共に真のリスクを伴うものだ。顧客の想像力をかき立て、財布をはたかせるものは、いくらかの新しさ、いくらかの革新性、または発明性を持つプロジェクトなのだ。日程が1年遅れ、コストが3.5倍かかり、システムテスト中に山のように問題があり、それを動かし続けるためだけに「コード寿命蘇生器」を使う技術者が付き添う必要がある、あなたの会社で最も有名な混乱プロジェクトでさえ、それでもなお、ここ数年のうちで仕上げたベストプロジェクトである、ということがありうるのだ。

　CMMを正当化する最も強固な理由は、それが品質と生産性を向上させ、同時に**リスクを低減する**ことである。

　前ページの表は、同じ仕事を、より高いレベルではより低いリスクで引き受けることができることを示している。しかし、我々に衝撃を与えるのは、それよりずっと起こりそうな別の解釈があることだ。それは、組織が「成熟」するにつれて、次第にリスクを避けるようになる、ということだ。CMMのレベルが上がったことを証拠で示せ、との厳しい監視の下にいる組織に、真の挑戦は期待できそうもない。

　いずれにしても、こんなことをせっせとやっている組織に、高度な熟達がリスクを減らす、というようなことは起こりそうにない。

新室内/屋外世界記録

　あなたがラップで包装されたビジネスソフトウエアを開発している中規模の会社で働いているとしよう。その会社の役員は、CMMがピッツバーグにあるSEIからやって来るのではなく、神様がのたまうものと信じている。彼らは、会社の成熟度レベルのアセスメントをするために、SEIを呼んできた。アセスメントが完了し、みんなは会社の講堂に召集され、SEI

の主席アセッサーが演台に上り、アセスメント結果を公表する。会場はシーンとする…

> 「皆さん、驚くべきニュースがあります。我々はアセスメントを完了し、皆さんの組織の、5レベル構造によるCMMレベルを決定致しました。この組織が示した結果は…、レベル6です！　そう、レベル6なのです。我々でさえ、ここに来るまでは、レベル6があったことを知りませんでした。本日は、我々すべてにとって素晴らしい日であります。我々は、あたかも元素周期表の新たな元素を発見したような気持ちです。あなた方は人類が到達した最良のソフトウエア開発組織です。ありがとう。今日がよい日でありますように。」

よいニュースか、何だって？　レベル6になったら、次に何をやろうかな？　あなたがアセスメントの意義を強く信じれば信じるほど、あなたは一層困難な仕事に対決したい気にさせる。レベルのバーを上げよう。あなたは、他のもっと成熟度の低い組織がおそらく作れないようなソフトウエア開発の仕事に技術者を放り込むかもしれない。もし、あなたの会社が、人類が知る最良のソフトウエア開発組織だとしたら、平均的なつまらない組織ができそうな仕事と同じような仕事に技術者を割り当てるのは全く意味がない。偉大な挑戦だけを相手に競争に苦闘する方がずっとましである。そして、もし、時々失敗しても、だからどうしたというのだ？　時には成功して、レベル6の組織にふさわしい生産性を達成したことがわかるだろう。もし、やらなければならない並みの仕事があれば、それを海外でやらせるだろう。それなのに、容易な仕事だけを引き受けて有能面しているだけの組織がたくさんある。

バーを上げることはリスクの増加を意味する。あなたが有能になればな

るほど、あなたはリスクを負う。それをやらないのなら頭がおかしい。

　仕事に取り組むやり方を改善すればするほど、困難な仕事に取り組むことになる。これには二つの理由がある。一つは、手法を改善することによって、概してより多くのありふれた仕事を機械に任せるか（例えば、かつては人手でやったSQLのステートメントを生成する仕事を、いまやソフトウエアで生成する）、プロジェクトをそっくりそのまま外に出してしまう（例えば、スプレッドシートの発明により、大量の仕事がソフトウエア開発グループから一般事務の仕事に移った）ことになる。残った仕事は、知的密度が高いものになり、それをやるのにより高いスキルと豊かな経験が必要になる。プロセス改善で真の進歩を達成しようとすると、仕事をするために、より才能のある人と、より豊富な経験のある人が必要になる。

　第二の理由は、改善された方法によって、さらに困難で挑戦的な仕事を引き受けられるようになる。そして、あなたはそんな仕事を引き受けるだろう…あなたがダークサイドに陥っていないなら…

プロセス改善：それは我々をダークサイドに陥れるのか？

［これを読む人へ：この部分をできるだけスターウォーズのダース・ヴェーダーの声に似せて大きな声で読むこと］

　　　　「ルークよ、おまえの心の奥を探ってみよ。先刻承知だろうが、もしおまえがレベル4に到達することができたら（想い起こすがいい。大王だけがレベル5に到達することが許されるのだ）、大金持ちになるのだぞ。おまえのやることは、誰にも邪魔させないぞ、ルーク。ダークサイドへ向かえ…。我々の計画はこうだ。我々は、いままでにやったことと全く同じプロジェクトを実行するの

だ。うまくいくことがわかっていることだけをやれ。我々は、こうした平凡な状況で完璧に適用できるプロセスを定義するのだ。我々は、行動することのすべてを文書に記録する。汎銀河プロセス警察がやってきたら、彼らは、我々の完璧に管理されたソフトウエアプロセスの渾然一体となったインプリメンテーションに、完全に魅了されるだろう。おまえは、ソフトウエアプロセス改善と引き換えに約束された、ずっしりと重いボーナスを手に入れるだろう。だが、おまえは素早く行動しなければならない。おまえの組織が潰れる前に、ボーナス小切手を現金化せよ」［邪悪な笑い］

　世界中の組織は、CMMの階段を上れ、というプレッシャーの下にある。極端な場合、これらの組織は、明日または某日までに現在のレベル＋1へ向けて、やみくもに突っ走らされる。これがダークサイドであって、それは低いリスク、従って利益も低いプロジェクトを安全にこなすように誘惑する。

プロセス改善の大きな矛盾

　あなたには、組織に組み込むことが可能な、できるだけ多くの熟達した能力が必要だ。あなたは、つねにリスキーなプロジェクトを引き受けるために、それが必要なのだ。SEIがキープロセスエリアと名前をつけたものは、熟達した能力を組み込もうとしているあなたにとって、役に立つだろう。なぜなら、キープロセスエリアは、優れたソフトウエア管理者が理想とするスキル一式を定義しているからだ。キープロセスエリアに努力を集中せよ。しかし、組織的な点数かせぎをやめさせるために、できることは何でもやれ。

もし、あなたがすでにCMMレベル2またはそれ以上の組織なら、次ぎのことを心に留めよ。

> **最もやる価値のあるプロジェクトとは、それはあなたのところのレベルを一つ完全に下げざるをえないプロジェクトだ。**

おそらく、こうしたプロジェクトは、あなたがやれる唯一のものだろう。

第30章 変化を可能にする

> 人は変化を憎悪する…
> それは人が変化を嫌うから…
> 私の言うことを、しっかり理解してほしいんだ
> 人はほんとに変化を嫌う
> ほんとに、ほんとにそうなんだ
>
> スティーブ・マクメナミン
> アトランティック・システム・ギルド社
> ロンドン（1996）

　スティーブの句は、彼の見解に少し頭を混乱させられたIT管理者を対象とした講演から引用した。最初、聴衆はその考えを気楽な気持ちで否定した。「おや、私たちは人々が働いたり扱ったりするやり方を変えるシステムを作っているんです。私たちは、変化が確実によりよい方向にいくようにするために、懸命に努力しているんです。私たちは、新しい方法だとどれぐらいよくなるかを、ときには精密な幾何学的論理さえ用いて説明しているのです。分別のある人が、よりよくするための変化に、どうして抵抗するでしょうか？」こう抗議した人に向かって、スティーブは言い返した。「わかっていただけなくて残念です。しかし、人はほんとうに、まさしく変化を嫌っているのです。それが問題なのです。彼らは、ある特定の変化を拒絶しているのではなく、あらゆる変化を拒絶しているのです」。彼が提出した例は、みんなを呆然とさせるものであった。少しずつ彼のメッセージは理解され、そこで危機カウンセラーが駆けつけなければならなかった。

変化させることが我々の仕事なのだから、我々は、変化について議論する必要がある。単なるシステム構築者なのではなく、それ以上に我々は変化の代行者なのである。我々がシステムを引き渡すたびに、人々に仕事のやり方をあえて変えさせようとしているし、仕事を根本から再定義しているかもしれないのだ。我々は彼らに変わることを強要しており、我々が盛んにそれをやっている間に、組織は我々も変わることを強要しているのだ。新しい技術と開発期間短縮のプレッシャーは、我々が製品を開発するやり方を変えることを強要する。

さて、かの有名なシステムコンサルタントは言った…

> 私自身が先頭に立って新たな秩序を導入することほど、扱うのが困難で、成功が疑わしく、管理するのが危険なものはない、ということをよく考えるべきだ。導入する人にとって、古い秩序から恩恵を受けた人はすべて敵であり、新たな秩序から恩恵を受ける人からは、気のない支援しか受けられない。
>
> 『君主論』(1513)

我々の多くは、マキアヴェリを皮肉屋だと思っているが、彼自身は現実主義者だと思っていたことはほぼ間違いない。彼は、不快な思いにさせる光を人類に投げかけようとしたのではなく、ただ単に、彼が見たことの真実を大胆に述べたに過ぎなかった。彼は、フィレンツェの都市国家を治めるためにその地位に就いた、若きローレンツォ・メディチのための入門書として、『君主論』を書いた（メディチ家は、アルノの高みにあり、暗殺される機会をできるだけ少なくするために、政庁と居城を結ぶ、囲まれた歩道橋を作った。その歩道橋はまだそこにあるのでフィレンツェを訪ねたら見物するとよい）。この本の目的は、現実を若いプリンスに熟知させる

ことであった。それが楽しいことだったかそうでなかったかはわからないが。

「導入する人にとって、古い秩序から恩恵を受けた人はすべて敵であり、新たな秩序から恩恵を受ける人からは、気のない支援しか受けられない」。ここで注意してほしいのは、変化についての方程式がアンバランスであることだ。あなたは、古い方法をマスターした人たちを敵にまわすリスクを冒す——彼らを初心者という面白くない位置に強制的に後戻りさせることになる——と同時に、利益を得ると思われる人々からも、わずかな支援しか受けられないのだ。なぜそうなるのか？　なぜ、変化によって多くの利益を得る側に立つ人々までが、なお、煮え切らない支援しかしないのだろう？　それは人々が変化を嫌うからだ。我々が何かを変えようとしはじめた時点では、それが成功するかどうかは決してわからない。そして、利益を得る可能性よりこの不確実性の方に強い興味を持つ。

　　　1991年、1992年、および1993年に、私は毎年春にフロリダで開催する国内ソフトウエアメソッズ会議の議長を務めた。最初の年に、私は開会の辞を述べた後に、参加者全員にアンケート用紙を配り、それに記入するように依頼した。私は、ソフトウエアを開発するときに彼らが使う手法やツールが何かについていろいろな質問をした。私がたずねた質問の一つは、「あなたの組織で本気で導入したが、それを全組織に行き渡らせることに失敗した手法またはツールは何か？」であった。私は、会議の終了までに参加者に結果を報告するために、回答を集めた。私は、失敗した手法とツールのリストを作りはじめた。しかし途中でもっと単純で明解なあることに気づいたので、作業をやめてしまった。すべてのものがどこかで失敗していた。まったくもって皮肉なことは、まと

めた結果を報告したとき、私は失敗のリストを掲げ、誰かこのリストにある手法かツールを使っている人がいないかをたずねた。どの手法やツールにも、使っている、との回答があった。すべてのものがうまくいき、すべてのものが失敗しているのだ。一体何が起こっているのだろう？

——————Timothy Lister

ボス、それはすてきなアイデアだ。うまくやってみよう

今までと違ったことをやらせようとすると、いろいろな反応を予測できる。メニンガー・ビジネス研究所のジェリー・ジョンソンは、「変化に対する抵抗の連続体（continuum）」と彼が呼ぶ、次のような多様性のパターンを、提案した。

1. 盲目的に忠実（全く質問もしない）
2. 信じているが質問あり
    a. 懐疑論者（「証拠を見せろ」）
    b. 受身の傍観者（「私に何か関係あることがあるの？」）
    c. 反対者（変化への恐れ）
    d. 反対者（権力を失うことへの恐れ）
3. 戦闘的な反対者（妨害したり破壊してやろう）

抵抗の増加 →

図30.1　変化に対する抵抗の連続体

人が変化に反応するやり方は、誰でもこの連続体の中のどこかに入る。連続体を眺めて、自分自身にたずねてみるとよい。誰が潜在的な敵で、誰が支援者になり得るだろうか？　明らかに、「戦闘的な反対者」は危険だ。彼らは、どんな犠牲を払っても、古い状態に戻そうとする。あなたは、「盲目的に忠実」がよいやつだから味方で、その他はぐちっぽいやつだから敵だ、と結論づけるだろう。

ジェリーは、この見方はすべて間違っている、と指摘した。例えば、「盲目的に忠実」な人の危険性に気づく必要がある。彼らはおそらくあまり力がないが、どんなものでも、話題になるものが現れると、それに飛び乗る。彼らは、その日の気紛れでついて行く。「おれたちは、いますぐに、会計パッケージのインストレーションをストップしようぜ。なぜなら、Java Decafを使ったイントラネットベースのシステムでもっとうまくできるからさ。おい、ちょっと待った。Decafは保留だ。おれは、ちょうどいま、Computing This Nanosecond ウェブサイトにfoamy appletが使えるDouble-Java latteの広告を見たんだ」という具合に、彼らは、別の新たな流行に飛び乗るために、あるものに支援を与えたときと同じ早さで撤回するだろう。

ジョンソンは、どんな変化の場合でも、「信じているが質問あり」が、唯一の意味のある潜在的な味方である、と主張する。「盲目的に忠実」と「戦闘的な反対者」の両極は、どちらも真の敵だ。変化を成功させるには、「信じているが質問あり」をどのように味方につけるかにかかっている。ついでに言っておくが、論理を切り札として使ってはならない。こうした、どっちつかずの態度をとる人たちや、maybe-baby[*1]のようなやる気のない人たちの連合は、なぜ提案した新しいやり方が、現在の状況よりもずっとよいのか、といった合理的な議論では、決して動かされないものだ。以下に、人々にやり方を変えるように頼むときに、あなた自身に繰り返し唱える呪文を教えよう。

呪文：変化への基本的な反応は、論理的なものでなく情緒的なものである。

システム開発者として、我々は、冷静で、平穏で、合理的な思考をする

[*1] maybe baby: ギャングスター映画の題名で、その中に登場する、ガールフレンドにいつも "maybe, baby" と言う、何ごとも進んで約束しようとしない、タフガイの名でもある。

世界を選んだ。コードは、うまくコンパイルするか、しないかのいずれかだ。コンパイラーは我々を好ましいと思ったり、我々に腹を立てることもない。おそらくこれが、なぜ我々が、論争を解決する主な手段として論理を使いたがるかということの理由だろう。

あなたは、子供に我慢強く「きみが自転車が欲しいのはわかるよ。だけど、今日は、当然プレゼントをもらえることになっている誕生日でもクリスマスでもないじゃないか。もし、お小遣いが十分たまっているなら、自分で買うようにしたらいいだろう」と説明することがあるだろう。すると、「だけど、自転車が欲しいんだい！ いますぐ欲しいんだい！」というような、あまり理屈に合わない反応に、あなたはいらいらする。

変化について論理的に議論するときの作戦の一つは、新たな（よい）世界がどうなるかを現在の（悪い）状況と比較して、対比させることだ。だが、考えてもみなさい。誰が、現在の状況のインプリメントを助けたのか？ 誰が、いまの仕事で、やり方のボスなのか？ こういう人たちは、現在の仕事のやり方のあらゆる先き細りに反対の態度をとる可能性があるのではないか？ まさに彼らは反対する。ウィリアム・ブリッジスは、『Managing Transition』（変遷の管理）の中で、古い方法を決してけなしてはいけない、むしろ古い方法を変化を助ける方法として**讃える**必要がある、と助言している。

　　　　　「皆さん、この接近誘導システム（CGS）は、14年の
　　　　　間稼働してきました。我々の推計では、このシステム
　　　　　は、百万回以上の離陸と着陸を、完璧に処理してきまし
　　　　　た。しかし、ハードウエアのプラットフォームは技術的
　　　　　に陳腐化し、しかも利点を活かすことができるいくつか
　　　　　の新しいリモートセンシング技術が使えるようになりま
　　　　　した。いま、このシステム全体を再設計し、再構築する
　　　　　絶好の機会です。皆さんはこれまで長い間このCGSを

つつがなく運用してきたと思います。再構築する場合そうした皆さんの経験に基づく専門的知識が我々には必要なのです」

一般的に、どのような改善にも変化に巻き込まれる人たちがいる、ということを思い起こすのはいいことだ。

もし、あなたが少しも変わらなければ、あなたは決して改善できない
———— Tom DeMarco（1997）

よりよい変化のモデル

以下の図は、変化について、ほとんどの人が考えるやりかたである。

　従来の状況　──── よいやり方 ────▶　新たな状況

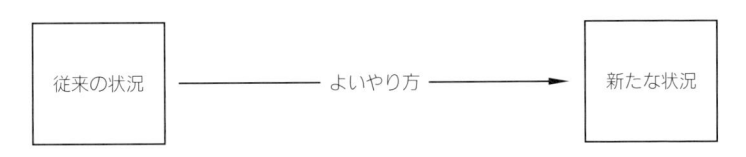

図30.2　変化がどうやって起こるかの素朴なモデル

この（素朴な）図では、一つのアイデア、つまり、何かをやるための「よりよいやり方」についての単純な考え方が、旧から新への直接の変化をもたらす。「我々は、古いやり方で自信を持ってやっていたが、仲間の一人が突然インスピレーションを得て、新しくて、仕事をするのに優れた方法に全部切り替えてしまった」。正直に言って、ことはそんなに単純いくのだろうか？そうはいかない。

変化の素朴なモデルと、家族治療の専門家、故バージニア・サタイアの変化の考察とを対比してみよう。

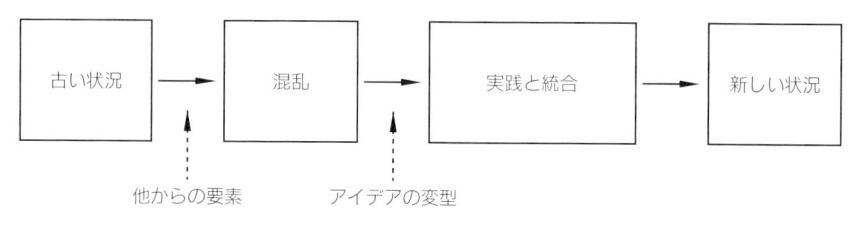

```
┌─────────┐   ┌─────┐   ┌───────────┐   ┌─────────┐
│ 古い状況 │──▶│ 混乱 │──▶│ 実践と統合 │──▶│ 新しい状況 │
└─────────┘   └─────┘   └───────────┘   └─────────┘
                ▲            ▲
                ┊            ┊
            他からの要素   アイデアの変型
```

図30.3 サタイアの変化のモデル

　変化には、最低限、図にあるような4ステージが含まれ、これより少ないことはありえない。二つの中間的なステージを欠いては、意味のある変化をもたらすことはない。

　サタイアのモデルによれば、変化は「他からの要素」——つまりこれが変化の触媒になる——の導入によって起こる。触媒作用なしには、変化が望ましいものであることを認識できない。「他からの要素」は、外部からの力でもありうるし、世界がどうも変化したらしいというあなたの認識でもありうる。

> 外部からの力：ワッツ・ハンフリーがあなたのオフィスに入ってきて、あなたのところはレベル0だ、と発表する。ウーン。

あるいは、

> 世界が変化する：あなたの会社の最重点製品のこの四半期の売上高が減少する。これは会社の歴史始まって以来のことだ。オゥ。

　変化を起こそうとするとき、あなたを最初に襲うのは「混乱」だ。あなたはかつて経験したことがあるだろう。それは、あなたが、新しいツー

ル、新しい手順、または新しい技法を使って前より悪くなったと確信したときだ。人々は「もし、我々が新しいものをみんな捨ててしまえば、たぶんもとのスケジュールに戻せるだろう…」と言うだろう。みんなは、習熟曲線が低いところで苦しんでいるので、変化が問題ではないか、という評価は、少なくともその時点では正しいだろう。さしあたり、悪化しているからだ。これは、変化に対する反応が、極めて情緒的である理由の一つである。マスターしてから長い年月やってきた取り組みと手法を捨て、再び初心者に戻ることは、苛立たしく、ばつの悪いことだ。誰も、苦悶の感覚を楽しむものはいない。みんなは、古いやり方なら幸せなことがわかっているのだから。不幸にして、この「混乱」を通過することは、絶対に必要で、近道を通ることはできない。

「アイデアの変型」については、「混乱」状態にいる人々が、苦闘の終わりが近いという希望の光を指し示せるときに、つかむことができる何かである。組織的に作戦会議の時間を持つことは、最もよく効く薬のようなものだ。「私たちは、Ｃ＋＋のコーディングのコツを理解しはじめたと思う。だから、みんなでクラス定義を入念に調べるために、毎日４時に全員で打ち合わせをしたいが、どうだろう？」

「実践と統合」フェーズは、習熟曲線が上向きになったときに起こる。みんなは、まだ完全に快適な状態にはなっていない。新しいやり方にはまだ熟達していないが、それはいまや成果を上げはじめていると感じている。

あなたが変化させた通りにあなたがしているとき、あなたは「新しい状況」に到達したのだ。人間の感情の興味深い特性は、「混乱」の苦痛が大きければ大きいほど、感じる「新しい状況」の価値が大きい——もし、そこに到達できれば——ということだ。

サタイア・モデルが極めて重要な理由は、「混乱」が変化には絶対必要な部分であることを、我々に認識させたことである。素朴な第二ステージだけのモデルでは、混乱を予期しない。それが起こると、それを「新しい状況」になったものと誤解してしまう。そして、「新しい状況」の混乱が

ひどいので、みんなは、「しまった、どうもしくじったらしい。もとに戻そうじゃないか」と考える。もとに戻そうというメッセージは、野心的な変化の最中に、必ず大声ではっきりと聞きとれる。あなたがそのメッセージに気をつけていると、そうした状況をうまく対処できるようになる。

安全第一

　変化は、人々が安全であると感じないかぎり、始まったりはしないだろう。人々は、変化することを提案したり、変化させていくことで、自分の品位が落とされたり格下げされることがないとを知ったとき、安全であると感じる。一時的にせよ、熟練技術を失うと多くの人々は十分困惑する。そして、混乱に苦闘している最中、無償の助け舟に乗れば、誰もが古い状況という安全地帯へ確実に逃げ戻れるのだ。

　大人が当然持っている「混乱」への恐れは、なぜ何かを学ぶのに、子供たちの方が大人が同じことを学ぶよりずっと容易なのかを説明する助けとなる。

　　　　最初のスキー旅行で、大人と子供を観察したり話を聞いたりしていると、両者の違いは印象的なまでに明確だった。大人たちは、馬鹿な真似をして物笑いになるより、ケガをする方がましだと思っている。子供たちは、決してそんなことは考えない。彼らは好んで雪の中に倒れたり、雪の上を転がったり、雪を投げたり、雪を食べたりする（普通の大人の雪に対する反応は、雪をシャベルで掻き出して滑らないようにする）。ゲレンデでは、大人は、リフトに乗っている人から見られる場所で転びたがらない。屈辱を味わいたくないので、彼らはロッジからあまり出たがらない。しかし、健康な子供は、1回

> か2回スキーインストラクターのレッスンを受けると、「見て、見て。私、ピカボ・ストリート*2よ！」というまでうまくなる。
> ————Tim and Tom, Amateur Behaviorists（1998）

　絶対に動かせないデッドラインを守るための唯一の手段という理由で、また、もしデッドラインに間に合わなかったら、大変な損になるような場合に、ある新しい技法を使おうとする、という話を、あなたは一体何回聞いたことがあるだろうか？　変化の段取りをするだけで、半信半疑という段階を過ぎて、早くも成果を上げはじめている。馬鹿にされるかもしれないとの思いが先立ち、子供のように、はずかしい結果に終わるかもしれないことに積極的に身を投じることができない。

　逆説的に、変化は、もし失敗——少なくともちょっとした失敗——が、成功と同じように許される場合のみ、成功の可能性がある。

---

*2　Picabo Street: アメリカの女性スキーヤーでオリンピックメダリスト

第31章 人的資産

　この本を読んでいる近くで、冷暖房装置が動いていることと思う。電気やオイルで温度や湿度が快適になるよう、調節しているのだ。これには金がかかる。読者や会社は、毎月金を払い、この経費を「光熱費」として計上することになる。3月分の請求額が100ドルとし、この金額を会社が支払い、これ以外には何の支出もないとする。すなわち、冷暖房の光熱費のみで、その他の収入、給与支払い等、何もないと仮定する。月末、この会社の損益表は以下のようになる。

```
             ナントカ株式会社
               損益対照表
                1998年3月
      一般収入/支出の部
         支出の部
            光熱費     ▲100.00▲
            支出合計    100.00
         一般純利益    -100.00
      純利益          -100.00
```

図31.1　最初の月の損益表

　この表によると、経費は収入を上回っているのでこの月は赤字となる。
　翌月もビジネスは低調で、前月同様、収入や給与支払いはない。ただ、寒さも緩み、いかにも4月らしい気候になったので、窓を開けて外の空気を入れれば、エアコンを使うことはない。従って、光熱費を払う必要はない。代わりに、100ドルの小切手を振り出して、パームトップ・コンピュータを買ったとする。この小切手の出費は、「コンピュータ機器」に

分類されるはずだ。経理用ソフトウエアが表示する支出費目の中で、これが一番よく当てはまる。4月末の損益表は次のようにある。

ナントカ株式会社
損益対照表
1998年4月
純利益　　　　　0.00

図31.2　2カ月目の損益表

先月振り出した100ドルの小切手は収入にならず、損失となった。今月切った同額の小切手は、同社の収入に結び付かないものの、収支はゼロになった。この差はどこにあるのだろう？　違いは、支出をどの費目に計上したかによる。3月、「光熱費」は経費に分類し、4月、「コンピュータ機器」に計上した支出は、「光熱費」と全く違う扱いを受けた。経理用ソフトウエアは、別口座の預金のように、コンピュータ機器は一種の資産であると認識するのだ。従って、パソコン購入用に切った小切手は、銀行の別口座への小切手振り出しと同じ処理をする。収支には、何の影響もない。

　経費とは、遣ってしまった金を言う。月末には金が出て行くし、暖めた空気（あるいは、金を遣った対象）も同様である。一方、投資は資産を買うための別の資産である。金を遣い切ったのではなく、別形態に変わっただけなのだ。収支を、経費ではなく投資にすることを、「**資本を投資する**」と言う。

人間の場合

　会社が社員に遣う金はどうだろうか？　簿記での仕分け原則上、給与は経費であり、投資ではない。この原則をうまく説明できる場合もあるし、できないこともある。社員が、売るための製品を作る場合、何の問題もない。社員の労力に対する給与を経費としても、投資と考えても、給与は必

要経費として製品価格から控除して、純利益を計算する。人件費を会社の光熱費と同列に処理しても、大きな違いはない。月末には、暖まった空気も人件費もなくなる。

ここで、社員を1週間の教育セミナーへ行かせる場合を考える。社員の給与とセミナー受講費は、月末になっても消えないものに遣ったことになる。社員が学んだことは、将来も消えることなく頭の中に留まる。教育費を活用すれば、投資となる。おそらく、非常に効率のよいものになるだろう。しかし、簿記の仕分け上は、経費なのだ。

どうでもよいこと

ここで重要なのは、経理屋が国税庁や株主に対し、社員への投資額を正しく申告することではなく、社員への投資金額を管理者がどう考えるかである。人的資本が企業の存続にかかわることもあり得る。戻ってこない金と考えると、投資金額に見合った効果を出す行動をとらないこともありうる。

もちろん、「投資しただけの効果を出さない行動」は、欠陥のあるマネジメントの大きな要素である。会社の中では、上層部や中間管理職が互いに相手を出し抜き、短期的な収支（例えば、四半期の損益）を上げるために、長期的な収益計画を犠牲にしたりする。これは、「基本収益指向 (bottom-line consciousness)」と呼ぶが、筆者には言わせれば「来春の種もみを食う」行為に他ならない。

人的資本投資のアセスメント

会社は社員にどれだけ投資しているだろうか？　金額を簡単に割り出すには、社員が退職したとき、何が起きるかを考えればよい。例えば、ある

プロジェクトでデータベース担当のルイーズが、今月末で会社を辞めると通知したとする。こうなる前、5人のメンバーがいるこのプロジェクトは、販売支援システムの新バージョンを予定通り、この夏にリリースできるとプロジェクトマネージャは考えていた。プロジェクトの進捗は順調で、チームはしっかりまとまり、効率も極めて良い。すべては、ルイーズが爆弾宣言する前の話だ。そんな話は、誰にも予想できない。とんでもない災難だ。プロジェクトマネージャは人事部に電話をして、悪い知らせを伝えることになる。

「ルイーズが、この31日で退職することになった」

そして、虫のよいお願いをするのだ。

「早速、別のルイーズをまわしてほしいんだけど」

残念ながら、人事部の連中は新米で、ルイーズにどんな技術があり、得意分野は何で、どんな人と仕事をしてきたか、全く把握していない。人事の担当者はこう答える。

「ラルフではいかがですか？」

ラルフなんて奴は聞いたことがないし、プロジェクトのメンバーも知らないという。しかし、選択の余地はないので、仕方なく同意する。取引は成立。31日にルイーズはいなくなり、翌日、ラルフが出社する。

ある意味では、プロジェクトには何の混乱も起きていない。31日に5人いて、1日にも5人いるのである。ラルフがルイーズと同じ給料をもらっているのなら、会社は職務として、先月と同じだけの人月を今月もプロジェクトに供給したことになる。プロジェクトにはピタリ5人いて、ルイーズが辞めない状態と同じなのだ。先月、プロジェクトが予定通り進んでいたのなら、今月もスケジュール通りいくはずだ。一体、それのどこが不満だというのだ？

ここで、ラルフが初出勤日に、会社で何をしたか見てみよう。ルイーズが退職したときにやり残したデータベースの仕事がある。ラルフは、積み残し作業を初日に少しでも片付けられるだろうか？　もちろん、できるわ

けがない。ラルフの初日は、新天地に慣れるのに精一杯で、健康保険の申請用紙と格闘し、昼飯のオーダーの仕方を教えてもらい、事務備品を受け取り、ワークステーションをセットアップし、自分のPCをネットワークにつなぐだけで、あっという間に終わる。作業量はゼロ、いや、それ以下かもしれない。例えば、プロジェクトのメンバーなら誰でも知っている簡単な質問に答えてもらうために他人の時間を使ったとしたら、プロジェクト全体として、その日の生産量はマイナスとなる。

初日はそれで仕方ないとして、2日目はどうだろう？ 少しは良くなるはずだ。チームに溶け込み、ルイーズが残した設計ノートを読んでいる。ルイーズなら知っていることなので、ルイーズが残っていたら、必要のない仕事だ（ルイーズが会社を辞めなかったら、そもそも設計ノートを書く必要もなかった）。ラルフの生産性は、ルイーズが継続してプロジェクトにいる場合と比較して、はるかに低い。プロジェクト全体の生産性は、まだマイナスだろう。というのも、ラルフにはチームのメンバーの助けが必要だし、ラルフがいなければ仕事にまわせた時間を食いつぶされるのだから。

そのうち、ラルフも本格的に仕事を始め、ルイーズと同程度の生産性をあげるようになる。時系列で見たデータベース担当者の生産性は、以下のようになる。

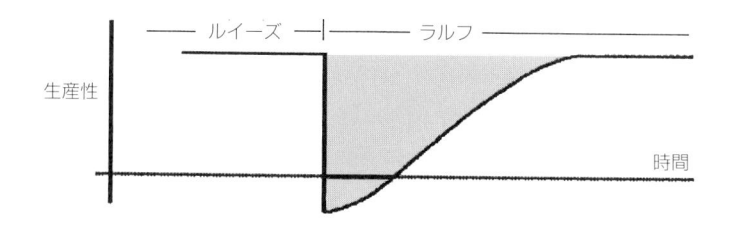

図31.3　メンバーの入れ換えによる生産性の低下

生産性は、ルイーズが退職した瞬間、急激に落ち込み、0以下になることもある。結束の固いチームでは、他のメンバーが落ち込み分を埋め合わせ、徐々に以前の状態に回復していく。

図で、影をつけた部分は、ルイーズの退職で失った作業量（未完成の仕事）を示す。別の見方をすると、会社の投資でルイーズが獲得した能力や技術レベルにラルフが到達するための投資といえる。

生産性が低下している部分に対し、会社が支払う金額という観点で影をつけた部分をドルに換算できる。ラルフがルイーズ並みになるのに6カ月を要し、能力や技術取得が直線的に伸びるなら、投資金額は全体の日数の半分、すなわち、3人月になる。投資を金額に換算すると、ラルフに払う給料、プラス、3カ月間のオーバヘッドとなる。

ベテラン技術者の学習時間

生産性がマイナスの新任プログラマーが、退職者と同じ能力や技術を身につけるのに必要な期間は6カ月と仮定できるだろうか？　新規にアプリケーションプログラムを開発する場合、この仮定は妥当である。しかし、もう少し複雑なシステムを作るプロジェクトでは十分といえない。そんなプロジェクトを筆者がコンサルテーションをする場合、6カ月よりずっと長い期間を見積もる。例えば、ネットワークプロトコルの解析プログラムやパケット検出プログラムを開発しているプロジェクトでは、新人が通常の能力や技術を習得するのに2年以上かかると予測する。その会社では、同分野の必須技術を持ったエンジニアしか採用しないので、同社がビジネス展開している特定分野の技術を習得し、プロジェクトチームに馴染むのに2年かかることになる。新人1人に投入する資本は15万ドルを超えることもある。

企業が、組織スリム化のため、人員整理をすることになり、熟練技術者をレイオフする状況を考える。確かに、人員整理でベテラン・エンジニア

の現在の給与と経費は節約できるが、投資した15万ドルは失う。会社がこの事実を考慮すれば、貴重な資源を切り捨てようとは思わないはずだ。

ウォール街でのゲーム

何年にも渡るレイオフ、経費節減、組織のスリム化や適正サイズ化、事業規模縮小に対し、どんなに小さなニュースでも、それが企業活動の目的であるかのように、ウォール街は大きな声援を送ってきた。これは正しくないことを明言しておきたい。

企業活動の目的は規模拡大であり、縮小ではない。

ダウンサイズしている会社は、上層部が企業活動の基本を無視していることを自ら認めているのだ。

しかし、ウォール街は大歓迎している。これはなぜだろう？ 理由の一つは、決算報告書にそう書くと、いかにもカッコよく見えるためだ。数千人の従業員をクビにし、その分の余剰金を会社の基幹部分にまわす。少なくとも、そう見える。この分析で都合よく忘れているのは、人へ投資した金額である。一生懸命稼いだ会社の利益を投資したのに、何の価値もないとばかりに窓から放り投げている。

「人への投資は経費の一部」というウォール街に巣食う連中の視点を変えることはできないだろう。しかし、そんなゲームを続ける会社は、結局、痛い目に会う。この逆も正しい。「きめ細かく投資する企業は、長い目で見ると繁栄する」。知的産業界の会社は、人に対する投資が企業の将来に最も大きく影響することを十分認識する必要がある。まともな会社は、既に実行している。

第32章 組織の学習能力

　学習能力のある組織もあれば、ないところもある。学習したことは、漠然とはわかるのだが、現実の世界で何をどのように改善すればよいかがわからない組織もある。学習能力はあるが、学習する速度と、忘れる速度が相殺される組織もある。学習能力がある組織にいるか、ない組織にいるかは、生きるか死ぬかの重要な問題である。学習とは、極めて重要な改善メカニズムであり、学習しない者に将来の繁栄はない。

経験と学習

　組織の学習能力で、まず認識すべきことは、単に経験を積み重ねるだけでは不十分であることだ。例えば、フランス陸軍は、東側国境の防御で何百年にも渡る経験があった。それにもかかわらず、1930年代にはドイツ軍の侵攻を食い止めるため、マジノ線を作る構想を打ち出した。1940年4月にフランスが何を決め、その結果何が起きたかを見れば、フランスは防御力と機動力のバランス配分で根本的なことを何も学習していなかったことは明らかだ。

　同様に、ハイテク企業は驚異的な速度で経験を積み上げているが、学習したことを実践で生かしている保証はない。

> 　私の顧客の一つに、30年以上も前からソフトウエア開発を続けている会社がある。その間、千人以上のソフトウエア技術者が働いてきた。決して誇張ではなく、その会社は3万人年のソフトウエア開発経験を持っているこ

とになる。私は大いに感動した。あらゆる経験やデータを結集して、新プロジェクトを発足させるに違いない。そう思って同社のプロジェクトマネージャのグループにたずねた。新規プロジェクトに新人マネージャを任命するとき、気の利いたことを言って送り出すと思うが、何と言うのか？　マネージャ連中はしばらく考えていたが、顔を上げていっせいに言った。「幸運を祈る」

————Timothy Lister

　企業の姿勢が、経験から学ぶ姿勢に変化したとき、経験は学習となり、定着する。この変化には、以下の2つの形態がある。2つは全く異なるので、別々に説明する。

- 組織内に新しい技術を徐々に浸透させ、組織内の人を訓練する。
- 現行業務を別の方式で処理するため、組織自体を再編成する。

　最初の方法が従来のものと違うのは、社員に新たに能力や技術を学習させる点である（詳細は第31章を参照）。再教育を受けた技術者が会社を辞めれば、投資は失われ、学習効果は消える。2番目の方法では、変化や改善は再編成を実施する人の頭の中で一時的に起きるにすぎない。将来、組織再編成した部分は、昔から存在したように、組織にしっかり根付くが、過渡期では、改善は関係者の頭の中にしかない。この場合、新体制へ移行中に、中心人物が辞めると学習能力は危うくなる。
　どちらの場合も、自分で変化する組織には、以下に挙げる不可避なリスクがある。

組織の学習能力は、組織がどの程度人を引きとめておけるか
で決まる。

　退職率が高いと、組織の学習能力を向上させる計画は中座し、何の効果も生まれない。そんな組織では、技術力を向上させたり生産方式を再編成することは、実りのない試みだ。それどころか、退職率をさらに引き上げる要因になりかねない。

再編成の例

　組織的な学習能力に関し、最も興味深い話は、資材調達関係のものだ。資材調達を再編成するには、確固たる自信とやる気を持って、企業活動の境界を越える分野も考慮しなければならない。以下の例を考えてみよう。これは、ニコラス・ネグロポンテのアイデアを膨らませたものである。

> 　Amazon.comのような会社は、パートナーとして、製品を最終顧客に配送する企業と統合的で緊密なリンク（もちろん、改良の余地はある）を持っている。例えば、現在、Amazon.comはFedEx社を使ってシアトルの倉庫から本をピックアップし、メンフィス（FedEx社の集荷基地がある）へ空輸し、そこから顧客に一番近い空港へ送っているとする。ここで、Amazon.comが倉庫をメンフィスのFedEx集荷基地の隣に移したと仮定する。こうすると、本の販売はAmazon.comの本部が担当するが、集荷リストや配送情報はデジタルにメンフィスへ転送し、そこでオーダーを組み上げられる。Amazon.comには、本を空輸する距離が半分になるだけでなく、FedEx社との交渉次第では、運賃をさらにディ

スカウントしてもらえる可能性もある。

この例のように変化できる企業は、何度でも同じことが可能だ。企業がこれほど身軽になれるのは、何が原因なのか？　大いに興味があるところだ。

組織学習成否のカギ

組織が学習能力を持てるかどうかのカギは、どのようにするかではなく、どこでやるかである。Amazon.com のように、企業を大きく変える場合、組織内では、小規模ながら活発に活動している「学習センター」があるはずだ。そのセンターが「変化」を認識し、計画し、実行していくのだ（この種の意欲的な変革は、各部署の代表が集まる委員会や会社全体では成し得ない）。初期における改善活動（すなわち、学習）の拠点は、企業の組織表に載せておく必要がある。どこに置くのが最適だろうか？

一番上に「学習センター」を持ってくるのが良さそうに見える。筆者の経験によれば、企業のトップの目が日常の作業に向いているとはとても思えない。例えば、大会社や中規模会社の社長は、他企業の買収や競争に明け暮れていたりする。

組織の最下層に「学習センター」を置くのは、平等主義の立場から見て適所と考える人もいるだろう。現実の世界では、最下層にセンターができることはない。組織の最下部で実務を担当する人は、部署の縄張りにガチガチに縛られるし、企業学習に重要なことを見逃す可能性が大きい。また、どんな事態でも、変更を実施する権限はないに等しい。

重要な学習が最上部、最下部のいずれでも起こせないなら、中間のいずれかで担当すべきである。通常の組織では、あちこちから文句を言われ突き上げを食う層、すなわち、中間管理部門で学習センターを担当するのが最も自然といえる。このことは、「中間管理層の強力なリーダーシップが

あって、はじめて学習センターは成功する」との筆者の経験と一致する。

会社組織の軽量化は、中間管理層がターゲットになることが非常に多い。言い換えると、数年おきに流行する標語みたいな言葉、「組織のスリム化」は、組織学習を犠牲にして成り立っている。スリム化により、学習センターも消滅することがある。

管理チーム

中間管理層を整理して組織体制を圧縮すると、確実に企業の学習能力は低下する。しかし、その逆は真であるとは限らない。中間管理層をそのままの状態で保持しても、期待する学習能力は得られない。組織が学習能力を獲得するには、もう一つの要素が必要となる。この要素とは、中間管理層の協調性であり、これを正しく評価したり、意識して伸ばそうとする組織は、まず存在しない。活動的な学習センターを作るには、中間管理者が互いに密なコミュニケーションを保ち、効率的に協調する必要がある。これは、極めてまれにしか起こらない。

呼び方はいろいろあるが、どんな会社にも、いわゆる「管理チーム」がある。大抵は、中間管理マネージャで編成した集団である。本書の初めでも触れたように、あるグループを「チーム」と呼ぶだけでは「チーム」が本来備えるべき性質を持てない。共通の目標や価値観を持ち、いろいろな能力を備えた人たちがいないかぎり、個人がなんとなく集まった集団に過ぎない。これは、いわゆる「管理チーム」でよく見かける特徴である。

第20章、第27章で述べた「チーム殺し」の効果は、マネージャたちの「チーム」で顕著に表れる。このチームのメンバーは保身に走り、山のようなお役所仕事があり、細切れの仕事を与えられ、オフィスはバラバラで、残業せよとの強烈なプレッシャーがかかり、同僚に勝つことが目標として与えられているのだ。全くその逆をいかないと、有意義なチームとして団結することはできない。

さらに悪いことに、チームとして固まるために不可欠な要素が欠落している。それは、生産物に対する共通の参加意識である。そんなチームでは、すべて個人プレーで成し遂げるのであり、チーム全体で作り上げることはない。マネージャ同士の競争意識が強くなるほど、この傾向は顕著になる。極端なケースとして、次のような規則のあるチームがあるそうだ。「良さそうに見えたら、横取りしろ。取れなければつぶせ」。

　悲しいことだが、「管理チーム」という名称は正しくない場合がほとんどで、健全なチームの行動パターンや態度を表面的にまねしているに過ぎない。各メンバーは工程会議などで定期的に集まり、順番に上司に報告するが、メンバー同士が協調することはない。

余白に潜む危険

　平均的な規模の組織の大部分では、学習センターは、体制表で中間管理層の間に広がる余白のようなものだ。この余白が有効なコミュニケーション手段になれば、また、中間管理者が協調して組織の再編成を実施できるなら、目標に対し共通の意識を持つことができ、学習による改善効果は現実のものとなる。反対に、余白が意思疎通や共通の目的意識の欠如を象徴するなら、学習は行き詰まる。中間管理者が孤立したり、争ったり、互いに牽制している組織では、学習センターができることはない。

　中間管理者が孤立し、争い、牽制し合うというのは、よく耳にする。残念ながら、現代の知識産業ではそれが実態だ。中間管理者は、同僚と協調するのではなく、同僚を恐れているようだ。これは、筆者の同僚、スザンナ・ロバートソン言うところの「余白に潜む危険」である。この破壊へと向かう緊張感は、組織学習にとって、死者を弔う鐘の音に他ならない。

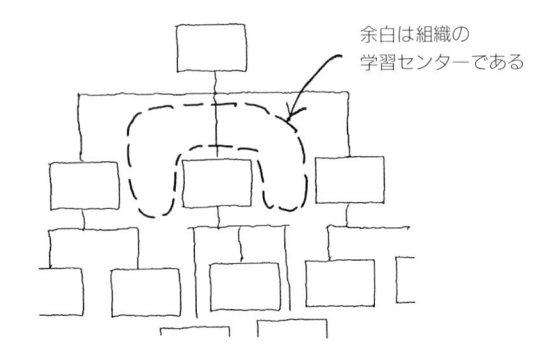

図32.1　学習は組織の「余白」に登場する

第33章 管理の究極の罪

　管理における究極の罪は、人の時間を浪費することだ。そんな罪はいとも簡単に是正できそうだが、そうはいかない。管理上、マネージャにあることが必要になったとする。その必要事項は、部下に時間を有効に使わせたいと願うマネージャの意図に反して作用することがある。

例えば…

　例えば、ミーティングのためにスタッフを召集したが、肝心のマネージャが遅れ（直前で上司から緊急の電話がかかってきたとか）、全員を長い間待たせたとする。さらに、顧客と大事な用件で簡単な打ち合わせをしなければならないので、ミーティングを欠席しなければならないとすると、マネージャのいないミーティングはまとまりを欠く。あるいは、ミーティングは、マネージャ以外のメンバー全員の時間の無駄だったことになる。これまでコンサルテーションをしてきて、何度もミーティングに立ち会ったことがある。ミーティングはある目標のために開くように見えるのだが、実は全く別のことを目的にしている場合が多い。

　　　ミーティングが始まった最初の数分は、たわいもない冗談に終始した。ボスのアンブローズがそれぞれの列席者に軽口を言うと、話を振られた出席者はそれに食い付いて、同じように軽い冗談で返すのだった。みんな、陽気で楽しそうだった。しかし、アンブローズが会議を仕切りはじめると、ミーティングの雰囲気が一変した。ア

ンブローズは、問題を提起し、簡潔に効率良く対処していく。一人の出席者と一つの問題を検討するのだ。列席者は、アンブローズと短い会話を交わし、現状を報告する。アンブローズは、今週、どんな進捗があったか正確に把握するのだ。問題検討の時間は各人に同じように割り振られる。一人がアンブローズと話している間、ロジャーは上の空で聞いているようだった。自分の番になったら、何を言おうか考えているのだろう。ミーティングの最後で、アンブローズは各人に一つか二つ、宿題を出す。どこにでもあるこの会議風景のどこが良くないのだろう？　少なくとも、私が気に入らないのは、これは会議ではなく、儀式である点だ。

————Tom DeMarco

　n人の出席者と会議を開く場合、部屋にいる全員は、結論を導くために、互いに会話する必要がある。一方、出席者が順番に上司と会話する場合、出席者全体の意見をまとめるという会議本来の目的はなくなる。上司は各自と個別に会話をするが、他の出席者はそれを聞く必要はないのだ。
　本章の初めに、マネージャ（あるいは、上司）は必要と感じたことのために、部下の時間を使うと書いた。これは、許されるのではないか？　マネージャがプロジェクトをコントロールする上で必要なことではないか？　部下の能力や技術力を管理し、協調していくうえで、妥当な「コスト」といえないだろうか？　答えは、イエスであり、ノーである。現状を把握するのであれば、ミーティングは必要ない。現状把握だけの問題なら、他人の時間の浪費をもっと少なくする方法がいくらでもある。会議を開く必要があるのは、マネージャが情報を知りたいためではなく、「再確認」のためである。儀式で再確認が可能になる。誰がボスかを明確にし、ボスが会議を仕切り、そこに部下を出席させ、上下関係をしっかり認識させるの

だ。

懐疑的な会議

　本当に有効な会議は、**出席者全員**が一つの問題を一緒に討議する必要がある場合に開く。ミーティングの目的は、コンセンサスにたどり着くことだ。そんな会議は、定義からも明らかなように、臨機応変に開く。臨機応変ということは、定期的ではない。従って、定期的なミーティングは、コンセンサスのための会議ではなく、多かれ少なかれ、儀式的要素がある。毎週の工程会議がその典型だ。工程会議の目的は、工程の状況を報告することだが、本当の意図は工程の再確認にある。しかも、状況とは、仕事の状況ではなく、上司の状況なのだ。

　組織に儀式が必要なことがある。完全に儀式的な目的で会議を開くのは極めて妥当なことだ。例えば、プロジェクトの節目になるイベントや新人が参加する場合、チームの優れた業績を祝う場合などである。このミーティングは、誰の時間も浪費しない。本当に必要な会議として、みんな納得する。そのミーティングにより、チームの一員であることの重要性と価値を再認識するのだ。一方、ボスがボスであることをたたえる儀式的会議は、全くの無駄である。

　会議が絶対必要であると上司が言いはじめると、儀式的な工程会議の負担は際限がなくなる。例えば、毎日、2時間の工程会議をノルマとしている会社を筆者は知っている。出席予定者が出張に出ると、スピーカーフォンでずっと会議に出席しなければならないらしい。欠席すると、会社への反抗と見なし、厳重なペナルティーを課すのだ。

早期の過剰人員

　人の時間を浪費するのは会議だけではない。プロジェクトが立ち上がっ

て間もない時期に急いでスタッフを投入するのも時間の無駄につながる。これも、会議の時間と同様、簡単に回避できると思うだろう。プロジェクトでどれだけ新しい人員が必要か計算し、それに応じて人員を投入すればよいのだから。極めて妥当な方式だが、政治的には非現実的である。

ソフトウエア開発プロジェクトは、計画と基本設計で始まる。このフェーズは、ベテランが少人数でやるとうまくいく。設計が重要な場合は(すなわち、極めて単純なプロジェクト以外すべて)、全工程の半分が必要となることもある。このことから、次のような人員投入計画が理想的と考えられる。

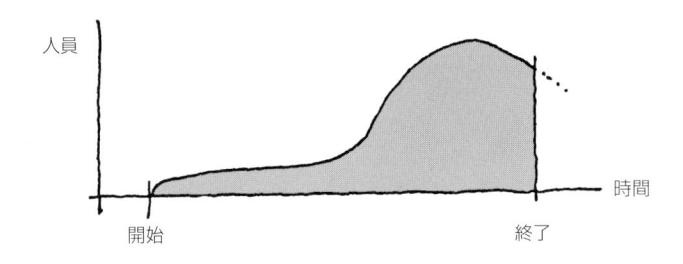

図33.1　人員投入計画：特異な形をしているのが理想的

2年のプロジェクトでは、スタッフの大部分が揃うのは、プロジェクトが始まって半年から1年もたったころである。とはいえ、問題があるとは思えない。この人員投入はかなり奇抜に見えるが、実際にこうなら、人員をこの通りに投入すべきである。

問題は、プロジェクトの時間的制約が厳しい場合に明らかになる（日程がきつくないプロジェクトなどありえないが）。例えば、顧客や上層部から、2年ではなく1年で完成せよと厳命され、プロジェクトの完了日が図33.2のように短縮されたとする。

後半の未使用工数を前に持って来るのは、自然の成り行きだ。かくして、早期の人員過剰というよくあるパターンにたどりつく。

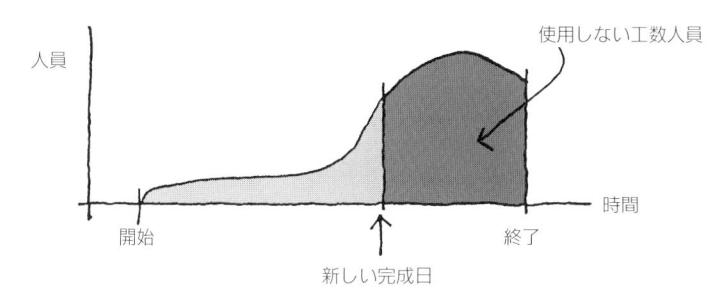

図33.2　緊急プロジェクト（未使用人員）

　早いうちに人員を割り当てても、何の効果もないと知っていたら、誰も早期投入はしない。実際には、そうする人が多いのは、次のように考えるためだ。プロジェクトの人員をどういじろうと、そんな厳しい工程でプログラムを完成させるのは不可能に近い。どうせ工程が遅れるのなら、体制をどう取りつくろうかを考えねばならない。問題は、プロジェクトを早く完成させるために上層部が投入した人員をどうするかだ。早い時期に人を入れても時間を無駄にするだけである。しかし、政治的に考えると、少数の精鋭で最初の6カ月を乗り切るより、余分の人員と一緒ににぎやかにやった方が安全というものだ。上層部の意向に逆らって少ない人数でプロジェクトを進めると、道理を知らないリトルリーグの子供と思われかねな

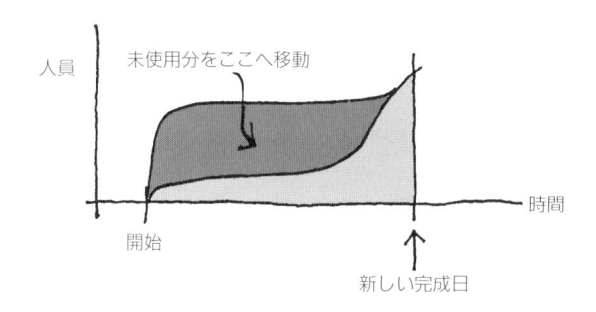

図33.3　緊急工程に間に合わせるための人員配置

い。

　こんな政治的な理由で、早期に過剰人員を投入するプロジェクトはどれくらいあるだろうか？　それほど多くはないはずだ。早期の過剰人員の犠牲になっているプロジェクトのうち、たかだか90％ぐらいのものだ。

　ソフトウエア開発会社では、「組織のスリム化」を叫んでいるにもかかわらず、少数精鋭のスタッフでソフトウエア開発のカギとなる分析や設計工程を乗り切ることは、政治的に賢い選択ではないというのが昨今の考え方だという。悲しいことだ。

再び細分化

　不必要なミーティングや早期の過剰人員投入で時間が浪費されると、プログラマはすぐ、それに気が付く。イライラと落ち着きがなくなるが、その原因は明白なのだ。時間の浪費が目に余るようなら、プロジェクトマネージャにねじ込むはずである。従って、この問題は、重大だが、目に見えないということはない。しかし、気が付かないうちに、時間の浪費が起き、そのまま是正されないこともある。これは、第20章の「チーム殺し」で述べた「時間の細分化」と密接に関係する。第20章でのポイントは、知的産業に従事する人の作業時間を分割して複数のプロジェクトに割り当てると、当の本人は分裂状態になり、どのプロジェクトもチームとしてうまくまとまらないというものだ。

　勤務時間を分割すると、チーム形成上、悪影響があるのは確実だが、もう一つ、目に見えない作用もある。これは、個人の時間を確実に浪費するということだ。新システムの開発に携わり、昔のプログラムの保守も少々、販売支援も担当し、さらに、ユーザーのコンサルタントまで任される。こんなにいくつもの仕事を割り当てられると、毎日、かなりの時間を「ギアチェンジ」に使わざるを得ない。この無駄な時間はほとんど目に見えない。設計の最中にユーザーから電話が入り、同社のβ版システムで

データベースを動かすための再編成方式を20分に渡って話し合い、その後、設計の仕事に戻る。当のエンジニアの後ろに立ち、ストップウォッチで計ると、時間を全く浪費していないように見える。時間の浪費分は、設計作業へ戻るのに要する時間に隠れてしまう。これは、作業の流れが中断されることで生じる直接的な悪影響である。

全く異質の仕事を兼務すると、悪影響は顕著になる。従って、設計作業（集中しなければならないし、作業場所が静かで、少人数での密度の高い会話が必要）と、電話によるユーザーサポート（ひっきりなしに割り込みがかかり、すぐ対応せねばならず、ユーザーが変わると話題がめまぐるしく変化する）を同一人物に割り当てると、思考力が必要な設計作業は、ほとんど進まないはずだ。割り込みの後、以前の状態に頭を戻す作業が何度も続くと、プログラマーは、イライラがたまる。マネージャがこの問題を認識することは、まずない。この状態のエンジニアは、全部自分が悪いと思い込んでしまうためだ。

人的資産への投資

ある理由で、ここ数年間、ヨーロッパでのコンサルテーションが急増した。はじめは、昼にボストンを出発しロンドンに向かっていた。時差ボケが恒常化した私の体に一番楽なフライトだったからだ。不運にも、ロンドン以外のヨーロッパの主要都市へのフライトは、ボストンを夜にたつものが大部分だった。私は改善を求めて、抗議の手紙を航空会社へ書き続けた。ある日、この件に関し、航空会社から丁重な回答を受けた。それによると、ヨーロッパから昼間、ボストンへ到着したジャンボ機を折り返しヨーロッパ向けの昼間のフライトにするには、エアターミナルに何時間か駐機させねばならず、そ

> れには巨額の経費が必要とのことであった。結局、ボーイング747自身も、莫大な金ということだ。
>
> ————Tom DeMarco

　プロジェクトの人員に投資した人的資本は巨額の金を意味する。数千人の知的労働者を雇用している会社は、最新鋭の超大型ジェット旅客機に投資するのと同じだろう。知的労働者の時間を無駄にすることは、金をドブに捨てるようなものだ。

第34章 コミュニティの形成

　この最終章では、優れたマネージャの得意なこと、すなわち、コミュニティ作りを取り上げる。人がコミュニティを必要とするのは、「ファームウエア」として組み込まれているためだろう。

>　私が小学校へ通っていたころ、両親はほぼ毎年引越しをしたので、一つの学年を同じ学校で終えることはまれだった。親友や知り合い、先生が毎年がらっと変わる中、変わらないものもあった。その当時、アメリカの東部、ニューイングランド地方で採用していた教科書がそれで、どの転校先でも同じ本を使っていた。その教科書では、1770年代、ウィンチェスターという町に住みついた家族のことを取り上げていた。学年が上がるにつれて、家族の子孫のことを順に勉強するのだった。南北戦争を経て20世紀の初頭に至るまでの家族の歴史を6年生になるまで学んだ。家族にどんな人がいたかは、とうの昔に忘れたが、家族が住んでいたウィンチェスターのことは鮮やかによみがえる。ウィンチェスターには、何代にも渡って人々が住み、町中の全員が互いに知っていた。飼い犬がいなくなったり、子供が問題を起こすと、町のみんなが心配した。災害が起こると、ご近所は互いに助け合った。私にルーツがあるとしたら、ウィンチェスターにある。
>
> ————Tom DeMarco

この町に対する私の感情のようなものが読者の心の底にもあるとしたら、おそらく、現在その町に住んでいないために生じる思いだろう。愛すべき小さな町、ウィンチェスターも、少しずつ変わり始め、1920年代には消えた。我々が現在住んでいるのは、本当の意味でのコミュニティではない。隣にどんな人が住んでいるのかよく知らず、別の町へ通勤し、子供が将来同じ町に住んでくれるとは期待していない。特に、ベッドタウンではすべてが寝室であり、コミュニティではない。

しかし、誰しもコミュニティを強く欲している。複雑怪奇なこの時代、大部分の町はコミュニティであり得ない。コミュニティがあるなら、オフィスの中だろう。とはいえ、簡単には見つからない。

会社規則の逸脱

仕事を通じてコミュニティが自動的にできるわけはない。作る努力をしなければならない。筆者の経験によると、コミュニティを作る人は、静かな英雄達である。

コミュニティ形成の科学、すなわち、健全で誰もが満足するコミュニティ作りに関する学問を政治学と呼ぶ。ここで述べる政治学とは、組織内の醜い内部抗争ではないことを十分に認識してほしい。そんな内輪もめは、政治学の病んだ部分である。ここで取り上げるのは、アリストテレスが当初、「高貴な学問としての政治学」と呼んだ、由緒正しきものだ。

アリストテレスは、哲学を構成する5つの高貴な学問の中に政治学を含めた。その5つとは、以下のものである。

- 形而上学：宇宙の存在や性質、構成要素を明らかにする学問。
- 論理学：物事を認識する方法、知覚した物事に基づいて

妥当な結論を導く方法。演繹法や推論法の法則を学ぶ学問。
- 倫理学：人間を知ること。論理学を通じて、一組の人間において許容しうる相互作用を演繹、推論すること。
- 政治学：倫理学を大きな集団へ論理的に拡張すること。倫理的に行動し、また、形而上的な存在を論理的に認識する集団、すなわち、**人間**と人間で構成した**コミュニティ**を生成・制御すること。
- 美学：形而上的な現実のシンボルやイメージを見て、そこに論理的な整合性があり、美的な対話や政治的調和が内在することを称賛すること。

オフィスに渦巻く醜い政治学とはかかわりたくないと考える人が大部分だろうが、アリストテレスの政治学はそれとは全く別物である。アリストテレスの政治学は、優れたマネジメントのカギとなる。アリストテレス的な政治学を否定することは、マネジャーとしての真の責任を放棄することであり、悲劇的な結果に至る。同様に、すべてのレベルの上級マネジャーは、コミュニティの生成で同じ責任を共有しているのだ。この上級マネジャーは、コミュニティが変わる過程で、長老の役を果たす。

人生の重要事

満足のいくコミュニティ作りに成功した組織は、人を引きつける。コミュニティ意識が強くなると、そこから出ていこうとしなくなる。そうなると、人への投資が退職で無駄になることはなく、上層部もさらに投資しようとする。会社が人的投資を増やすと、社員の能力が一層向上し、居心地が格段によくなり、会社に好感情を持つようになる。こうなると、別の会社へ移る可能性がますます低くなる。すべてが良い方向へ相互に作用す

るのだ。

　もちろん、この仕事上のコミュニティが最高のものでも、全員を永久に引きとめることは不可能だ。自分のキャリアアップやその他の理由で別の会社へ移る人はいる。そんな人が会社を辞める場合、会社への悪影響が最小になるよう、タイミングを計る傾向にある。これは、プロジェクトが一段落するまで辞めない可能性が非常に高いということであり、プロジェクトの管理側には、極めてありがたい。プロジェクトが完了するまで離れないというその効果だけでも、次の10年間で改善可能なプロセスを全部合わせたものよりはるかに大きい。

　これまで、目に見える効果や金銭的な利益を見てきた。もちろん、目には見えないが、残り全部を合わせたものよりはるかに重要なものもある。これを理解するには、例えば、自分の人生の時計を最後の一歩手前まで進めればよい。すなわち、人生というカジノでの勝負で手にしたチップを換金する瞬間のことを考えるのだ。例えば、齢101歳で死の床につき、静かに大往生を迎えようとしている場合。この年になると、考えるのはすべて昔のことばかりだろう。自分の人生の収支を計算しながら、自問する。人生で本当に重要だったのは何だったか、どうでもよかったのは何だったか？　意外にも、昔、寝食を忘れて没頭したこと（例えば、バグだらけの超巨大システム、WhizBang v6.1.1を稼働に耐えるようにしたことなど）は、死を迎える頭の中ではさほど重要ではない。頭に浮かぶのは、暖かい家族の絆であり、子供や孫であり、家やさまざまな想い出のはずだ。仕事がらみのもので重要なものはないだろうか？　もちろん、次世代の情報化社会に大きく貢献したのは素晴らしいことだ。会社の頂点に上り詰め、企業が進むべき方向を指図したのも大きな業績だが、会社の中に素晴らしいコミュニティを築いたことも忘れてはならない。会社の誰もが好ましく感じ、大切に思い、忠誠を誓うコミュニティを作ることは、まさに偉業である。人生で成し遂げたことを回顧する場合、これは非常に大きな業績に違いない。この偉業から受ける喜びは、ミケランジェロが素晴らしい絵を描

き上げた瞬間に感じた歓喜のように、金銭とは直接は結び付かない。死のベッドで、自分にこう言うはずだ。これは創造であり、芸術なのだ。芸術を創造するのは芸術家なのだと。

タネ明かし

　コミュニティの素晴らしさは十分理解できたと思う。オフィスにコミュニティを作る重要性も認識したはずだ。では、どうやって作ればいいのだろう？

　コミュニティ形成という複雑なことに手順や一般公式を作れるとは思わない。一般公式は存在しないのだ。芸術作品を作るのと同じように、コミュニティを醸成するには、才能、決断力、創造性が必要となる。また、十分に時間をかけねばならない。自分一人で完遂できないこともある。最上の場合でも、自分は補助的にしか貢献できない可能性もある。自分がコミュニティを作る方法は、他人のそれと同じではないのだ。

　コミュニティ形成の一般公式の代わりに、一つの例を挙げる。この例は、筆者がコンサルタントをした会社から拾ったものである。その会社には、やる気十分のマネージャが一人いて、化学反応の触媒のように、企業文化の領域に踏み込んで大きく、そして、永久に変えてしまった。そのコミュニティ作りの天才マネージャは、会社を説得して、オフィスを小学校の隣に作った。学校には、託児所や未就学児童センター、幼稚園から6年生までの学級がある。この学校は、社員の子供用の学校なのだ。

　オフィスを学校のすぐ隣に移したことによる金銭面の収支は計算できるし、ユニークな福利厚生として、この人手不足の折、プログラマーやエンジニアを雇用するうえで強力なアピール材料になる。しかし、実際に、この学校がコミュニティにどんな影響を与えているかを知るには、社内を歩き回る必要がある。毎日午後、会社に出かけ、先生が児童の一団を引率して会社の中を通り過ぎる様子を観察すると、よくわかる。生徒の集団は隊

列を組んで、ワイワイガヤガヤにぎやかに面白おかしく騒ぎ立て、走ったり、かくれんぼをしたり、あっちのオジサン、こっちのオバサンに話しかけ、挨拶しながらやって来るのだ。行列が通り過ぎるまで、みんな手を止めている。その間、子供達と肩を叩いたり、ギュッと抱き合ったり……。行列が通り過ぎると、子供のいない人まで良い気分になる。

　そんなコミュニティを形成する責任者になったと考えてみるがよい。齢101歳を重ねたとき、そんなコミュニティを作ったことを回想してみるとよい。

訳者あとがき

『ピープルウエア』の初版を1989年に上梓して以来、この度、久し振りでその第2版を世に送ることになったが、原著者Tom DeMarco、Tim Listerと、訳者松原、山浦との交流は、原著『Peopleware』が1987年に出版されるずっと以前から現在まで、連綿と続いてきた。

　1981年に、松原は、田島と共著で『The Computer Software Industry in Japan』と題する論文をIEEE Computerに載せた。その時点ではまだ会ったことがなかったTom DeMarcoから、論文に載せたいくつかの図を彼の著書に引用させてほしい、という手紙が来た。これがTomとの縁の始まりだった。その後、1983年の日本でのソフトウエアシンポジウム（情報サービス産業協会の前身であるソフトウェア産業振興協会主催）に、Tomを基調講演者として招待し、松原はそこで初めて彼に出会った。

　その後、何回か双方で行き来して交流を深め、1986年には、松原がサンフランシスコでTomと食事した際、Tim ListerやSteve McMenaminなどのThe Atlantic Guildのメンバーに紹介された。食事の席で、彼らはいま本を書いていると語った。Listerとは、その後、ニューヨークで会い、第23章に登場する、当時ソフトウエア開発用ツールの開発販売を始めたばかりのCadre TechnologiesのMazzucchellieriを紹介してくれた。

　1986年の7月、松原宛にTomから小包が届いた。開けてみると、『Peopleware』の初版本の校正刷りで、「内容について何かコメントがほしい」と書き添えてあった。息も継がずに読み終えると、彼にコメントを書き送った。その年の暮、完成した献本が送られてきた。裏表紙を見ると、そのコメントの一部が載っていた。それがきっかけとなって、松原に翻訳の依頼が来た。そこで、当時日立ソフトウェアエンジニアリングに在籍して

いた松原、川瀬、長渡、山浦の4人が共訳した。

　こうして完成した日本語訳『ピープルウエア』の初版は、1989年に出版して以来、5回印刷し、発行部数は3万3000部に達し、ソフトウエア工学関連の本としては異例のベストセラーになった。しかし、絶版になって久しく、その間、多くの読者の方から復刊を求める声が寄せられた。今年になり、デマルコの新作『Slack』が米国で刊行され、その2年前に刊行された『Peopleware』の第2版と同時に発行し、多くのデマルコファンの期待に応えよう、ということになった。

　ところで、初版出版以来12年を経過し、訳者の状況は大きく変化した。今は一人を除いて定年などでそこにはいない。また、第2版に追加されたのは最後の第VI部だけで、これを訳すには二人いれば十分である。そこで、川瀬氏と長渡氏の了解のもとに、今回は、いまでも原著者たちとの間で密な連絡がある松原と山浦が、第VI部を訳し、あわせて全体を見直した。

　TomもTimも、当時はソフトウエア工学国際会議（ICSE）の常連で、よくそこで出会い、食事を共にした。1994年6月、松原はオタワでの会議の前に、メイン州キャムデンに住むTomを訪ねた。その前年に、松原は、Tomから彼やTimが所属するThe Atlantic Guildが主催する翌年のヨーロッパでのセミナー行脚に誘われており、訪問の目的の一つは、松原の講演内容についての打ち合わせであった。その年の10月、Tom、Timその他多くの仲間と共に、フランクフルト、ビルバオ（スペイン）、ロンドンを、約10日間講演して回った。

　松原は、1991年以来、IEEE Softwareというソフトウエア専門の技術誌の委員をしているが、1995年から4年間その編集長を勤めたAlan Davis（日本では『ソフトウェア開発201の鉄則』［日経BP社］の著者として知られている）から、Tomを編集委員に誘ってほしい、と頼まれた。Tomは松原の依頼に応じて委員に加わり、特集号の提案、ゲストエディターの引き受け、寄稿などで積極的に貢献した。その後、山浦も委員に加わった。

　それより以前の1988年に、TomやTimの仲間の一人であるEd Yourdon

は、American Programmer（現在はCutter IT Journalと改称）というソフトウェアジャーナルを創刊した。山浦は、1992年1月号に、このジャーナルに『Standing Naked in the Snow』という論文を寄稿した。Tomはこれに触発されて、同誌の1994年12月号に、同じタイトルに『Variation On A Theme By Yamaura』という副題をつけた論文を載せた。

　長くなるのでこの辺でやめるが、以上は著者たちと我々の交流のほんの一部であり、読者はTomとTim、および松原と山浦の関係が、単に著者と訳者だけの関係でないことがおわかりいただけたと思う。

　さて、この12年間に、ピープルウエアについて何が起こり何が変わったのだろう。1968年のNATO会議でソフトウエア工学が提唱されてたその時点から、ソフトウエア危機が叫ばれてきた。しかし、ピープルウエアが叫ばれるまでは、欧米での関心の中心は技術的解決策に偏っており、これこそ問題を解決する一発の銀の弾丸であるかのように、次々と新たな技術や手法が提唱された。ピープルウエアの提唱は、こうした方向のアンチテーゼであったので、世界のソフトウエアコミュニティーにセンセーションを巻き起こした。

　冒頭の第I部、第1章では、ソフトウエアプロジェクトの15％、大規模プロジェクトでは25％が失敗している、というショッキングな数字を挙げ、「実際のところ、ソフトウエア開発上の問題の多くは、技術的というより社会学的なものである」と、この本の主題を提示している。この状況は果たして改善されただろうか？　この12年間で、たしかに安定したプロジェクト管理能力を獲得した組織が増えてはきたが、その一方で、今でも絶え間なく混乱プロジェクトの噂が飛び交い、むしろ深刻なケースが増えているように思える。我が国で最近特に注目されているのは、政府調達ソフトウエアの頻繁なトラブルで、これがソフトウエア調達の入札資格として、能力成熟度モデル（CMM）によるアセスメント結果を使いたい、という政府の計画の動機の一つになっている。トラブルの原因の多くは、外注関係を含めた人材のスキルレベルや人の管理に関する問題である。

第II部の主題であるオフィス環境は、外から目につきやすいので改善経過や地域比較が容易である。この本が出る以前は、アメリカでも図７．１にあるような、窓のないプラスティックオフィスがよく見られた。例えば、1985年に訪ねたシカゴ近郊のある大企業のオフィスは、まさにこの図のようであった。だが、ピープルウエアが刊行されからは明らかに変わった。例えば、1990年頃に訪ねたNASAでは、案内者は「我々のオフィスでは一人に一つ窓があるんだ」と自慢げに話した。縦に細長い比較的小さな窓ではあったが、窓の横に机が一つ置かれていた。おそらくそのように設計して建てたのだろう。ヨーロッパのオフィスは、例えばオーストリアのリンツにあるResearch Institute of Symbolic Computing: RISCのオフィスは、お城を上手に使った洗練されたものであった。日本でも、大企業のオフィスは、経済バブルに助けられて大幅に改善されたが、欧米とは異なり、パーティションが低く個室が少なく、管理者が全体を見通せるレイアウトを採用しているところが多かった。おそらく、このレイアウトは、孤立を好まない国民性と、やや過剰な管理指向を好む企業風土がもたらしているのだろう。しかし、悲しいことに、派遣スタイルのビジネスが多い中小のソフトウエア会社のオフィスは、いまだに騒音や割り込みの多い大部屋が幅を利かせ、ほとんど改善の跡は見られないのが実情である。オフィスより問題なのは、変化のスピードと競争の激化の波にのまれ、残業の連続と切れ目のない過酷な作業に疲れ果てている、多くの第一線のエンジニアである。実作業を担当する彼らがこのような状態では、日本の組織の開発力は、お寒いかぎりである。

　第III部の「人材を揃える」では、オーディションによる採用を提言しているが、日本ではまったくといっていいほど採用されていない。日本の採用風景は、我々にとっては日常的だが、欧米人の目にはきわめて奇異に映るようだ。1994年にIEEE Softwareの編集会議を日本で開催したときのことである。ある会社の会議室を借りて開催したのだが、会議をしていた同じ棟、同じフロアーのある部屋で、採用面接をやっていた。面接室のドア

の外に並べられた3つの椅子に、同じような黒っぽい服を着た学生が、互いに一言も会話も交わさずに極度に緊張して座っている。通りかかった欧米の編集委員から、「あれは一体何をしているのか？」と聞かれた。音楽家やタレントの採用では当たり前なのに、日本の採用担当者は、なぜソフトウエア技術者の採用に、応募者の成果物やコミュニケーション能力を重視しようとしないのだろう。

　チームの形成（第Ⅳ部）についてはどうだろう。アメリカでは、CMMの推進にともなって、人の教育や育成、個人およびチームのプロセスに焦点が当てられるようになった。Bill Curtisは、People-CMMを開発し、自ら積極的にアセスメントを推進している。Watts Humphreyは、Personal Software Process (PSP)とTeam Software Process (TSP)を提唱した。これらは、北米をはじめとしてヨーロッパとインドに普及したが、我が国では、数年前からPSPの普及努力が始まったが、まだ大きな動きにはなっていない。People-CMMは、2001年10月のBillの来日で、少し関心が向いたばかりである。かつては強固な信頼関係で結ばれていて、プロジェクトは比較的うまくいっていたのだが、それが揺らいできている現在、チーム内部のいざこざによるトラブルも確実に増えているようだ。

　仕事は楽しくやろう、という第Ⅴ部の提言も、日本ではピンとこない人が多いだろう。楽しく仕事をやる前提は、プロフェッショナルな仕事をすることなのだが、それを自覚してこの仕事をしている人が、はたして、どれだけいるのだろう？　受身の「でもしか」プログラマーが多い日本の産業構造では、仕事の楽しさを享受するにはほど遠い。ソフトウエア開発は、本来は楽しいことなのに。

　第2版で新たに加えられた第Ⅵ部の8つの章で取り上げたテーマは、いずれも時宜を得たものである。とくに今の日本にぴったりなのは、経済産業省が進めている通称日本版CMMに関して、それが陥りやすい罠について述べた第29章「プロセス改善プログラム」と、日本ではあまり把握されていない時間の浪費について述べた第33章「管理の究極の罪」であろう。

前者では、トップダウンの制度化の危険について述べているが、それは現在のCMMラッシュへの警告と受け取るべきだろう。後者は、浪費した時間さえ支払の対象になっている日本独自の契約慣行のゆえか、浪費時間がほとんど把握されていない現実、したがって、日本の産業全体のソフトウエア開発効率の悪さへの忠告として受けとめるべきである。

　以上、ざっと初版以来の12年間を振返ってみたが、残念ながら、概して我が国のピープルウエアにはさして大きな進展がないか、ある部分では退歩さえしているように思う。第2版ではじめてピープルウエアに接する読者も、初版を読んで本書を再読する読者も、著者たちがもっとも言いたいことを汲み取って、もう一度自らの開発環境を見直してほしい。人を大切にしてこそ、よいソフトウエアが開発できるのだから。

　最後の章「コミュニティの形成」は、まさにTomの生きざまを彷彿させる。彼は、アメリカの最東北にあるメイン州の大西洋に面した小さな町に住んでいる。森の中に山小屋風の家が2棟建っており、一つはゲストハウスでここに松原も泊めてもらったことがある。彼は、こよなくこの町を愛し、小学校にパソコンを寄付したり、町の図書館のシステム建設にボランタリーで手伝ったりしている。家中に音楽が鳴り響き、天気のよい日にはベランダでゆったりと読書と思索にふける。彼は追いまくられるような仕事は好きではないので、コラムエディターのような仕事は引き受けない。彼は「ゆとり（Slack）」を愛する。だから本書と同時に発行されるもう1冊の彼の本では、"Slack"がそのまま本のタイトルになっている（邦題は『ゆとりの法則』日経BP社）。併読をお勧めしたい。

　最後に、初版の翻訳に一緒に携わり、今回の仕事を松原と山浦に任せて下さった川瀬、長渡の両氏に、厚く感謝の言葉を捧げたい。

　　　2001年10月

　　　　　　　　　　　　　　　　　　　　　　　　　　　松原友夫
　　　　　　　　　　　　　　　　　　　　　　　　　　　山浦恒央

著者注

第1章
p. 2　デマルコとリスターによるプロジェクト調査の詳細は、［DeMarco　1982］、［DeMarco 1977］、［DeMarco 1982］、［DeMarco and Lister 1985］参照。

p. 2　25人年以上の大規模プロジェクトで不成功に終わった比率は［Jones 1981］から引用。

第2章
p. 12　本文では「頭脳労働者」「開発担当者」「知識労働者」「知的労働者」という言葉を使用しているが、いずれも同じ意味であり、「考えることに対して賃金を受ける労働者」の総称である。

p. 12　プログラマーが企業戦略や新技法調査等の頭脳労働に費やしている時間と全労働時間の比率については、残念ながらこういうデータを集める国家事実局といったところは存在しない。したがって、5％という数字は著者らの実験によるもの。この実験では被験者に現在考えていることを声に出してもらったり、マジックミラー越しに被験者の様子を観察したりしてデータを集めた。こうした実験の詳細は［Soloway and Iyengar 1986］参照

p. 12　プログラマーの読書に関するデータは、カール・カールストロームの私信による。カールストロームは1981年当時、主幹編集員および大学向け出版部の副部長として、プレンティスホール出版社に在籍していた。

第3章
p. 16-19　歌詞は、ビリー・ジョエルの『VIENNA』から許可を得て転載。
p. 20　データゼネラル社のイーグルプロジェクトについては［Kidder 1981］参照。

第4章
p. 25　ソフトウエアの品質の規格については［Jones 1981］参照。

p. 26　［Tajima and Matsubara 1984］のP. 40から引用。

p. 27　［Crosby 1979］参照。

第5章
p.29　パーキンソンの法則の詳細は［Parkinson 1954］参照。

p.31　ニューサウスウエールズ大学の調査結果の最新版は［Jeffery and Lawrence 1985］参照。

p.32　［Boehm 1982］参照。

p.32-33　表5．1および表5．2のデータは［Jeffery and Lawrence 1985］による。

p.33　［Jones 1986］p.213から引用。

p.34　表5．3のデータは［Jeffery and Lawrence 1985］による。

p.34　表5．3において、見積もりをしなかった24のプロジェクトが最も高い生産性を示したことについて、疑問を持たれる読者も多いと思う。例えば、プロジェクトの規模が異常に小さい、あるいはベテランぞろいという特別な理由があるのではないかと考えて、我々は十分に調査したが、そのような事実はなかった。

第6章
p.39　ソフトウエアの生産性の増加（微増）に関するデータは［Morrissey and Wu 1980］による。

第7章
p.48　クリストファー・アレグザンダーの「窓のあるオフィス」については［Alexander et al. 1977］参照。なお、「窓問題」の詳細は13章に記載。

第8章
p.54　1977年から1981年にかけての生産性調査の詳細は［DeMarco 1982］参照。「プログラミングコンテスト」の詳細は［DeMarco and Lister 1985］に記載。

p.56　図8．1における生産性のバラツキおよび経験則は、［Boehm 1982］pp.435-437、447、［Sackman et al. 1968］pp.3-11、［Augustine 1979］に記載されたデータを分析したもの。なお、ローレンスによるサウルウエールズ大学での調査結果も、この経験則に従っている。詳細は、［Lawrence 1981］参照。

p.57　図8．2は1984年の「プログラミングコンテスト」のもの。データは

[DeMarco and Lister 1985] による。

p.57　「生産性と無縁の要因」の詳細は [Lawrence and Jeffery 1983] 参照。

p.60　ハーラン・ミルズの引用句は [Mills 1983] p.266による。

p.61　本書以外でも「オフィス環境と生産性の関連性」について議論されている。例えば、[Boehm et al. 1984]。

第9章
p.63　スペースのコストについての数値は [Bill 1983] から引用。

p.64　[Brunner 1972] 参照。

p.65　Data Management誌の記事は [Dittrich 1984] から引用。

p.66　IBMでの調査結果の詳細は [McCue 1978] 参照。

p.68　図9.1は [DeMarco and Lister 1985] から転載。

ちょっと休憩
p.74　「測定可能性」に対するこの概念を支持しているのはギルブだけではないし、ギルブが最初に提案したのでもない。例えば、第2章の [Gilbert 1978] 参照。

p.75　生産性測定方式については [Albrecht 1979]、[Bailey and Basili 1981]、[Boehm 1981]、[Jones 1986]、[DeMarco 1982] 参照。

p.75　「生産性の評価業務」は通常、「ソフトウエア査定評価サービス業」と呼ばれている。代表的な会社は、Quantative Evaluation and Management社（バージニア州マクリーン）。

p.77　「個人の生産性測定」において、マネージャーへの結果報告義務をなくす方法については [DeMarco 1982] 参照。

第10章
p.79　表10.1は [McCue 1978] による。

p.79　「フロー状態」についての詳細は、[Goleman 1986]、[Brady 1986] 参照。

p. 79　ESSはElectronic Switching Systemの略。

第12章
p. 102　著者たちはコーネル大学での実験に参画したが、実験結果は未公表であるため、関係者以外には詳細不明であると思われる。なお、精神集中と音楽の関係については［Jaynes 1976］pp. 367-368参照。

第13章
p. 106-107　［Alexander 1979］p. 7から、許可を得て転載。

p. 110　［Alexander et al. 1975］pp. 10-11から、許可を得て転載。

p. 111　写真は［Alexander et al. 1975］p. 46から、転載。

p. 112　写真は［Alexander et al. 1977］P.846から、転載。

p. 112　［Alexander et al. 1977］p. 847-851から、許可を得て転載。

p. 115　写真は［Alexander et al. 1975］p. 125から転載。

p. 116　「従業員全員が、窓のあるオフィスで仕事ができるような設計にしても、建築費用はほとんど変わらない」という情報は、BOSTI社長のマイケル・ブリル氏の私信による（1987年3月）。

p. 118　［Alexander et al. 1977］pp. 697-699から、許可を得て転載。

第16章
p. 137　退職率のデータは［Bartol 1983］参照。

p. 140　実際にプログラムを作っているのは最若年層である。データは［Hodges 1986］による。

p. 142　［Townsent 1970］pp. 64参照。

第17章
p. 153　ケン・オーアは小冊子『一分間開発方法（The One Minute Methodology）』の中で、「ビッグM」方式（本文では「分厚い作業規定」）について記述し

ている。

p. 156　ホーソン効果については［Parsons 1974］参照。

第20章
p. 175　［deBono 1970］参照。

p. 178　［Jones 1981］参照。

第21章
p. 188　［Thomsett 1980］参照。

p. 189　［Robbins 1977］p. 280参照。

第24章
p. 209　プログラミングコンテストの原型はロバート・チェイスの「ホテル/クラブの経営実習」（後援　コーネル大学　ステイトラー校　ホテル経営学科）である。

p. 213　ブレーンストーミングの分野で最も重要な文献はエドワード・デボノ著『水平思考-創造性のテキスト』である。デボノは同書で創造性とユーモアとの関係を簡単な実験で実証している。この本を読めば、何か面白いことにぶつかるたびに新発見があるのではないかと思うようになる。

p. 213　デボノは個人の創造性に関して優れた業績を残した。しかし、実際の社会人ではチームとしての創造性の方が重要であると思われる。集団の創造性（サイネクティックス）に関してはウイリアムJ. J. ゴードンの研究が有名である。［Gordon 1961］はぜひ一読をすすめたい。

第26章
p. 223　ドイツがデンマークを占領していた1940年代の極めて先鋭的で英雄的なレジスタンス部隊を、伝説から名をとってホルガーダンスクと呼んだ。

第27章
p. 232　Jerry Weinbergの残業の理論は、1990年9月25日にFort Collinsで彼と共同で行ったコンサルテーションの際、彼と交わした言葉から採った。

第28章
p. 236　［Deming 1982］p. 24参照。

第30章
p. 251　[Machiavelli 1985] p. 23参照。

p. 253　図30.1は、"Resistance Continuum"に関する、Meninger Business InstituteのJerry W. JohnsonがG. Swogger, M.D.と共に行った研究について、1992年に交わした彼との個人的会話に基づいている。

p. 255　古いものを賞賛することの洞察については、[Bridges 1991] p. 30参照。

p. 257　この図は、[Satir 1991] の意味内容を図にしたものである。

第31章
p. 263　Tom DeMarcoの "Human Capital, Unmasked," The New York Times, Vol. CXLV, No. 50,397, section 3, Money & Business (April 14, 1996), p. 13も参照のこと。

第32章
p. 270　Nicholas Negroponteの提案は、Camden, Maineで1997年に行われたThe Camden Conference on Telecommunicationsにおいて、彼が "Technology Convergence" というタイトルで行った発表の一部である。

第33章
p. 280　実際に、重要な分析と設計作業の期間中の「スリム化」された要員配置は、Deadline: A Novel About Project Management (DeMarco, 1997)で述べたように、あなたの健康を危険にさらすことになるだろう。Mr. Tompkinsが密かに使っている、分析と設計におけるスリムな編成の主要な特性は、もし彼が不可能なデッドラインに遅れたら、彼は辞めろと脅されることだ。

参考文献

Albrecht, 1979.
Albrecht, A.J. "Measuring Application Development Productibity." Proceeding of the Joint SHARE/GUIDE/IBM Application Development Symposium. Chicago: Guide International Corp., 1979.

Alexander, 1964.
Alexander, Christopher. Notes on the Synthesis of Form. Cambridge, Mass.: Harvard University Press, 1964.
邦訳　稲葉武司訳、『形の合成についてのノート』、鹿島出版会、1978年

Alexander, 1979.
_____.The Timeless Way of Building. New York: Oxford University Press, 1979

Alexander et al., 1975.
_____.M.Silverstein, S. Angel, S.Ishikawa, and D.Abrams. The Oregon Experiment. New York: Oxford University Press, 1975
邦訳　宮本雅明訳、『オレゴン大学の実験』、鹿島出版会、1977年

Alexander et al., 1977.
_____, S.Ishikawa, and M.Silverstein with M.Jacobson, I.Fisksdahl-King, and S. Angel. A Pattern Language. New York: Oxford University Press, 1977.
邦訳　平田翰那訳、『パタン・ランゲージ』、鹿島出版会、1984年

Augustine, 1979.
Augustine, N.R. "Augustine's Laws and Major System Development Programs." Defense Systems Management Review, 1979, pp.50-76.

Bailey and Basuli, 1981.
Bailey, J.W., and V.R. Basili. "A Meta-Model for Software Development and Resource Expenditures." Proceedings of the 5th International Conference on Software Engineering. New York: Institute of Electrical and Electronics Engineers, 1981, pp.107-16.

Bartol, 1983.
Bartol, K. "Turnover Among DP Personnel: A Causal Analysis." Communucations of the ACM, Vol.26, No.10 (October 1983), pp.807-11

Boehm, 1981.
Boehm, Barry W. Software Engineering Economics. Englewood Cliffs, N.J.: Prentice-hall, 1981.

Boehm et al., 1984.
_____, Maria H. Penedo, E. Don Stuckle, Robert D.Wiliams, and Arthur B. Pyster. "A Software Development Environment for Improving Productivity." Computer, Vol.17, No.6 (June 1984), pp.30-42.

Brady, 1986.
Brady, J. "A Theory of Productivity in the Creative Process." IEEE Computer Graphics & Applications, May 1986, pp.25-34.

Bridges, 1991.
Bridges, W. Managing Transitions: Making the Most of Change. Reading, Mass.: Addison-Wesley, 1991.

Brill, 1983.
Brill, Michael, with Stephen T. Margulis, Ellen Konar, and BOSTI. Using Office Design to Increase Productivity. Buffalo, N.Y.: Buffalo Organization for Social and Technological Innovation, 1983.

Brunner, 1972.
Brunner, John. The Sheep Look Up. New York: Ballantine Books, 1972.

Couger and Zawacki, 1980.
Couger, J. Daniel, and Robert A. Zawacki. Motivating and Managing Computer Personnel. New York: John Wiley & Sons, 1980.

Crosby, 1979.
Crosby, Philip B. Quality Is Free: The Art of Making Quality Certain, New York: McGraw-Hill, 1979.
邦訳　小林宏治監訳、『クオリティ・マネジメント－よい品質をタダで手に入れる法』、日本能率協会、1980年

deBono, 1970.
deBono, Edward. Lateral Thinking: Creativity Step by Step. New York: Harper & Row, 1970.
邦訳　箱崎総一・青井寛訳、『水平思考の学習』、講談社、1971年

DeMarco, 1977.
DeMarco, Tom. Report on the 1977 Productivity Survey. New York: Yourdon, Ind., September 1977.

DeMarco, 1978.
_____. Structured Analysis and System Specification. Englwood Cliffs, N.J.: Prentice-Hall, 1978.
邦訳　高梨智弘・黒田純一郎監訳『構造化分析とシステム仕様』、日経BP社、1986年

DeMarco, 1982.
_____.Controlling Software Projects: Management, Measurement & Estimation. Englewood Cliffs, N.J.: Prentice-hall, 1982.
邦訳　渡辺純一訳、『ソフトウェア開発プロジェクト技法』、近代科学社、1987年

DeMarco, 1997.
_____. The Deadline: A Novel About Project Management. New York: Dorset House Publishing, 1997.
邦訳　伊豆原弓訳、『デッドライン：ソフト開発を成功に導く101の法則』、日経BP社、1999年

DeMarco and Lister, 1985.
_____. and Tim Lister. "Programmer Performance and the Effects of the Workplace." Proceedings of the 8th International Conference on Software Engineering. New York: Institute of Electrical and Electronics Engineers, 1985, pp.268-72.

Deming, 1992
Deming, W.E. Out of the Crisis. Cambridge, Mass.: Massachusetts Institute of Technology, Center for Advanced Engineering Study, 1982.

Dittrich, 1984
Dittrich, R. "Open-Plan Dp Environment Boosts Employee Productivity." Data

Management, Vol.22(1984).

Forester, 1950.
Forester, C.S. Mr.Midshipman Hornblower, New York: Pinnacle Books, 1950.
邦訳　高橋泰邦訳、『海軍士官候補生』、ハヤカワ文庫、1973年

Gilb, 1977.
Gilb, Tom. Software Metrics. Cambridge, Mas: Winthrop Publishers, 1977.

Gilbert, 1978.
Gilbert, Thomas F. Human Competence: Engineering Worthy Performance, New York: McGraw-Hill, 1978.

Goleman, 1986.
Goleman, D. "Concentration Is Likened to Euphoric States of Mind." New York: Science Times, The New York Times, March 4, 1986.

Gordon, 1961.
Gordon, William J.J. Synectics. New York: Harper & Row, 1961.

Hodges, 1986.
Hodges, Parker. "Salry Survey: Small Change for DP Pros." Datamationm Vol. 32, No.18(Sept.15, 1986), pp.72-87.

Jaynes, 1976.
Jaynes, Julian. The Origin of Consciousness in the Breakdown of the Bicameral Mind. Boston: Houghtom Mifflin, 1976.

Jeffery and Lawrence, 1985.
Jeffery, D.R., and M.J. Lawrence. "Managing Programming Productivity." Journal of Systems and Software, Vol.5, No.1(January 1985).

Jones, 1981.
Jones, Capers. Programmer Productivity: Issues for thr Eighties. IEEE Catalog No.EHO 186-7. New York: Institute of Elevtrical and Electronics Engineers, 1981.

Jones, 1986.

_____.Programming Productivity. New York: McGraw-Hill, 1986.

Kidder, 1981.
Kidder, Tracy. The Soul of a New Machine. Boston: Atlantic Monthly/Little, Brown, 1981.
邦訳　風間禎三郎訳、『超マシン誕生－コンピュータ野郎の540日』、ダイヤモンド社、1982年

Lawrence, 1981.
Lawrence, Michael. "Programming Methodology, Organizational Environment, and Programming Produtivity." Journal of Systems and Software, Vol.2(1981), pp.257-69.

Lawrence and Jeffery, 1983.
_____. and D/R. Jeffery. "Commercial Programming Productivity-An Empirical Look at Intuition." Australian Computer Journal, Vol.15, No.1(February 1983), P.28.

Machiavelli, 1985.
Machiavelli, niccolo. The Prince, trans. Harvey C. Mansfield, Jr. Chicago: University of Chicago Press. 1985.
『君主論』

McCue, 1978.
McCue, Gerald. "IBM's Santa Teresa Laboratory-Architecture Design for Program Development." IBM Systems Journal, Vol.17, No.1(1978), pp.320-41.

Mills, 1983.
Mills, Harlan D. "Software Productivity in the Enterprise." Software Productivity. Boston: Little, Brown, 1983.

Morrissey and Wu, 1980.
Morrissey, J.H., and S.-Y. Wu. "Software Engineering: An Economic Perspective." Proceeding of the 4th International Conference on Software Engineering. New York: Institute of Electrical and Electronics Engineers, 1979, pp.412-22.

Orr, 1984.
Orr, Krnnrth T. The One Minute Methodology. Topeka, Kan: Ken Orr &

Associates, 1984.

Parkinson, 1954.
Parkinson, C. Northcote. Parkinson's Law and Other Studies in Administration New York: Ballantine Books, 1979.
邦訳　森永晴彦訳、『パーキンソンの法則』、至誠堂、1961年

Parsons, 1974.
Parsons, H.M. "What Happened at Hawthorne?" Science, Vol.183 (March 8, 1974), pp.922-32.

Robbins, 1977.
Robbins, Tom. Even Cowgirls Get the Blues. New York: Bantam Books, 1968.

Sackman et al., 1968.
Sackman, H., W.J. Ericson, and E.E. Grant. "Exploratory Experimental Studies Comparing Online and Office Performance." Communucations of the ACM, Vol. 11, No.1 (January 1968), pp.3-11.

Satir, 1991
Satir, V., J. Banmen, J. Gerber, and M. Gomori. The Satir Model: Family Therapy and Beyond. Palo Alto, Calif.: Science and Behavior Books, 1991.

Soloway and Iyengar, 1986.
Soloway, Elliot, and Sitharama Iyengar, eds. Empirical Studies of Progràmmers. Norwood, N.J.: Ablex Publishing Corp., 1986.

Tajima and Matsubara, 1984.
Tajima, D., and T. Matsubara. "Inside the Japanese Software Industry." Computer, Vol.17 (March 1984).

Thomsett, 1980.
Thomsett, Rob. People & Project Management. Englewood Cliffs, N.J.: Prentice-Hall, 1980.

Townsend, 1970.
Townsend, R. Up the Organization. New York: Alfred A. Knopf, 1970.

索引

アルファベット
CMM（Capability Maturity Model）…240、244
CoCoMo ……………………………………32
E係数 ………………………………………84

い
イーグルプロジェクト ……………………20

え
エリート意識 ……………………………198

お
オーディション …………………134、192
オフィス効果 ………………………………60
オフィスへの設備投資 ……………………63

か
開放型オフィス ……………………65、84
学習時間 …………………………………266
過剰人員 …………………………………277

き
企業エントロピー ………………………128
キープロセスエリア ……………………240
教育研修 …………………………………155
競争 ………………………………………233

く
組み立て式オフィス ……………………113

け
経験年数 ……………………………………58
経費 ………………………………………262

こ
コーチング ………………………………234
コミュニティ ……………………………283
混乱 ………………………………………205

さ
作業規定 …………………………………150
作業手法 …………………………………152
さばを読んだ納期 ………………………180
残業 ………………………………17、52、230
残存不良数 …………………………………58

し
試行錯誤設計 ………………………………7
試行プロジェクト ………………………207
仕事中毒 …………………………………18
自己防衛的な管理 ………………………174
施設監査本部 ……………………………46
自動化 ……………………………………40
自動化ツール ……………………………155
社会学的問題 ………………………………3
社内起業家 ………………………………218
詳細レビュー ……………………………155
触媒 …………………………………………11
書類作成作業 ……………………………152

人員投入計画 …………………………278
人的資産 ………………………261、281

す
スカンクワーク ………………………190
優れた管理者 …………………184、192
スペイン流管理 ………………………15

せ
生産性 …………………………………21
生産性計測 ……………………………77
生産性要因 ……………………………59
政治的要因 ……………………………3
精神集中時間 …………………………83
製造作業の管理額 ……………………6
責任観念 ……………………………153

そ
騒音 ……………………………………69
組織 …………………………………268
ソフトウエア成熟度 ………………240

た
退職 ……………………………………20
退職率 …………………137、166、270

ち
チーム …………………………161、201
　――のアイデンティティー
　　（自己同一性）…………………199
　――の解散 …………………………181
チーム殺し ……………………173、228
秩序 …………………………………205

て
電子メール ……………………………94

と
動機づけ ……………………………153
投資 …………………………………262

ね
年収 ……………………………………58

の
能力成熟度モデル（CMM）………240、244
能力テスト …………………………133

は
パーキンソンの法則 …………………29
派閥 …………………………………168

ひ
標準化 ………………………………240
品質 ……………………………………24
品質至上主義 ………………………195
品質第一主義からの逃避 ……………26

ふ
プライバシー深度 …………………117
ブレーンストーミング ……………212
フロー状態 ……………………………79
プログラマー …………………………56
プログラミング言語 …………39、58
プログラミングコンテスト
　…………………………54、67、81、209
プロセス改善 ………………………239

へ

平均バグ密度 ……………………………25
ペーパーワーク ………………………176
変化 ………………………………………250
　——のモデル …………………………256

ほ

ホーソン効果 …………………156、207
ホロン哲学 ………………………………161

ま

窓問題 ……………………………48、115

む

無業時間 …………………………17、230

も

目標管理 ………………………………236

ゆ

有機的秩序 ……………………………109

企業・団体名

AT&T ……………………………………14
CEGOSインフォマティーク …………165
IBM ………………………………………50
NASA ……………………………………76
NYLケア ………………………………131
アップル・コンピュータ ……130、145
アドビ …………………………………124
アトランティック・システムズ・ギルド …29
イーベイ ………………………………145
コンピューター・アプリケーションズ …165
ゼネラル・エレクトリック（GE）……50、108
ゼネラル・モーターズ ………………135
ソフトウエア工学研究所（SEI）………239
データ・ゼネラル ………………………78
デジタル・イクイップメント（DEC）……13
ノキア …………………………………150
ビアトリス・フーズ ……………………49
フィリップス（スウェーデン）………165
フォード …………………………………49
米国電気電子技術者協会 ………………165
ベル研究所 ………………………70、117
ボルボ ……………………………49、115
マイクロソフト …………………49、106
モーガン・コット ………………………49
ロータス …………………………………50
ディズニー ………………………………50

人名

アレクサンダー、クリストファー ……107
ギルブス、トム …………………………74
クロスビー、フィリップ ………………27
ケストラー、アーサー …………………161
サタイア、バージニア …………………256
ジョーンズ、ケーパーズ ………………176
ジョンソン、ジェリー …………………253
ソムセット、ロブ ………………………186
デボノ、エドエワード …………………173
デミング、エドワード …………………236
ネグロポンテ、ニコラス ………………270
ハンフリー、ワッツ ……………………240
ブリッジス、ウイリアム ………………255
ホーンブロワー、ホレイショ …………123
マキアヴェリ ……………………………251
ワインバーグ、ジェリー ………………232

著者紹介

トム・デマルコ（Tom DeMarco）、ティモシー・リスター（Timothy Lister）
ニューヨークとロンドンに拠点を置くコンサルタント会社、アトランティック・システム・ギルド社（www.atlsysguild.com）の共同経営者。1979年以来、生産性管理、プロジェクト管理、企業文化などに関する講演や執筆、コンサルティングを国際的に行う。
トム・デマルコは、The Deadline: A Novel About Project Management [Dorset House, 1997]をはじめ、6冊の著書がある。1986年に、情報科学における優れた業績によって、J. D. Warnier賞を受賞。彼のコンサルティング活動は、プロジェクト管理と手法に対するものが多い。メイン州キャムデン在住。
ティモシー・リスターは、マンハッタンを拠点として、コンサルティング、教育、およびソフトウェア組織とプロジェクトのリスク管理の分野の執筆に従事している。また、ソフトウェアに関する紛争を扱う、米国仲裁協会（AAA）と、DoDのSoftware Program Manager's NetworkのAirlie Councilに参画。

訳者紹介

松原友夫（まつばら　ともお）1929年生まれ
1950年、早稲田大学専門部機械科を卒業。1956年、日立製作所に入社、日立ソフトウェアエンジニアリングを経て、1991年末に定年退職。その間、数多くの大規模プロジェクトを担当、その種類は政府、商用、プラント制御、科学計算、基本ソフトなど多岐にわたる。1992年からコンサルタントビジネスを始め、現在に至る。現在、Ed Yourdonが主催するCutter IT Journalの編集委員会委員、IEEE Software産業諮問委員会委員、Information & Software Technologiesの編集委員会委員。これらの活動を通して海外の知己が多い。主な訳書は「ソフトウェア開発201の鉄則」（日経BP社、翻訳）「デスマーチ」（シイエム・シイ、共訳）、「プログラマーの復権」（シイエム・シイ、翻訳）。

山浦恒央（やまうら　つねお）1954年生まれ
1977年、姫路工業大学電子工学科を卒業。同年、日立ソフトウェアエンジニアリングに入社、現在に至る。1984～1986年、カリフォルニア大学バークレイ校客員研究員。ソフトウェア工学に興味を持ち、ソフトウェア検証技法、設計パラダイム、品質管理、ソフトウェア・メトリクス等を主な研究テーマとする。主な著訳書は、"Advances in Computer"（Adison Wesley社、共著）、「ソフトウェアテスト技法」「実践的ソフトウェアテスト入門」（以上、日経BP社、共訳）、「デスマーチ」（シイエム・シイ、共訳）。現在、IEEE Software産業諮問委員会委員、法政大学情報科学部講師（オペレーティング・システム）。

ピープルウエア 第2版
ヤル気こそプロジェクト成功の鍵

2001年11月26日　　1刷発行
2001年12月14日　　2刷発行

著者　　トム・デマルコ、ティモシー・リスター
訳者　　松原友夫、山浦恒央
発行者　岡部力也
発行　　**日経BP社**
発売　　**日経BP出版センター**
　　　　〒102-8622
　　　　東京都千代田区平河町2-7-6
　　　　TEL.(03)3238-7200（営業）
　　　　ホームページ　http://store.nikkeibp.co.jp/
　　　　e-mail book@nikkeibp.co.jp

　　　　装幀　　　　　　黒田貴
　　　　カバーイラスト　大塚砂織
　　　　印刷・製本　　　図書印刷（株）

ISBN4-8222-8110-8

●本書の無断複写複製（コピー）は、特定の場合を除き、著作者・出版社の権利侵害になります。

既刊のご案内　　　　　　　　　　　　　　　　　　　　　　日経BP社

■IEEE Softwareの元編集長である著者がソフト開発の問題にズバリ答える
ソフトウェア開発201の鉄則
アラン・M・デービス著、松原友夫 訳
四六判、240ページ、定価（本体1553円＋税）

■10年後も通用する基本を身につけよう
プログラムはなぜ動くのか　〜知っておきたいプログラミングの基礎知識〜
矢沢久雄 著、日経ソフトウエア監修
A5判、296ページ、定価（本体2400円＋税）

■Javaサーブレット、JSP、JavaBeans、EJBによるWebアプリケーション開発
基礎からわかるサーバー・サイドJava
樋口研究室 著、日経オープンシステム監修
B5変型判、320ページ、定価（本体3400円＋税）

■NTTドコモ「iアプリ」開発用公式ツールに完成対応
はじめてのiモードJavaプログラミング
㈱コネクト　加来徹也、山田昌宏、伊藤広明 著、日経Javaレビュー 監修
B5変型判、272ページ、定価（本体2600円＋税）

■良いシステムは良い設計から
失敗のないシステム開発入門
㈱PFU　加藤貞行 著
B5変型判、352ページ、定価（本体2800円＋税）